国家社会科学基金艺术学项目
阶段性研究成果（项目批准号15BB017）

河南明清古戏台调查研究

刘明阁　杨运秀　著

中州古籍出版社
·郑州·

图书在版编目（CIP）数据

河南明清古戏台调查研究/ 刘明阁，杨运秀著 .—郑州：中州古籍出版社，2022. 11

ISBN 978-7-5738-0586-7

Ⅰ.①河… Ⅱ.①刘… ②杨… Ⅲ.①舞台-古建筑-研究-河南-明清时代 Ⅳ.①K928.716.1

中国版本图书馆CIP数据核字(2022)第226461号

河南明清古戏台调查研究

刘明阁 杨运秀 著

出 版 人：许绍山
责任编辑：刘 琳
责任校对：李祖哲
美术编辑：曾晶晶
装帧设计：黄桂敏

出版发行：中州古籍出版社
（地址：郑州市郑东新区祥盛街27号6层 邮政编码：450016
电话：0371-65788693）

发行单位：河南省新华书店发行集团有限公司
承印单位：河南瑞之光印刷股份有限公司
开 本：710mm × 1000mm 1/16
印 张：18
字 数：400 千字
版 次：2022年11月第1版
印 次：2023年7月第1次印刷
定 价：68.00元

序言

戏台是中国传统戏剧的主要演出场所，从露台到明清时期的戏台几经发展、变化。不同的戏台建制反映了不同时代、不同地域戏曲发展的历史轨迹。因此，戏台不是孤立、无生气的建筑，而是富有生气、充满浓郁泥土气息的建筑，它反映着戏曲发展的历史面貌。考察和研究古戏台是研究戏曲生存发展不可或缺的重要环节。借助戏台及其有关资料，我们可以了解不同时期戏曲形式的演出场所，以及观演关系的变化。

刘明阁先生热爱传统戏曲，非常重视戏曲的学术研究。在他担任南阳师范学院副院长期间，就把考察和研究河南地方戏作为学院学术建设的重要领域来抓，完成了多项国家和省部级艺术学科研项目。退休后，更是把学术研究作为自己未竟的事业。他从2019年起，实地考察了河南现存的100多座明清古戏台。

河南现存明清戏台大多在偏远的地方，甚至深山区，而且戏台与戏台相距很远，几十公里才能够找到一个，给实地考察带来极大不便。刘明阁先生克服重重困难，完成了全省古戏台的考察。他在实地调查研究的基础上，整理了20世纪80年代至今公开发表的有关河南戏台建筑的文献，写成了《河南明清古戏台调查研究》一书。

全书共八章，不仅全面记述了河南各个历史时期不同形制的古戏台，而且论述了这些古戏台与当地、当时流行戏曲剧种的依存关系，并且分析了古戏台上戏曲楹联的社会功能。

河南是戏曲大省，历史悠久，遗产丰富。就古戏台而言，不仅有遍布全省的神庙戏台，而且在明清时期的城市水旱码头，建有许多会馆戏楼，如河南社旗山陕会馆戏楼——悬鉴楼，是我国现存规模最大的会馆戏楼。近年来，随着城乡一体化建设的推进，许多古戏台被遗弃，因得不到应有的维护而自然坍塌或被人为损坏。因此，调查、分析和研究留存下来的这些古戏台是非常有必要的，也是非常迫切的。古戏台的研究涉及民族民间文化的许多方面，如历史学、社会学、经济学、民俗学、美术学、建筑学、艺术史学、金石学、文献学，等等。戏台上的戏曲壁画、彩绘、木雕、石刻等，具体形象地描绘出剧目、人物、脚色、脸谱、服装、道具、舞台调度场面诸方面的状况。台柱上的戏曲楹联，集文学和戏曲艺术于一体，展示了戏曲艺术各方面的审美意识；闪烁着戏曲文化的光彩；呈现出耐人寻味的戏曲意境；蕴含着中华民族的伦理道德、人生哲理，对弘扬我国优秀传统文化，提高观众的艺术情趣，具有重要的价值。对此，作者进行了详细的阐述。与古戏台有密切关系的戏曲碑刻，作为研究戏曲的第一手资料，也纳入作者的研究视野。作者通过对相关碑刻的研究，分析了神庙戏台开展各种演戏活动的缘由，具有重要的历史价值。

面对当下数字化、信息化的时代背景，尤其是“文化自信”要求的提出，对古戏台所蕴含的文化内涵进行发掘变得更加迫切。刘明阁先生的《河南明清古戏台调查研究》一书的出版不仅对于我们了解河南戏曲演出场所的变迁具有认识价值，而且对于研究河南戏曲发展的历史及其特点具有学术意义。

中国艺术研究院　刘文峰

2022年11月1日

目录

第一章 明清古戏台研究综述

在欧洲剧场史研究中，剧场研究属于研究范畴内，而且是一个极其重要的方面，已经出版了许多有影响的研究成果，但是，我国对剧场的研究起步较晚，正如中国艺术研究院廖奔教授在《中国古代剧场史》一书中所说：“中国剧场史的研究却一直是一个薄弱环节，许多地方还停留在不明其状、似是而非的阶段。”[1]

戏曲史家周贻白先生自20世纪30年代开始就对剧场进行研究，他的专著《中国剧场史》于1936年由商务印书馆出版，这是一部我国最早涉及剧场形制及其历史演变的论著。刘念兹先生《戏曲文物丛考》一书，1986年由中国戏剧出版社出版，该书收录有关戏曲文物的考证文章7篇，其内容有对新发现戏曲文物的综述，也有对一些重要戏曲文物的专题考察。戏曲史家王遐举先生，在广泛考察古戏台，收集剧场史料的基础上写出了《中国古代剧场》一书，可惜的是由于各方面的原因，这本书没有正式出版，没有产生更大的社会影响。中国艺术研究院廖奔教授，从20世纪80年代就开始对我国古代剧场进行考察和研究，他的专著《中国古代剧场史》

1 廖奔．中国古代剧场史 [M]．郑州：中州古籍出版社，1997．

1997年由中州古籍出版社出版。该书在广泛田野考察的基础上，以大量文献资料和文物资料为依据，给我们提供了一部中国古代剧场形制的变迁史，是一部全面系统地论述中国古代剧场史的专著。朱联群、周华斌合著的《中国剧场史资料总目》于2002年出版，是一部剧场研究古代的资料索引，为我们研究古代剧场提供了方便。山西师范大学博士生导师车文明教授多年来一直从事戏曲研究，他的《中国神庙剧场》一书，2005年3月由文化艺术出版社出版。全书21万字，分绪论、露台的兴衰、祠庙献殿考、山西泽州县冶底村东岳庙考述等九章。车文明教授的《二十世纪戏曲文物的发现与曲学研究》一书，2001年由文化艺术出版社出版，该书将戏曲文物分为戏台、雕塑、碑刻、戏画、抄本等七类，以时间为序，列表介绍。以单种器物为单位，内容包括名称、时间、内容简介、发现地、公布情况、备注等。车文明教授的另一部专著《中国古戏台调查研究》一书，2011年由中华书局出版，该专著从戏台遗存状况、建筑结构、神庙形制、研究综述等方面进行研究。《中国古戏台调查研究》从著作的学术设计和章节安排上看，对以往的戏曲研究是新的突破。

台湾学者罗丽容于2006年出版的《中国神庙剧场》，是一部对神庙剧场进行综合研究的专著。该书叙述了我国古代剧场发展演变的脉络，主要建筑特色，演剧概况，也分析了神庙剧场在戏剧发展历史上的贡献以及在建筑美学、民俗学上的意义。2005年9月由文物、戏曲、建筑等知名专家、学者组成“中国古戏台研究与保护”课题获得批准立项。由梅兰芳纪念馆原副馆长吴开英负责，成员有中国传媒大学教授周华斌、清华大学建筑学院教授罗德胤、山西省古建筑保护研究所研究员柴泽俊、山西师范大学戏曲文物研究所教授车文明等。该课题组经过3年多艰苦的实地考察、科技攻关完成研究任务，2009年由中国戏剧出版社出版了共60万字的《中国古戏台研究与保护》。该书分上、下两卷，由古戏台的历史演变、古戏台建筑形制及类型、古戏台匾联艺术、古戏台保护与维修等六部分组成，是一部具有学术代表性的重要文献。北京市文化局组织策划的《北京的古典戏曲与戏楼》一书，2006年由北京出版集团北京出版社出版，该书以图文并茂的形式介绍了北京古典戏曲的剧种和北京古戏楼。

以上介绍了20世纪以来关于中国剧场历史研究的著作。除以上所介绍的综合研究外，还有从某一方面对古戏台进行研究的，如有从建筑学的角度对明清古戏楼进行研究的。罗德胤教授一直从事乡土建筑调查与研究，他的专著《中国古戏台建筑》一书，2009年10月由东南大学出版社出版。该书重点探讨戏台建筑的形成和发展过程，对中国古戏台从建筑学的角度进行研究，对中国古戏台的形制、形式、组合、架构、装饰等的沿革发展进行了梳理，同时对社会和戏曲因素与建筑动因进行了研究，该书突出了建筑学研究的特点。

薛林平的研究论文《河南清代戏场建筑研究》，2007年发表在《华中建筑》第10期。该文重点分析和研究河南清代戏场建筑的留存情况、梳理了戏场的历史沿革，对几个典型的戏场作了详细介绍，分析了这些戏场的建筑形式、空间特征以及艺术成就等。

赵彤梅、田冰峰、张大鹏的论文《河南典型古戏楼建筑遗存现状调查及研究》，发表在《文物建筑》2016年。文章探讨了河南古戏楼的产生和发展以及古戏楼的分布，对几个具有代表性的戏楼遗存现状进行调查，对研究中原地区的戏曲、民俗文化和建筑研究都有一定的参考价值。

孙红梅、邓学青的论文《河南明清时期会馆及其建筑特征》在《中原文物》2007年第5期发表，介绍了河南明清时期的会馆建筑的特点，商品经济的状况，叙述了丰富的建筑装饰内容，总结了会馆建筑浓郁的地方特征。河南大学研究生马骁的学位论文《河南晋商会馆建筑研究》（2006）主要是对河南晋商会馆的平面布局、建筑形制、空间特色及装饰艺术等方面进行分析，对河南晋商会馆的研究、保护与利用有借鉴作用。西北大学博士李丹的学位论文《明清时期山陕会馆建筑装饰的审美文化研究》（2019），从山陕会馆的建筑装饰、审美文化功能等方面进行了深入系统地论述和研究，详细考证、分析了山陕会馆产生的原因、发展概况、分布和功能等。

也有对某一古戏楼进行专题研究的。例如，山西师范大学杨飞的《河南周口山陕会馆及其戏楼考述》一文，在《中华戏曲》2015 年第 1 期发表。论文从周口这一地域性商业中心的形成与发展，周口山陕会馆的创建及其建筑形态，周口关帝庙戏楼及其演剧三个方面，对周口山陕会馆及其戏楼进行了比较详细的考述。西安美术学院曲飞 2010 年的学位论文《河南社旗山陕会馆装饰雕刻——木雕、石雕艺术探索》，对社旗山陕会馆木雕、石雕装饰艺术的题材内容和文化内涵进行了分析。论文从理论上诠释中国近代社会审美意识形态的传承和嬗变。吕梦柯的论文《洛阳山陕会馆及其戏楼演剧考述》在《戏剧文学》2016 年第 6 期发表。论文通过对洛阳山陕会馆的历史沿革、建筑装饰、雕刻艺术进行论述，对洛阳山陕会馆及其戏楼演剧进行了考证。

近年来，一些学者从历史发展的角度对古戏楼进行研究。山西师范大学戏剧研究所冯俊杰教授的《古剧场与神系神庙研究》一书，2014 年由西安交通大学出版社出版。该书将神系、神庙特定的文化内容进行研究，通过四大神系的庙宇对于接纳剧场的不同态度，揭示神化后的戏台建筑在民间祭祀仪式上的特殊功能，论述了剧场的起源、神庙剧场发展演进的历史。

张明富的论文《试论明清商人会馆出现的原因》在《东北师大学报》（哲学社会科学版）1997 年第 1 期发表。论文从市场扩大商人增多，士大夫对商人及商业的认同、归属感的需要，以及捍卫商业利益的推动等方面讨论了明清商人会馆出现的原因。

贺星、王莹合著的《论戏楼在中国古典戏曲艺术发展中的作用》一文，在《宝鸡文理学院学报》（社会科学版）2008 年第 3 期发表。论文分析了戏楼在中国古典戏曲艺术发展中的历史衍变过程，认为衍变过程与中国戏曲艺术形式的形成和发展大体是同步的，是中国戏曲艺术形成、发展繁荣的历史见证。

宋伦、李刚的论文《明清山陕商人在河南的会馆建设及其市场化因素》，在《西北大学学报》（哲学社会科学版）2009 年第 5 期发表。论文分析了明清山陕商人在河南的经贸活动，叙述了山陕商人明清以来在河南进行会馆建设的基本情况，评述了这种经贸活动和会馆建设对于推动明清时期河南商品经济、市场经济因素的增长，以及加强中西部区域经济文化交流中的积极作用。

有从戏曲文物的角度对古戏台进行研究的。我们知道，戏曲文物研究肇始于20世纪30年代。1930年11月，考古学家卫聚贤先生在山西万泉发掘汉汾阴后土祠遗址时，关注到当地西景村岱岳庙的“舞厅”，并留下了舞厅和舞厅碑刻拓片的影像资料，并于1931年8月15日发表于清华大学中国文学会编纂的《文学月刊》一卷四期的扉页上。[1]1931年12月15日，卫聚贤先生又发表了《元代演戏的舞台》一文，对山西的古戏台和碑刻进一步调查研究。卫聚贤先生对山西戏曲文物的考查成为戏曲文物研究的开端，随着戏曲文物的不断发现，戏曲界逐步认识到考古发现的戏曲文物的重要性，随着考古发掘和社会普查工作的开展，戏曲文物的遗留也越来越多地被发现。1986年，刘念兹先生首先提出了“戏曲文物学”这一学科概念，他认为戏曲文物学“是戏曲艺术学与考古学相结合的产物，是运用考古手段研究戏曲历史现象的一门新兴的边缘学科”[2]。从此，许多戏曲史学者把戏曲历史遗存与戏曲历史文献、民俗文化结合起来，探索戏曲历史的发展规律，取得了丰硕的成果。杨健民先生编著的《中州戏曲历史文物考》一书，1992年由文物出版社出版。该书以考古发现的戏曲历史文物古迹为对象，研究了戏曲的起源、形成和发展，对了解戏曲发展历史，认识戏曲发展规律，探索戏曲发展道路有积极的意义。该书还收录了200多件（处）文物古迹，资料翔实，图文并茂，是一部有关戏曲艺术史和民俗艺风社会传统文化的研究著作。廖奔教授、赵建新教授合著的《中国戏曲文物图谱》一书，2015年由中国戏剧出版社出版。该书以图片的形式用文物证历史，以戏曲文物的类别为纲。通过展示某类戏曲文物在不同历史时期的发展演变，管窥戏曲艺术在各个

1 廖奔，赵建新．中国戏曲文物图谱 [M]．北京：中国戏剧出版社，2015．

2 刘念兹．戏曲文物丛考 [M]．北京：中国戏剧出版社，1986．

历史时期的表现形态以及与民俗文化、社会环境的关系。冯建志、刘明阁编著的《河南戏曲文物》一书，2016 年由郑州大学出版社出版。该书以河南戏曲文物为对象，针对河南不同时期、不同种类的戏曲文物进行了梳理，可以对人们认识河南戏曲文化的起源、形成、发展，以及戏曲发展规律起到借鉴作用。

有的学者对某一地区古戏台进行专题研究。周舟的论文《明清时期新乡古戏楼研究》，发表在《遗产与保护研究》2019 年第 3 期。论文分析了新乡明清戏楼大量出现的历史背景，总结了新乡明清戏楼的区域分布、年代分布、戏楼类型等建筑结构基本情况，分析了新乡明清戏楼的社会功能。刘百灵的论文《清代洛阳的戏楼建筑与演出风俗》，在《河南科技大学学报》（社会科学版）2006 年第 5 期发表。论文叙述了洛阳古代剧场演变，分析了洛阳现存古戏楼不同的建筑样式、风格和规模，总结了当地丰富的戏曲演出风俗。

戏台是戏曲演出的组成部分，它反映了戏曲发展的历史面貌。戏台不是孤立存在、毫无生气的一座建筑，借助戏台和有关统计，我们可以了解不同时期戏曲形式的演出排场、观演关系的变化。

戏曲文物学本身“是戏曲艺术学与考古学相结合的产物，是运用考古手段研究戏曲历史现象的一门新兴的边缘学科”[1]。对戏曲文物的研究，不仅涉及考古学、民俗学、文化学、金石学、古器物学、服饰学等学科，还涉及文献学和美术学等学科的知识和理论。

有的学者对神庙现存戏剧碑刻进行研究。冯俊杰教授等编著的《山西戏曲碑刻辑考》一书，2002 年由中华书局出版。该书收录并考述了自宋大中祥符五年（1012）到清光绪二十七年（1901）共 890 年间的碑刻 100 种，为中国戏曲史研究提供了大量的神庙剧场资料与其他戏曲史料。程峰教授、王建设教授等编著的《豫西北戏曲碑刻研究》一书，2017 年由郑州大学出版社出版。该书全面系统地收集整理了豫西

1　刘念兹．戏曲文物丛考 [M]．北京：中国戏剧出版社，1986．

北地区的戏曲碑刻，对所收集的戏曲碑刻逐一进行了考述，并以戏曲碑刻为依据，对豫西北的戏曲文化进行了分析，为研究豫西北地区戏曲文化提供了第一手资料和新的视角。王建设、程峰、李海安合著的《豫西北明清戏台调查与研究》2021 年由郑州大学出版社出版。该书叙述了豫西北的戏曲文化，对豫西北所辖八县区的戏台以及戏曲碑刻进行了讨论，不但为我们研究豫西北戏曲提供了一个新视角，而且提供了大量的第一手资料。长期以来，河南民间在兴建工程完工后，不管是创建还是重修，都会刻碑纪念。因此，许多古代建筑的创建、重修年代一般都有具体记载，这就为我们确定戏台的建筑年代提供了可靠依据。

王玉坤的论文《河南晋商会馆戏楼及祭祀演剧活动考》，2014 年 7 月发表在《山西档案》上。论文叙述了河南晋商会馆戏楼建筑特点，介绍了会馆的祭祀演剧习俗，提供了一些碑刻内容等，对于研究这一时期河南晋商会馆的祭祀演剧习俗有一定的参考价值。

在戏曲学研究中，戏曲文物是一个新的研究领域，却异军突起，发展迅速，很快成为戏曲学一个重要领域，给戏曲史研究增添了许多新的认识。“戏曲文物学”这一学科概念是刘念兹先生提出来的，他的《戏曲文物丛考》及系列论文为戏曲文物学学科打下了坚实基础。

我国的戏曲史研究在戏曲艺术方面取得了丰硕的成果，但是，我们应该认识到对剧场本身的研究还比较薄弱，这就需要我们加强这方面研究工作。本书的研究主要聚焦在河南现存明清古戏楼方面，包括梳理古戏台研究情况、古戏台形制的变迁、古戏台分类，古戏台演剧所涉及的社会功能问题分析和明清古戏台戏曲楹联的社会功能分析。

第二章 戏台发展历史

戏台，也称舞楼、乐楼、戏楼、舞厅、乐厅、舞台，是戏曲演出的主要场所。古戏台见证了我国戏曲孕育产生、发展壮大和走向辉煌的全过程。古戏台作为实物载体，推动和延续着千百年来的戏曲文化。历尽沧桑的古戏台，不仅是一部沉甸甸的戏曲史，也是一座座戏曲博物馆。古戏台大多数建造在神庙内，根据北为上的理念，戏台一般是坐南向北，面对正殿。戏台是中国古代人们娱神的重要场所，也是广大群众主要的娱乐性建筑，同时也是古代戏曲发展的重要标志。

戏台不但反映了自身不断发展完善的过程，而且反映了戏曲表演艺术的发展对演出场所的需求和变化。戏台的兴建以及建筑形制的不断发展衍变，是戏曲艺术从萌芽、形成到成熟的重要历史标志。

戏台的建造在不同的时代，有不同的样式、不同的特点和建筑形制，有一个由流动场所发展到固定场所的衍变过程。

戏台的发展，源自原始形态的戏场、杂耍场，起源于江湖人“撂地为场”的旧俗。起初，表演者撂地为场，观众围站观赏，后来，为了方便观赏，在表演区搭建高出地面的平台，称为“露台”。露台上有用勾花栏杆围起的“舞亭”“乐楼”。随着经济社会的发展和戏曲本身的需要，元、明、清三代的戏台建筑大量涌现，出现了“有村必有庙，有庙必有台”的盛况。这些戏台数量众多，分布广泛，已经成为传统中国民俗文化最为重要的传播场所，是富有民族民间特色的建筑类型。

据史料记载，戏场最早出现在《汉书·武帝纪》：“（元封六年）夏，京师民观角抵于上林平乐观。”《文选·张衡〈西京赋〉》：“大驾幸乎平乐，张甲乙而袭翠被。”薛综注：“平乐馆，大作乐处也。”在东汉时期，“皇帝于平乐观下起大坛，设秘戏以示远人”。平乐观位于今天河南洛阳城北平乐镇，是观赏百戏的地方。在汉代，艺术的表演形式是百戏，对于表演场地没有特别的要求，也没有固定的演出场所。从唐代开始，出现了用来表演歌舞音乐的场所，如歌场、戏场。歌场是表演歌舞的场所，人们可以随意进去甚至参与表演，戏场是在佛教寺院中表演百戏杂技歌舞的地方。

《隋书·音乐志》记载：“每岁正月十五日，于端门外，建国门内，绵延八里，列为戏场。百官起棚夹路，从昏达旦，以纵观之。”从记载的描述中我们可以感知当时戏场的盛况。

宋代，戏曲逐渐走向成熟时期，在城市出现了瓦舍勾栏，这是专供杂剧、南戏的演出场所。这种新兴的娱乐性建筑的出现，为促进当时的说唱、散乐、杂剧等音乐艺术形式的发展提供了便利条件。勾栏的出现使戏曲从流动卖艺的广场地摊表演变成专门的剧场表演，使艺人告别颠沛流离的生活环境，对戏曲的发展产生了深远的影响，我们甚至可以说，瓦舍勾栏是戏曲史上的里程碑。

中国古代的戏台，不仅是一种建筑形制，更是戏曲文化展示的平台。有多少波澜壮阔的战争场景伴随着喧天的锣鼓，在戏台上呈现。戏台上，艺人挥舞刀枪剑戟，缠打格斗。那些哀婉缠绵的爱情故事，也在戏台上徐徐展开，艺人们和着丝竹声声，轻歌曼舞，诉说衷肠。曲折委婉的剧情，讲述着千百年来的忠孝节义，展示着人世间的千姿百态，台下观众如醉如痴沉浸其中。我国最早的戏台是以广场、厅堂、露台的形式出现，以后才有神庙乐楼、瓦舍勾栏、宫廷戏楼、私宅戏台、酒楼茶楼、戏园及近代剧场和众多的流动戏台。

戏曲起源于上古时代的宗教祭祀活动，随着时代的变迁与经济社会的发展，宗教祭祀活动从简单的歌舞祭祀仪式，逐步发展成为各成体系的舞台表演艺术。表演场所也从早期最原始的平地上的露天演出发展成为有顶的厅台场馆。中国戏剧演出所使用的场所，最初可以被正式称为剧场的，大概是神庙里的戏台及其周围的观看环境——戏台、神庙殿宇廊庑建筑、大殿所共同构成的观演环境，最早见于记载的剧场是唐代佛寺中的“戏场”。

乐棚、歌台、舞台等演出场所多见于唐代的诗文中，没有实物保存下来，如今我们能见到的剧场形象数据有两处：一是在敦煌壁画“伎乐天”中的一个歌舞场面，表演场所建在水池之中，四周有矮栏杆，中间铺着华美的地毯。这样的演出场所，是专为贵族享用的。另一处是敦煌莫高窟第六十一窟《法华经变》火宅喻图，上面有两个乐伎在表演，一个乐伎在伴奏。这是我们今天所能见到的最早的舞台形象。[1]

由舞亭演变为戏楼这样一种成熟的剧场建筑形式，大约是在宋金交替北杂剧形成之时[2]。这时杂剧演出内容、形式与早期杂剧相比，更加丰富，露台的剧场形式已经不能满足演出的需要。宋代是戏曲逐渐走向成熟的时期，也是戏曲演出场所逐步完善起来的时代，在城市出现了营业性演出场所——瓦舍勾栏，专供杂剧、南戏演出的场所。《东京梦华录》中提到在勾栏里所表演的技艺有“嘌唱”“唱赚”“鼓子词”“散耍”等。在京城开封等商业城市，瓦舍成为常年向普通市民开放的游艺场所，杜善夫所写的《庄稼不识勾栏》中，有关于瓦舍勾栏演出活动的详细描写。

在北宋前期到明代前期这400余年时间里，中国戏剧的演剧场所以瓦舍勾栏为主，神庙剧场为辅。[3]在北宋末到金王朝灭亡的100多年间，宋杂剧开始形成，并得到提高。元杂剧的进一步成熟，演员的角色行当也出现明确的分工，演出场所由露

1 刘文峰．中国传统戏曲传承保护研究 [M]．北京：学苑出版社，2012．

2 刘文峰．中国传统戏曲传承保护研究 [M]．北京：学苑出版社，2012．

3 廖奔．中国古代剧场史 [M]．北京：人民文学出版社，2012．

台、舞亭发展成为舞楼，建筑形制也由四面围观变成三面观众的观演场所。所有这些初步奠定了戏曲艺术的基本特征和规模。半封闭的舞亭、舞楼取代了多功能的露台，促成了抒情色彩更浓的乐舞、说唱、杂剧，与相对简单粗犷的社火百戏的分离，戏曲表演中的那些规定性程式就逐渐形成了。因此，我们可以说，戏台见证了戏曲表演从露天舞台演出到室内演出的全部过程。

宋金时期，杂剧、院本、诸宫调开始出现，演出场所由平地转向戏台，戏曲在元杂剧和明清话本小说登台之后，才真正兴盛、成熟。由于时间过于久远，宋金时期建造的舞台在河南没有遗存，但是，在戏曲之乡的河南各地，却有大量戏曲活动的遗存，包括戏曲砖雕、石刻、戏台遗址、戏曲碑刻。这些舞台遗址的文物，说明宋、金时期的戏曲与迎神赛社祈福辟禳的民间社火关系十分密切。[1]

综上所述，到了元代，北杂剧已经成熟起来，演出形式由艳段、正杂剧、打散三段式发展为四折以楔子一人主唱杂色宾白。情节的假定性、表演的程序性逐渐固定下来。戏台由无方向、无定位的四面观，发展为有上下场定位的三面观。

古代先民生活环境相对简陋，表演场地多因地制宜，后来祭祀活动中的表演具有一定的观赏和娱乐性，情节化和扮演性的表演活动逐渐从仪式中脱胎而出，并形成了自身的体系。人们需要更适宜的场所，以便舞乐的开展，也就促进了戏场的发展。[2]

宋代以后发展为城乡大量乡俗庙宇中的演剧环境，延及明清，愈衍愈盛。[3]一座座戏台如同一座座戏曲博物馆，记录着我国戏曲发展数百年来的兴衰，既是往日辉煌演剧活动的凝固华章，描述着风光占尽的戏剧人生，也是记录着古代能工巧匠展现聪明才智的卷宗。

河南古戏台，种类繁多，在不同的历史时期，有不同的设计形式、建筑特点。

1 刘念兹．戏曲文物丛考 [M]．北京：中国戏剧出版社，1986．

2 薛林平．河南清代戏场建筑研究 [J]．华中建筑，2007(10)．

3 廖奔．中国古代剧场史 [M]．北京：人民文学出版社，2012．

由于宋元杂剧演出是一人主唱，戏剧题材主要是爱情生活戏、家庭伦理戏，剧情简单，上场演员少，对舞台要求相对简单。从最原始的演出场所，到神庙戏台、瓦舍勾栏、私宅戏台、会馆戏楼以及现代酒楼、茶楼戏园，不一而足，蔚为大观。

中牟县有建于金大安元年（1209）的乐楼……安阳县蒋村出土有金大定二十六年（1186）的舞台模型和戏俑……登封市中岳庙存有“大金承安重修中岳庙图”碑一通。于正殿峻极殿前庭院中设长方形实体台一座，上有榜题“路（露）台”，台之南设有台阶供人上下[1]。现在露台所在位置为砖砌的亭台，长宽各 11 米，高 1.3 米。露天式的戏台设于庙宇之中，或设于庙宇前的广场，演戏可四面观。后来为了避风雨，在露台上面加盖临时性的顶棚，以后逐渐形成固定的瓦木结构顶棚，称为戏亭，也有称舞亭、舞楼。金、元时代，在舞亭的后部建立隔断，开始有了前、后台的划分。明朝建立以后，随着社会经济的发展，人民群众的娱乐需求也随着增长，各地为适应戏曲演出的需要，建造了许多戏楼。

剧场建设在明末清初经过一段短暂的低沉后，迅速进入了全面繁荣的时期（江南地区由于战乱原因，繁荣要稍晚一些）。大约从顺治五年（1648）开始，北方各地就开始修复或新建戏台了。[2] 清朝时期，社会发展相对稳定，经济发展进入快车道，人口迅猛增加，人们对文化活动的需求，促使戏曲的繁荣发展，河南的戏台建设在数量和规格上也堪称空前绝后。

清代的戏台多为面阔三间（有的是从一间扩建为三间的），左右一般建有与戏台相连的耳房，供演员化妆或休息。也有面阔五间的，还出现二连台、三连台、品字台、双层台、过道台等，有些地方还出现双幢叠加戏台。其最大的特点是精雕细刻，宏大华丽。有的戏台两侧还建有看楼，如社旗山陕会馆戏楼前的看楼、开封山陕甘会馆前的看楼、辉县平甸乡宝泉村玉皇庙戏楼前的看楼、修武一斗水村关帝庙戏楼

1　中国戏曲志编辑委员会．中国戏曲志·河南卷 [M]．北京：文化艺术出版社，1992.

2　车文明．二十世纪戏曲文物的发现与曲学研究 [M]．北京：文化艺术出版社，2001.

前的看楼、博爱大底村龙王五神庙戏楼前的看楼。

明清时期，真正把神庙戏台的发展向前推进了一步，戏台成为神庙建筑不可分割的一个组成部分。戏台建筑结构，从过去平面方形的亭榭式，改成平面长方形的殿堂建筑。从最早出现的“露台”到金代三面观的戏台，到了元代，使用隔扇式木板把戏台从中间隔开，分为前后场，这不是简单的戏台分隔，这是戏曲完全成熟的一个重要标志。究其原因，明末清初地方戏的兴起发挥了重要作用，这一时期历史题材、宫廷争斗、疆场征战的剧目逐渐增多，剧情复杂，人物众多，尤其是征战戏场面宏大、上场演员众多，要求戏台面积必须增大。一些早期修建的戏台，为了适应大型剧目的演出，在戏楼前加盖卷棚作前台，把原来的戏台作后台和化妆室。在明代后期到清代，随着经济的发展，戏台遍布城镇乡村。人们在建筑戏台时会根据经济、地理条件以及对前后台的不同需求，而使形式出现各种变化，如双幢竖联式戏台、台口前凸式戏台、三幢并联耳房式戏台。

除以上所述的特征外，各地戏台多因地制宜，引起造型变化多样，出现了如山门戏台、过路戏台、水乡戏台等不同形式的戏台。

戏台，就像当地人民的生活缩影，台上台下的面孔在不断变化，剧目也随着时代的发展不断更新，但融入老百姓骨髓、融入血液的戏剧情结是不变的，经千年风雨、历百年沧桑，仍巍然屹立的古戏台是不变的。[1]

戏台是固态的戏剧文化。一座座戏台在沉默地展示着传统的剧场形态，呈现出不同阶段、不同种类戏曲的艺术特征。这些古戏台不仅见证过中国戏曲的发展和繁荣，也目睹过当年社会上最鲜活的民俗生态。

新安县南李村乡江屯村关帝庙有一通嘉庆十年（1805）《创修关帝庙乐楼碑记》，碑文记述了歌舞等综合表演艺术发展成为戏曲艺术的情况以及命名乐楼的道理。

1　赵彤梅，田冰峰，张大鹏．河南典型古戏楼建筑遗存现状调查及研究 [J]．文物建筑，2016．

昔先王之作乐也，有声有容。声歌也，舞容也。古之歌舞曰乐，今之歌舞曰戏。虽雅俗不同，所以和平神听其致一也。第歌，必有歌之地，非其地则声不收；舞，则有舞之场，非其场则容不著。况作乐于神圣之前，而野合之，尤非所以示体统，明尊敬也。乐之建楼顾不要欤？新邑江屯村旧有关帝庙，春秋享祀有自来矣，而乐楼未修，村民欲献歌舞者，心皆缺然。辛酉春，有张君讳辂者，以众议所举不获辞，慨然以建楼为任，募金卜吉，鸠工庀材，不数日而楼告竣。楼成而乐作，于斯歌，歌声亮焉；于斯舞，舞容灿焉。《诗》曰："神之听之，终和且平。"其斯之谓乎，或曰：斯楼也，所以演戏，非所以作乐，以戏名之可，以乐名之不可。不知乐主于和，和原于敬，不和不敬，虽乐亦戏。能敬且和，虽戏亦乐。今之戏由古之乐也，又何分焉？然则建斯楼而名之曰乐，固曰和平听神意，未忘先王制作之遗意也夫。

进入清代以后，在城市中出现了新的商业性专业剧场。前期以酒馆戏园为主，由于酒馆盛行唱戏，酒馆内都有完善的演戏设备，康熙时期达到鼎盛。乾隆中期以后茶园剧场兴起，观戏环境改成饮茶看戏，酒馆的位置被茶园取代。道光以后，北京的酒馆戏园已经成为茶园剧场的附庸，茶园剧场成为中国封建社会晚期正式商业剧场的代表。

民国时期，随着新文化运动的兴起，在城市开始大量兴建新式戏台。传统的戏台建筑样式逐渐淡出，新式剧场开始在城市中流行。

由于地域、气候、文化、物产、民俗、心理等各种因素的不同，各地戏楼的建筑形式也呈现出不同的风格。北方气候干燥，降水量少，风沙较多，人们在建戏楼时多采用封闭式结构，用砖石砌成坚实的台基，墙体也厚实，台口敞开。就河南来说，戏楼多采用三面封口一面观看的形式，建筑用材比较粗大，坡度比较平缓。河南古戏台厚重朴实，内部装饰上讲究华丽。南方气候温热多雨，反映在建筑形式上多采用开放式。以罗山金龙寺戏楼为例，就是采用三面透空的伸出式，台口敞开面大，屋顶的坡度大。

辛弃疾在《永遇乐 · 京口北固亭怀古》一词中写道："舞榭歌台，风流总被雨打风吹去。"如果说舞榭歌台演绎的是历史，那么戏台就是历史遗迹。我们在考察中发现，戏台在现存文物古建筑中占据重要地位，是传播传统戏曲的活动场所和文化载体。

戏台是专供民间音乐等表演艺术使用的建筑物，是戏曲文物的重要组成部分。戏台建筑具有明显的时代风格和民族特色，是传统建筑文化的载体，与戏曲的艺术特征有一定的联系。"戏曲艺术之走向成熟的提高，与观演场所建筑化的趋向大体上是同步的。"[1]

戏台的产生、兴起以及其形制的变迁，承载了戏曲艺术的发展和繁荣，它不仅显示戏曲艺术演进的轨迹，也显示了戏曲演出场所的发展变化。随着戏曲表演技术的多元化，演出场所也出现了多样化，明清古戏台展示了河南戏曲艺术的辉煌，更展示了明清时代河南经济的繁盛，明清时代人民群众爱好戏曲的盛况，而且蕴含着人们对戏曲艺术的需求。

1 中国大百科全书总编辑委员会《戏曲曲艺》编辑委员会. 中国大百科全书：戏曲曲艺卷 [M]. 北京：中国大百科全书出版社，1998.

第三章　明清戏台的建筑形式

戏台是河南历史文化遗迹中的一部分，是河南历史文化中不可或缺的代表，许多戏曲艺术大师曾经在这些舞台上展示过艺术才华。戏台不仅是古代建筑艺术的结晶，是戏曲发展史上的瑰宝，更是传统艺术的见证，体现着河南戏曲文化的特色。

多少年来，我国官方或者民间的宗教活动几乎都和戏曲演出活动密切相关，在古代演戏最主要的功能是在节庆中表达对神的敬意。不管是固定的戏台，还是临时搭建的戏台，台口总是面向受祭祀的神灵。过去人们虔诚地认为，戏曲演出可以取悦神灵，感动神灵，驱除邪祟，帮助人们实现祈福消灾的愿望，因此，戏曲演出成为祭祀活动中的必要环节。随着社会的发展，在宗教活动中，戏曲演唱，娱神只是形式，娱人才是真正的目的。广大劳动人民长年累月在田间劳动，借娱神之际也能够沾光看戏。

有的戏台保存完好，是河南戏曲文化的活化石，向人们展示着曾经的辉煌与沧桑，有的戏楼被开辟成旅游景点，供游客观赏，如社旗山陕会馆戏楼、社旗火神庙戏楼、开封山陕甘会馆戏楼、淅川荆紫关山陕会馆戏楼、禹王宫（湖广会馆）戏楼、周口山陕会馆戏楼、洛阳路泽会馆戏楼、洛阳山陕会馆戏楼。有的戏楼几经翻修（重建），成为喜爱戏剧文化的人们相聚的场所，如方城维摩寺戏楼。有些地方为了更好发挥古戏台的作用，就在戏台前搭建新的舞台，把原来的戏台当后台，如汝州东赵落火神庙古戏台、汝州留王店陆公祠戏楼、洛宁县赵村镇大许村杨公祠戏楼等。有的戏台在战火中荡然无存或者由于缺少维护，长时间经风吹雨淋而倒塌，成为人们心灵中的记忆。

自雍正年间起，河南戏台建筑的建设开始进入高潮。雍正年间和乾隆年间，社会稳定，经济发展较快，地方戏蓬勃兴起，戏台建筑开始大量兴建。根据《中国戏曲志·河南卷》20 世纪 80 年代的调查记录，当时留存有古戏楼 419 座。根据此后公开发表的文献统计，河南有 110 座明清戏楼，其中 59 座有较明确的修建时期记录。在这 59 座戏楼中，雍正年间修建得最多。雍正、乾隆至嘉庆时期的 97 年中，共修建了 27 座，占整个清代 268 年所修建上述 59 座戏楼的 46%。[1]

明末清初创建的戏台，大都沿袭宋、金时代献亭的形式，采用三面围观的形制，以后逐渐发展成为一面观的乐楼。从现存元代戏台来看，元代戏台多为一间，基本是正方形，建筑结构粗犷质朴，严谨规整，不分前后台。从元代后期开始到明代，戏台由一间扩展到三间，戏台开始有了前后台之分。由于剧情日趋复杂，演员增多，增大了表演区。前后台之间设立隔板。有的戏台前檐板装饰讲究，有的戏台前石质栏杆也有装饰，雕刻多以花鸟、人物为主。台口由方形变为长方形，山墙前设左右八字墙，为台口音量外扩创造了便利条件，如禹州市十三帮会馆戏楼、禹州市财神庙戏楼、淅川荆紫关山陕会馆戏楼、宜阳山陕会馆戏楼、灵宝大王镇风沟戏楼。在结构上多采用前台立柱，上施大额枋结成井架，枋上设斗拱承托屋檐，梁架多为角梁、平和藻井组成，既有承载能力，又有装饰作用，稳固而富丽。

在清代，由于社会的快速发展，社会的相对稳定，河南的人口迅猛增加，人们对文化活动的需求增加，戏曲逐渐繁荣起来。这一时期，戏台建设空前绝后，在数

1　薛林平．河南清代戏场建筑研究 [J]．华中建筑，2007(10)．

量和规格方面也是绝无仅有。

康熙二十四年（1685），河南人口只有143万，乾隆三十二年（1767），人口增加到1650万，道光十九年（1839），人口增加到2368万。河南这一时期的商业日趋繁荣，山西、陕西、甘肃、福建、安徽、湖北、湖南、四川、江西等省商人陆续来河南经商，这些商人纷纷在河南建立商业会馆。河南商业发达的怀庆府也在各地建有商行会馆，禹州怀帮会馆、开封覃怀会馆就是这一时期创建的。商业的繁荣为戏曲的蓬勃发展提供了良好条件，各种演戏活动更加频繁，香火庙会、敬祖还愿、喜庆筵席、商业聚会等均借演戏渲染气氛，民众也趋之若鹜。康熙十八年（1679），河阴县（治今荥阳东北）知县在到任数月后所写的文告中写道："优俳演戏，以游惰之人，耗耕夫之获，废时失事，男女若狂，莫此若甚。"[1] 康熙二十九年（1690）纂修的《上蔡县志》中记载有《知县杨廷望禁戏详文》："两河风土，自秋成以后，冬月以至新春三四月间，无处不以唱戏为事"，"高台扮演杂剧备陈"，"男女杂沓，举国若狂"。[2] 乾隆十八年（1753）纂修的《郾城县志》（郾城，旧县名，原地现分属漯河市郾城区、源汇区和召陵区）也记载了当时演戏的情况："百货俱集，男女杂逐，一村演戏，众村皆至，各招亲厚者，流连宴乐。移他村，亦如之。"如果有哪个村子不演戏，就会被其他村子的人笑话，本村人也会感觉是一种耻辱。这时的演出场所，多是戏楼或高台。乾隆十二年（1747）《原武县志》（原武县，今原阳县）记载："春祈秋报，每好演戏赛庙为盛会。"曾任河南巡抚的田文镜论道："查访豫省，每于集镇冲要处所，扎搭高台，演唱啰戏，动辄三五日不散。"[3]

嘉庆十八年（1813）《洛阳县志》记载："俗喜祀神，多结里社，演戏无节，禳瘟、禳火，贺雨、贺晴，重叠举行。太平和乐，固属胜事，但虚靡有用之财，亦宜杜其渐也。"道光十五年（1835）《舞阳县志》记载："每逢修庙修路及一切造作工程，

1 《河阴县志》卷八《风俗物产考》。

2 《上蔡县志》卷一《地舆志》。

3 田文镜：《抚豫宣化录》卷三（上）特揭保甲之要法以课吏治事。

凡化缘上布施，必欲唱戏，并厚待斋公，习俗相沿，牢不可破。”有时，演出规模也很大，光绪七年（1881）《宜阳县志》记载，该县的一次城隍庙庙会上，同时有七八个戏班在演出。从上述史料的记载中，不难看出，当时演戏活动的普遍和频繁程度。由于戏曲演出活动的兴盛，戏场建筑也得到快速建设，戏场的数量急剧增加。

清代创建的戏台多为三间，有的还建有左右相连的耳房，也有五间的，还出现二连台、三连台、品字台、过道台等建筑形式。传统戏台的基本结构，大致分为三类，即单幢式、双幢前后串联式和三幢左右并列式。单幢式戏台，就是戏台的支撑结构、构成方式和屋顶构造是一个完整统一的单体建筑。双幢前后串联式戏台，指前台和后台分别有不同的建筑单体，前后组合在一起的戏台。这种建筑一般采用前台部分为卷棚式，后台采用硬山式。三幢左右并列式是指戏台的左右两侧分别建耳房，用作后台化妆间的戏台。

河南清代戏台，主要采用单幢式和双幢前后串联式。单幢式戏台的优点是构造简单，主要适用于乡村小规模的演出，如安阳市龙泉乡白龙庙戏楼、铜冶乡积善村戏楼、林州五龙镇阳和村戏楼，洛阳新安县南李村镇龙王庙戏楼、宜阳高村镇东营药王庙戏楼，新乡留庄营戏楼，南阳淅川白浪街火星庙戏楼、云阳城隍庙戏楼等均采用这一形式。但是，这种戏台不适应隆重场合和盛大活动时戏曲演出的要求，特别是剧情复杂的戏剧，需要众多演员登台，前台就显得狭窄，后台面积更不适应。这样的演出形式，就促使双幢前后串联式戏台的出现。河南清代戏台大约有一半采用这一形式。如社旗县火神庙戏楼、巩义市高庙戏楼、安阳县善应镇朝元洞戏楼、新乡市凤泉区耿黄乡何屯戏楼、荥阳王村戏楼、新密城隍庙戏楼、新密关帝庙戏楼、洛阳关林戏楼、洛阳山陕会馆戏楼、社旗山陕会馆戏楼等。双幢前后串联式戏台在建筑上的特点主要表现在三个方面：一是后台的面积大于前台，扩大了后台的活动空间；二是前台多为伸出式，三面敞开，方便观众；三是屋顶造型更加丰富，前台屋顶为卷棚式，后台屋顶为硬山式。三幢左右并列式戏台在河南并不多见，但也有少数戏台采用这一形式。如辉县平甸乡宝泉村玉皇庙戏楼、新乡县合河乡泰山庙戏楼、辉县城隍庙戏楼、博爱县冯竹园三官庙戏楼、博爱县苏寨玉皇庙戏楼、沁阳窑头关帝庙戏楼、桶张河老君庙戏楼、武陟城关青龙宫戏楼、禹州神垕关帝庙戏楼、商丘虞城伊尹祠戏楼。除了上述两大类，还有一种特别现象，就是在一个小范围内建造有多座戏台，如禹州市的怀帮会馆戏楼、十三帮会馆戏楼、山西会馆戏楼，三者相距200米左右。洛宁县城关在数千平方米内，曾经有六七座戏楼，如大觉寺、火神庙、关帝庙、奶奶庙、任家祠堂，几座戏楼相距很近。禹州市神垕伯灵翁庙戏楼和关帝庙戏楼相隔只有数米，孟州市显圣庙戏楼和堤北头大庙四座戏楼都在一个庙院内，武陟西草亭二仙庙并排两个戏楼相距仅仅2米，可惜西戏楼已经不存在。南阳市卧龙区石桥镇的祖师庙和阎王庙原有背靠背两座戏楼，相距仅约1.5米，始祖庙戏楼坐南朝北，阎王庙戏楼则坐北朝南，可惜两戏楼已经不存在。

戏台建筑从外观上看是一个整体，但是，各个构成部分所起的作用不可或缺。戏台顶上的藻井除了美观外，还是一个共鸣箱，能使演员发出的声音向上聚集，变得洪亮且圆润，再将声音反弹向各个方向，产生余音绕梁的音响效果。就屋顶形式而言，河南清代戏台可谓不拘一格，有歇山顶、悬山顶、硬山顶、卷棚顶等形式，也有的将两种屋顶形式综合在一起，使屋顶造型显得别具一格。

河南清代戏台，往往和山门结合而建。根据薛林平2007年统计，在河南现存的清代110座戏台中，建于山门之上的戏台为52个，占47%。[1] 由于大多数庙宇坐北向南，为了达到娱神的目的，戏台必须位于正殿之南，而山门也正好位于正殿之南，这就使戏台和山门合二为一成为可能。同时，为了方便观众看戏，戏台需要建在较高的台基上，而将山门的二楼作为戏台，不仅节省了庙宇的面积，而且拓展了观众看戏的空间。

河南戏场的格局，一般情况是，正殿对面建戏台，二者在中轴线上正好相对，中轴线两侧一般都有厢房，四面建筑共同组成庭院式戏场。在历史上，演戏是为了

---

1 薛林平．河南清代戏场建筑研究 [J]．华中建筑，2007(10)．

酬谢神庙的神灵。为了让神灵更好地观看戏剧演出，戏台的台口必须面对正殿，这种建筑格局是由戏场演出的祭祀功能决定的。安阳县马家乡紫金山兴禅寺乾隆年间《重修兴禅寺碑记》中有明确的记载："其巅有寺曰兴禅……对面建演戏楼。"开封徐府街嘉庆十七年（1812）《山陕会馆晋浦双厘头碑记》中记载："关圣帝君接檐香亭五间，旁构两庑，前起歌楼，外设大门。"上述碑刻中提到的这些戏楼均建于正殿的对面，现存规模较大的神庙戏楼都采用这种建筑形式。个别寺庙虽然将戏台建于山门之外，但仍把台口正对正殿方向。不少规模较大的戏场两侧建有看楼，如社旗山陕会馆戏场、洛阳山陕会馆戏场、周口关帝庙戏场、修武一斗水龙王庙戏场、辉县平甸乡宝泉村玉皇庙戏场。

清代戏楼中，有许多是三面敞开，一面留作后台，舞台台面空间简单，但外延空间较大。上下场门，早期的歌舞杂技表演场门作用较单一，只是登场、退场。随着有故事的杂剧产生，上下场门的作用也扩大了，名称也就多起来了。苏轼有一首关于上下场门的诗："搬演古人事，出入鬼门道。"诗中所说的"鬼门道"就是指上下场门，也称"古门道""古门""古道"。上下场门除供演员上下场外，还具有时间和空间的意义，随剧情的展开而变化，演员的上场和退场表示时间和空间上的变化。上下场门上挂锦缎绣花门帘，与大帐呼应，称"门帘台帐"，也叫"守旧"。一般上场门门帘上绣"出将"，下场门门帘上绣"入相"。

戏台分前台和后台，前台是表演区，后台是演员化妆和休息的地方，又称戏房。最初只是在舞台后隔出 1/3 的空间，用于演员化妆及存放戏箱，后来，由于剧情日益复杂，演员增多，后台必须扩展。

戏台上的戏曲壁画、彩绘、木雕、石刻等，具体形象地描绘出剧目、人物、角色、脸谱、服装、道具、舞台调度场面等诸方面的状况。现存古戏楼保留的戏曲壁画比较少，原来一些戏楼的戏曲壁画在戏楼修缮时被毁坏，现在只有安阳白龙庙神怡楼、巩义大峪沟老君庙戏楼还保留有戏曲壁画。

戏台上的艺人题壁，留下了班社的名称、剧种、剧目、演员、角色行当、脸谱、服饰、乐器、道具、演出时间、戏诗等墨迹。题壁提供了艺人演出生活和心理活动的情况。可惜现存明清古戏楼中，题壁很少保留下来。

台柱上丰富多彩的戏曲楹联，集文学和戏曲艺术于一体，构思奇特、妙趣横生。有的富含人生哲理，能够启迪观众智慧，劝说世人向善；有的引经据典，弘扬传统文化；有的诙谐调侃，凸现对联艺术；有的呈现出耐人寻味的戏曲意境，展现舞台效果，记录着戏曲数百年的兴衰沉浮；有的赞扬演员技艺，反映演员疾苦。这些戏曲楹联，显示了人们对戏曲艺术的审美意识、道德伦理、艺术情趣，认真研究这些戏曲楹联，能够提高我们对戏曲楹联社会功能的认识和理解。本书第八章河南古戏台戏曲楹联的社会功能分析将详细讨论。

从戏台的观演空间上看，清代戏台的空间处理，都具有空灵通透的特点，广场、厅堂、厢房、回廊等都可以融进观演空间。神庙戏场的观演空间多是由戏楼、厢房、正殿组成的庭院，而会馆戏台的观演空间多是由戏楼、看楼、大殿组成的庭院。

利用地形来构建神庙剧场的观演空间，是清代神庙常见的现象。例如，修武一斗水关帝庙，根据庙院落差形成三级观看场地，第一级为戏台前面的平地，为男人站立看戏的场所，第二级为戏台和神殿之间的台阶及台地，是供老弱妇孺摆放凳子的观看处，第三级为神殿前的高台地，是乡绅等有身份的人的看戏地点。辉县平甸乡宝泉村玉皇庙戏楼、安阳北禅寺戏楼、鹤壁淇县白龙庙戏楼、淇县云蒙山戏楼都是依山坡建造，充分利用地势形成这样的观演空间。

戏台的朝向方面，遵循北是正位，南为下位的传统，所以戏台的建筑都是避开正位而建造，大多坐南朝北，面对主体建筑。由于建造年代不同和地形环境等因素的影响，在处理方式上大致有三种情况：一是戏楼与主体建筑相对；二是戏楼作为单体建筑，面向主体而建，但在空间上距离较远；三是戏楼坐落在主体建筑院内。

从建筑本身上看，明清古戏台充分展示了河南古代建筑的艺术魅力，布局严谨，利用空间得当，许多戏楼巧妙地把门楼构筑为戏台，有效利用廊房、大殿（享堂）形成观戏区，各部分的相互配合井然有序，达到浑然一体的艺术境界。

从工艺上看，许多明清古戏台巧夺天工，充分展示了古代建筑工匠高超的技术水平，无论是整体设计的独具匠心，还是局部构思的精巧绝伦。如戏台上的藻井这个看似不起眼的地方，把防火、扩音、装饰多项功能融于一体，蕴含着许多科学道理。

明清古戏台在装饰风格上各不相同，有的雍容华贵，如一些会馆戏楼广泛使用石雕、木雕、砖雕，镂云裁月、精致细腻、形象生动。图案多以戏曲内容为主，间以神仙人物、花卉鸟虫、飞禽走兽等。有的戏楼朴实无华，不事雕琢，简约大方。

根据《中国戏曲志·河南卷》编委会在 20 世纪 80 年代的调查，河南历史上曾有 3484 座传统戏台，当时留存有 419 座，占 12%。[1] 时至今日，又有不少传统戏台由于各种原因毁坏。笔者从 2019 年起，实地考察了河南现存的 100 余座明清古戏台，并整理了 20 世纪 80 年代至今公开发表的有关河南戏台建筑的文献。根据薛林平《河南清代戏场建筑研究》2007 年统计，河南当时留存古戏台 111 座。[2] 近年，有的古戏台被拆除，如内乡的显圣庙戏楼、修武县崔庄观音堂戏楼等。因年代久远，有的古戏台残破被拆除后在原址建造现代戏台，如安阳县铜冶乡辛庄关帝庙戏楼，原址已经重建“小百花舞台”，巩义老井沟老君庙戏楼，2011 年修建焦桐高速公路时被拆除。

戏台建筑，是中国古代建筑文化的重要内容，是中国古代观演类建筑的重要组成部分，也是我国戏曲文化的重要载体。河南明清古戏台内容丰富，艺术感染力强，能够为研究河南明清建筑史、河南戏曲舞台艺术史、民俗史，提供宝贵的历史依据和形象的资料。因此，调查、分析和研究遗存下来的这些戏台，是非常有必要的，也是非常迫切的。与河南省同属戏曲大省，也是戏曲文物大省的山西，戏曲文物研究已经取得了显著成绩。如车文明教授所著的《中国古戏台调查研究》《中国神庙剧场》，冯俊杰教授所著的《戏剧与考古》《山西神庙剧场考》和他主编的《太行神庙及赛社演剧研究》以及编著的《山西戏曲碑刻辑考》《古剧场与神系神庙研究》等著

1　中国戏曲志编委会．中国戏曲志：河南卷 [M]．北京：文化艺术出版社，1992．

2　薛林平．河南清代戏场建筑研究 [J]．华中建筑，2007(10)．

作，已经在国内戏曲文物研究方面，特别是古戏台研究方面产生很大影响。而同为戏曲大省，也是戏曲文物大省的河南，在古戏台综合研究方面却成果不多。如杨健民先生 1992 年编著出版的《中州戏曲历史文物考》，冯建志教授、刘明阁教授 2016 年编著出版的《河南戏曲文物》。河南近些年还没有关于古戏台研究的专著出版，杨健民先生《中州戏曲历史文物考》，是一部对河南戏曲历史文物考述的著作，中州古戏台考只是其中一章。冯建志、刘明阁的《河南戏曲文物》一书中，河南明清古戏台也只是其中一章。不少论及古戏台的论文只是对某一戏楼或某一地区明清古戏台的研究，目前尚无关于河南明清古戏台综合研究的著作出版。这不得不说是一种缺憾。

在对明清时期修建的古戏台进行实地考察中，我们发现，神庙戏台绝大多数建在神庙里，并且正对大殿，但是，这些神庙并非佛、道等宗教的寺观，而是为民间流行的巫神所建的神庙。正如刘念兹先生所指出那样："宋代以来修建的规模比较大的寺庙，多在正殿之前建筑一座舞台，达到既能酬神又起着娱人的作用。宋、金时期的舞台，大都是修建在民间普遍流行的巫神的乡村小庙中，它与佛、道等宗教的寺观关系还不大。"[1]

综上所述，有必要结合文献资料对现存河南典型古戏台展开综合性的实地考察及深入研究，努力探索一条合理利用及弘扬发展的途径，使这一优秀民族文化遗产，得到合理有效的保护和传承。面对当下数字化、信息化的时代背景，尤其是增强"文化自信"要求的提出，如何对古戏台所蕴含的文化内涵进行创造性转化的现实需要，也变得更加迫切。怎样提炼和呈现古戏台所蕴含的文化内涵具有非常重要的现实意义。

根据功用，戏台又可分为神庙戏台、宗祠戏台、宫廷戏台、私宅府邸戏台、会馆戏台、村寨戏台等。鉴于河南没有宫廷戏台遗存，而私宅府邸戏台稀少，本书计划从神庙戏台、宗祠戏台、会馆戏台、村寨戏台四个方面对河南现存明清古戏台进行收集、整理、分析研究。

---

1 刘念兹．戏曲文物丛考 [M]．北京：中国戏剧出版社，1986．

第四章　神庙戏台

第一节　神庙戏台综述

戏曲是封建社会尤其是明清时期乃至新中国成立后一段时间，广大群众文化休闲娱乐生活的重要组成部分，通过认真研究群众对戏曲的反应，能够了解百姓的心理需求，以及当时的社会现状。对古戏台的研究，可以为戏曲研究提供有效的实物资料和内涵分析的可靠依据。河南在明清时期建造的大量戏台具有明显的地域特色，戏台与当地的民间信仰、娱乐活动和商业发展密切相关，凡是经济发达、当地群众喜爱戏曲活动、民间信仰较强的地方，戏台建筑数量就多，建筑规模也宏大。由于古戏台的建设受到当地自然环境、社会经济、思想文化、风俗习惯等多方面影响，所以古戏台承载了丰富的历史信息，是戏曲艺术、建筑艺术的宝贵遗产。

根据《中国戏曲志·河南卷》记载：戏台“有的县多达百座以上，一般也有五六十座，少则二三十座”[1]。这些戏台建筑大致可分为神庙戏台、会馆戏台、祠堂戏台和村寨戏台等，其中神庙戏台最多。有庙就有祭，祭神

1　中国戏曲志编委会．中国戏曲志：河南卷 [M]．北京：文化艺术出版社，1992．

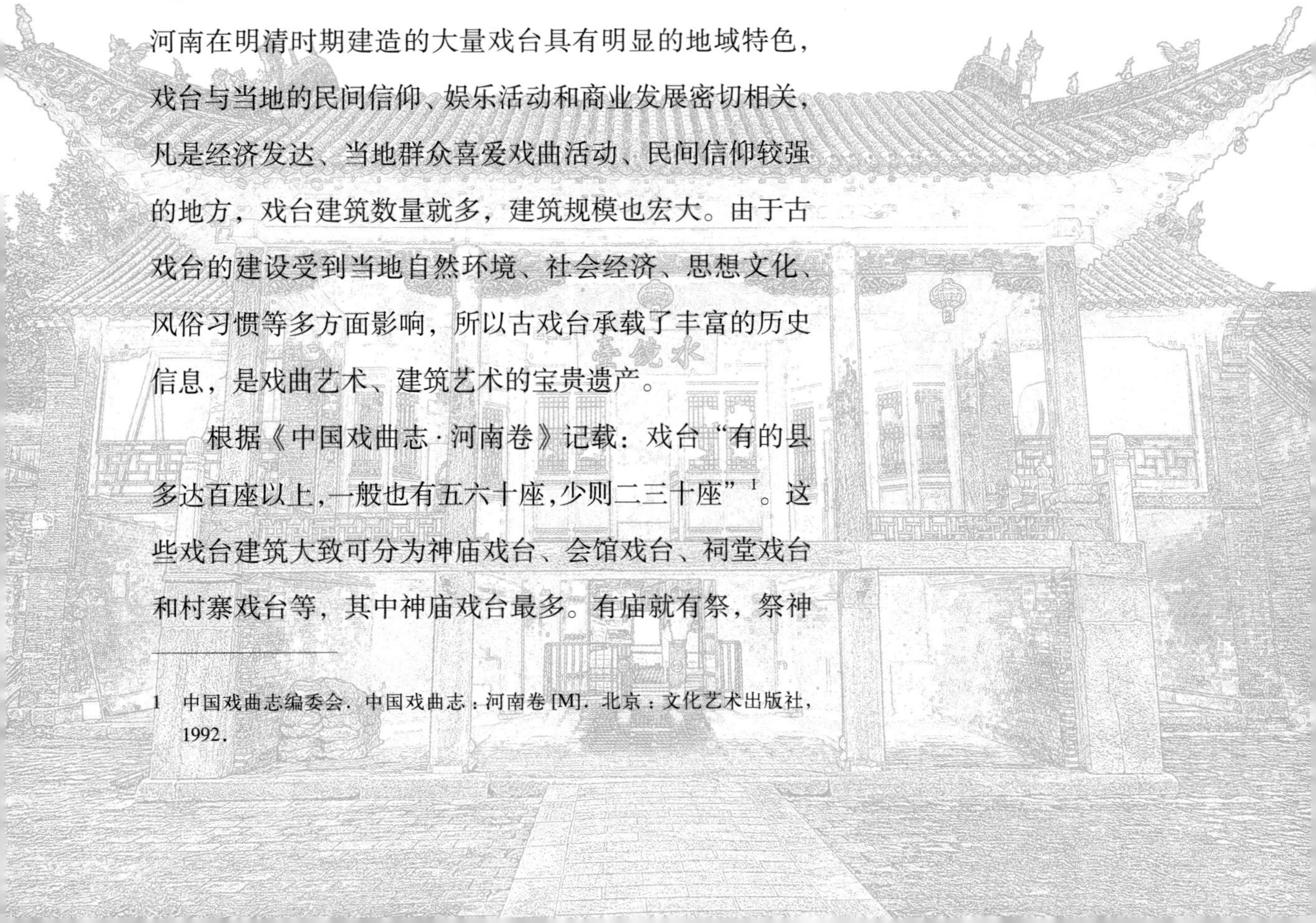

的目的是讨好神灵，以换得神灵的庇佑，所以民间祭祀的时候，仅仅奉献祭品是不够的，还要奉献歌乐表演。因此，建造神庙戏台的目的几乎都是为了祭祀神灵。汉唐祭祀的表演内容以音乐舞蹈和百戏杂技为主，宋以后戏曲成熟，民间神庙祭祀就和戏曲文化结合了起来。[1]

修武县大东村玉帝庙明崇祯元年（1628）《创建舞楼碑记》记述了创建戏楼的原因：

谓牺牲既成，粢盛既洁，而落落寞寞，非所以隆庆享也，复侑以世俗之讴歌而戏楼肇兴矣！夫雷出地奋豫，而先王作乐，殷芶上帝，取和神也。则斯楼之设、庶几先王之遗意、昭格之乐事也，或者曰楼以戏名，祇戏局耳。于敬乎何若况敬神以诚不以文。又其事之近于亵者也。[2]

大东村玉帝庙建筑历史悠久，根据碑刻记载，村民到玉帝庙祭祀时看到庙里房屋颓败，“俱岌岌乎，有欲颓之象”，秦希东等人“聚众相商，尽重新之”。创建戏台的原因是祭祀时，仅仅有“牺牲”祭祀神灵，不足以显示对神灵的崇敬。祭品只能满足神灵食欲上的需求，精神上的需求需要演戏来满足。

新安县北冶乡滩子沟泗王庙，康熙五十七年（1718）《重修舞楼碑记》记述了扩建戏楼的原因：

新邑北四十里许，层峦叠翠，林壑尤美，而潜处于两山之间者，则名滩子沟焉。人物辐辏，贸易颇多，诚盛地也，亦财薮也。村左有赛曰马王牛王青苗土地山神祠，祠前旧有舞楼一座，乃规模狭小，风雨难避，每岁享□演戏，多

1　廖奔. 中国古代剧场史 [M]. 北京：人民文学出版社，2012.

2　此碑现存于修武县西村乡大东村玉帝庙院内。

嫌其隘，因而扩之。讵非善事？于是本村信士介君讳治表等慨然动念，欲嵩其墙垣、广其椽题，变从前旧制，新后来之观瞻。遂募化今村善人，遂心捐助，共勷善事。兹功竣刊石……

从碑文可知，此庙供奉着马王、牛王、青苗神、土地神、山神等神灵，虽然有一座戏楼，但是，由于戏楼太小，不能满足赛社敬神演戏所用，所以需要扩建戏楼。

新安县石井乡荆紫山南玉皇庙，清乾隆二十一年（1756）《创建玉皇庙舞楼碑》碑文如下：

从来享赛神圣，必须歌舞敬献，歌舞必须楼台。荆紫山，新邑名山也，地最杰，神最灵，四方人士结社享赛歌舞于神庙前者，靡岁不举。而舞台独缺，故当圣会献戏之期，四方山主负板抬木不下数十人，且距村甚远，张惶辛苦之状不可胜言。及歌舞方毕，而楼榭为之一空，不惟无以壮庙观，亦甚非一劳永逸之善术也。主持道人李阳全者，业已坚志修造神庙，复欲苦力创建舞楼，然巨功非一人所能成，犹之大厦非一木所能志，因募缘四村山主，雅意好修善士，捐金输财，公成善举。自雍正七年三月谋始，至雍正十年二月落成。此后岁逢圣会，四方人士结社享赛歌舞于神庙前者不烦力，而楼台俨然在望。众人咸欣幸曰：“此真一劳永逸之善术也。”而所以壮庙貌者，不更足多乎？[1]

从碑文来看，荆紫山南玉皇庙以前没有戏楼，而周围乡民“结社享赛歌舞于神庙前者，靡岁不举”，给神灵献戏时，“四方山主负板抬木不下数十人，且距村甚远，张惶辛苦之状不可胜言”。因此，创建戏楼成为“一劳永逸之善术”。

林县五龙镇西奖村创建东戏楼碑刻记载：“复于祠前建立石台，以写春旗（祈）

1　杨健民．中州戏曲历史文物考 [M]．北京：文物出版社，1992．

秋报歌舞之所。”辉县苏村火神庙戏楼，清乾隆四十六年（1781）《重建戏楼碑记》记载：“（当）思神圣者，人之所依托庙宇者，神之所安止。敬神演戏必有台阁，□可壮□离子□。”偃师寺沟村，清乾隆五十五年（1790）《创建大王庙前舞楼碑记》记载：“从来有庙宇以妥神灵，即有乐楼以壮观瞻。”

修武县孔村清乾隆五十九年（1794）《重修阎罗殿、舞楼、垣墙碑记》记载：

乾隆辛巳秋，天雨如注，黄沁北流，平地水深数尺，将阎罗殿并周围墙垣倾圮殆尽，不数月而舞楼有回禄之灾。灵爽虽存凭依，若无庙宇酬神，有志歌舞莫蔽风雨，即欲享祀不忒乌可得乎？本村苏桂香目击心怆，向善之心勃然莫遏，将庙地所产权子母公出入以为兴工之籍。犹恐独力不能胜任，因与村众商议同祝督理会首苏正儒掌管钱粮仍行堆积，经理有年，不惟庙地有增，亦有且储备颇裕，儒急于动工，除所积赀财外，又劝谕村众复捐金二十余两，务使殿宇聿新，舞楼犹昔，垣墉亦高峻改观。[1]

根据碑文记载，此次重修阎罗殿、舞楼、垣墙，是因为乾隆辛巳（1761）阎罗殿、垣墙被洪水淹而倒塌，舞楼则因火灾而被烧毁，“灵爽虽存凭依，若无庙宇酬神，有志歌舞莫蔽风雨，即欲享祀不忒乌可得乎？”苏桂香“目击心怆，向善之心勃然莫遏，将庙地所产权子母公出入以为兴工之籍”，“又劝谕村众复捐金二十余两”。本村 50 人捐资、捐物，周围的杨楼、高村、南孟等村也有捐助。

新安县江屯村，清嘉庆十年（1805）《创修关帝庙乐楼碑记》记载：“新邑江屯旧有关帝庙，春秋享祀有自来矣。而乐楼未修。村民欲献歌舞者，心皆缺然。”安阳县东水村，清嘉庆二十年（1815）《创建戏楼碑记》记载：“今而后春祈秋报，演唱歌舞，休明赖以鼓吹，太平用以点缀，咸于斯楼。”安阳县清道光十一年（1831）《重

1　程峰，王建设，李海安，等．豫西北戏曲碑刻研究 [M]．郑州：郑州大学出版社，2017．

修官房戏楼碑》记载："自今以往，春秋祈报，演戏神前；父老焚香，喜得其地。"

林州市河顺镇申村清同治二年（1863）改修八蜡庙戏楼碑刻记载：

落落层台对碧霄，雕梁画栋倩谁描。为教柳曲行云过，却遣梨园舞雪飘。翻旧不妨聊展布，增新毕竟得宽饶。升平一奏神人悦，鼓吹还将和九韶。

碑文以诗文的形式描述了戏楼改修前后的情况，新戏楼"雕梁画栋"，"落落层台对碧霄"，以前由于戏楼狭小，不能满足献戏需要，尤其是天气不好有雨雪时，影响演出。而改建后的新戏楼宽敞华丽，"升平一奏神人悦，鼓吹还将和九韶"。

博爱县冯竹园三官庙，清同治十三年（1874）《重修舞楼、增修廊房碑记》记载：

古者兵舞以舞，山川之祀；□帔舞以舞，社稷之祀；羽舞以舞，四方之祀；皇舞以舞，□暵之祀。祀必有舞，由来旧矣。舞而无楼，是无舞也；祀而无舞，是无祀也。其何以尽诚敬而妥神灵？[1]

根据碑文的意思，如果舞蹈没有舞楼，就不能称为舞蹈；祭祀没有舞蹈，就不能称祭祀。如果祭祀没有舞蹈、没有舞楼，如何表达对神灵的敬意？如何达到神灵的满意？碑文还论述了舞的类别，舞与祀的关系、舞与楼的关系。兵舞、帔舞、羽舞、皇舞，都是祭祀时的舞蹈。其目的是说明有庙就有祭，有庙必有戏楼的原因。

辉县楼子村，清光绪二十九年（1903）《戏楼碑》记载："春祈秋报，供奉神圣，庶不患无歌唱之地也。"

以上这些史料，无可辩驳地说明了戏曲演出的祭祀功能。当然，大量戏台建筑的建造，除了实现祭祀功能外，更为直接的原因还是民众对戏曲演出的热衷，"奉神"

1　程峰，王建设，李海安，等．豫西北戏曲碑刻研究 [M]．郑州：郑州大学出版社，2017．

只是处于次要地位，作为幌子而已。由于观众的增多，演出规模随之扩大，扩建戏台和观演场地也就成为必要。

新安县铁门镇清雍正年间《创建二郎庙乐楼碑记》记载：

凤山之左，有清源妙道真君庙。其来远矣！鼎建者不知何所昉，重修者不知凡几更，始亦弗深者，迩人好乐施，众善奉行，乃得殿宇嵩隆，群庙环列，盖煌煌乎盛迹也。□至于庙之前，旧有歌舞台，遭荒□后，只闻其说，未睹其址。镇之人士每岁赛神献戏者，率以架木为之，其靡费不可胜算，自常叹肇造之……非建乐楼以崇妥侑，何以壮声灵而大观瞻乎？[1]

根据碑文，二郎庙“旧有歌舞台，遭荒□后，只闻其说，未睹其址”，每年赛神献戏，都要用木头搭建戏台，费事且耗费大量人力财力。因此“非建乐楼以崇妥侑，何以壮声灵而大观瞻乎”。

洛宁县城关镇，清乾隆二十三年（1758）《重修关帝庙舞楼碑记》记载：“夫子之庙有舞楼仅一楹，创于雍正五年（1727），风雨飘摇，墙壁倾颓，时有信士郭□□重修，易一殿而为三楹焉。”碑文显示关帝庙原有舞楼一座，由于时间长远，“风雨飘摇，墙壁倾颓”，重修时由一楹扩大为三楹。辉县高庄乡苏村火神庙，清乾隆四十六年（1781）《重建戏楼碑记》记载：“改建戏楼三间，较前规模廓广。”

巩义市新中镇咸丰十年（1860）《创建宝泉山舞楼碑记》记载：

前无所因谓之创，宝泉龙祠旧有舞楼矣，胡云创，乃前之舞楼，后限山阿，前通祠宇，其中隙地逼仄特甚，每值演戏，杂□喧填，袂联肩摩，未足以客游者，且众啸如雷，群汗似雨，甚嚣且尘上焉，尤非所以肃拜稽而荐精诚也。诸

1　杨健民．中州戏曲历史文物考 [M]．北京：文物出版社，1992．

君子邻（临）斯境者以为憾，爰择祠外宏厂之区而创建焉。夫斯楼也，左吞山光，右襟河流，夏云拥岫，映群峦川低昂；秋水弄波，瞰奔湍之激越，剧壮阔，势雄秀，洵踞天地之雄而得江山之腾者也，登而舞焉。笙歌举而行云遏，旌旗飞而彩凤翔，然则斯楼之建，不惟可悦人神之意，且足以助造物之奇矣，岂不伟哉！[1]

根据碑文记载，此处原有戏楼，由于地方太狭小，演出时“杂□喧填，袂联肩摩”，“众啸如雷，群汗似雨，甚嚣且尘上”，影响观众看戏，因此，在宝泉龙祠外创建戏楼一座，“可悦人神之意”。

辉县西平罗乡，清同治元年（1862）《天爷庙戏楼碑》记载原有戏台“规模浅狭，难堪畅舞”，于是“集匠兴工，宽其基、高其楼”。巩义市鲁庄镇苏家庄村，同治三年（1864）《武当华岳圣社□地修墙碑》记载：“念其庙貌狭小，欲广大其规模。因将庙南增其地亩，广墙垣修而备。移舞楼于后，使庙宏阔而拜谒有以壮观瞻焉谨出所蓄演戏致敬使善可彰。”

从上述史料可以看出，清代许多神庙戏台纷纷扩大规模，将原来一间的戏台改为三间，同时扩大观演空间的面积，以适应观众日益增多的需要。

新安县太平庄三教堂外墙壁上镶着一通神人两便碑，碑文称三教堂“地基窄狭”，全村公议要扩建，信士陈宗圣便将旁边自家的地捐给庙宇，众人欢欣不已，“即当报赛演戏，男女瞻拜者亦得以宽然有余。因念神人两相洽者，阴阳两相和”，遂立碑为记。此碑立于清道光十四年（1834），这应该也是三教堂舞楼得以修建的原因。

巩义蔡庄三官庙清康熙二年（1663）《蔡庄三官庙戏楼碑》记载：“其殿前乐楼已足壮观，而先辈特有荐享之乐，晚辈人心益善，故门外增之以戏楼……”

许多神庙戏台的扩建，与各种祭祀活动有着密不可分的联系。济源市承留乡南

1　杨健民．中州戏曲历史文物考 [M]．北京：文物出版社，1992．

姚汤帝庙《重修庙宇山门戏楼序》记载：

汤帝庙……戏楼仅仅一间，龙首蛇尾，内外殊觉不论，其戏楼前面邻路，演戏时肩摩毂击，往来甚为不便……拆修舞楼，一间改为三间，较前何等壮观，后移一丈，前面此□较以前何等体统，且装板挂牌，金碧灿然，是又何如辉光也……

安阳都里乡东岭西村清同治十年（1871）《安邑东岭西村创修戏楼碑记》记载：

尝闻莫为之前虽美弗彰，莫继于后虽盛弗传。今东岭西村修戏楼之根基，历有年矣，未从筑石为墙，峻宇高楼。每当春祈秋报之日，忽遇烈风迅雨，神戏不能演，敬心有所郁。村中有韩永奇、王宜二人感慨不已，兴起善心，备菲酌以请众同公议，以经营按地亩而捐钱，论门户以纳工。如有神圣之显助，厥功不日而告成。[1]

从碑文中的信息可知，东岭西村戏楼的根基已经“历有年矣，未从筑石为墙，峻宇高楼”。然而“每当春祈秋报之日，忽遇烈风迅雨，神戏不能演，敬心有所郁”，说明修建戏楼的原因。

也有扩建戏房安置优人的碑刻，如洛宁县罗岭乡商山庙清嘉庆二年（1797）《商山庙修盖戏房碑记》记载：

环水皆山也，而龙山北有商山庙焉，庙貌巍峨，面壁□戏楼，□□□圆满□。□者戏房一座，每逢赛场，无处安寓，以致优人夜间杂处庙中，白昼□看

1 安阳市文化广播事业局. 安阳市戏曲志 [M]. 郑州：中州古籍出版社，1992.

者□□往来，非惟亵神，且有伤乎风化，此亦众社人所大憾也。时有住持王复禄不安于心，延请功德主某某，化主某某，相与共议，概然以修置戏房为己任。于是，各捐己赀，募化四方，不一年间而此功已告成矣。[1]

由于赛社演戏敬神时，优人“无处安寓”，“夜间杂处庙中”，“有伤乎风化”，因此，住持王复禄感觉久无戏房不妥，延请几名功德主捐赀，并到别处募化修盖戏房，安置优人住宿。

从过去露天表演的坛、台等形制，到宋金以后出现的舞亭、乐楼，虽然戏台形制有所变化，但戏台的基本功能就是献戏酬神这一性质没有变。明清以来统治者崇尚宗教，随着经济的发展，各地纷纷建立各种神庙，为了给酬神演戏提供固定场所，许多神庙在庙院内修筑戏台。

世界上所有的艺术形式，几乎都起源于上古的宗教祭祀活动，我国戏曲发展历史也证明了这一点。在我国古代，供奉神灵、祭祀鬼异有着悠久的传统。每个朝代，各地不但有官方建设的宫观神庙，还有不可胜数的民间神庙。至于所祭祀的对象则名目繁多，因人因地而异。沁阳北关庄关帝庙清嘉庆元年（1796）《重修关帝庙歌舞楼碑记》记载：“古之人敬天地、礼神明，必有乐歌，后其变为杂剧，追古感今，以饰太平。所扮者，隋谓之康衢乐，唐谓之……谓之华林戏，元谓之升平乐，虽古今之名称不同，所以敬天地、礼神明，清歌妙舞，神听和口，其致一也。”碑文明确告诉我们，自古以来“敬天地、礼神明，必有乐歌”，虽然名称不同，但是其目的是一样的。

戏台除了作为戏曲表演场所之外，也是过去乡村公共生活的中心。演戏活动是乡村公共生活的一个方面，而不仅仅是一种娱乐方式。从精神层面来说，演戏活动是维系民众心理、增强凝聚力的文化纽带。为了方便内眷女宾看戏，一些大户富绅

1　杨健民. 中州戏曲历史文物考 [M]. 北京：文物出版社，1992.

把唐代的看棚搬到庙中，排列戏台两侧，神庙剧场就有了临时性的观众看台。[1] 修武县一斗水关帝庙戏楼两边的看台，很明显就是在此基础上发展而来的。大约明代万历年间以后，一些庙宇在建筑结构上做出改造和调整，把两侧的廊房向中轴线靠拢，并改为两层楼房式，两侧转折处分别与戏台和神殿连接，完备的神庙剧场就形成了。[2]

明清之后，戏楼是神庙不可分割的一部分，正所谓“无戏楼则庙貌不称，无戏楼则观瞻不雅”。河南一些地区曾出现过村村有神庙、有神庙必有戏楼的现象。清中叶之后，在城市以酒馆戏园、茶楼戏园为代表的专门化、封闭性戏院渐渐兴盛起来，但是乡村的神庙戏台仍占很大比重。这些民间寺庙既包括城镇的城隍庙，与水有关的禹王庙、龙王庙，以及遍布广大农村的关帝庙、东岳庙、天爷庙、火神庙、山神庙、土地庙、奶奶庙等这些祭奉民间神灵的场所。也包括洛阳关林、偃师山化乡寺沟村的芦医庙、许昌张飞祠、商丘伊尹祠等纪念地方先贤烈女的祠庙。还有一些道观中也保留了献戏酬神的传统，如安阳长春观在观内建有戏楼，洛阳新安县五头镇的保真观也在山门外建有道观戏台。

方城县城隍庙有两座戏楼，一个在山门上，一个在城隍庙庙门外，两戏楼相呼应，都是坐南朝北，与大殿在一条轴线上。庙外戏楼为清光绪年间修建，而山门戏楼较早。庙外戏楼为前台三面敞开，东西两侧山墙不超过隔扇。一座城隍庙为何修建两座戏楼，分析起来有两个原因：一是城隍庙山门戏楼前的空间小，容纳观众少，庙外戏楼前空间大，容纳观众多；二是专敬神戏与一般戏有所区别，专为敬神献戏，才在山门戏楼上演，一般演戏活动在庙外戏楼进行。

1　廖奔．中国古代剧场史 [M]．北京：人民文学出版社，2012．

2　廖奔．中国古代剧场史 [M]．北京：人民文学出版社，2012．

第二节　神庙演戏活动

中国历史上曾经出现有宫廷戏台、神庙戏台、宗祠戏台、会馆戏台、村寨戏台、私宅戏台、茶园酒馆戏台等，相比而言，神庙戏台出现得最早，地理分布上也最为广泛。神庙戏台演戏除了酬神以外，可以调和人与神之间的紧张关系，演出的过程可以制造人神共娱的轻松和欢乐气氛，但是它并不能完全消除人和神之间的精神距离。神庙演剧的这种功能，是它得以长久成为中国民间主要的剧场形式的原因，也是它能够在诸多的战火和灾害中，长期保存其建筑部件——戏台完好的一个重要原因，致使我们今天见到的早期剧场无一不是设在神庙里面。[1]

古代神庙戏台的发展演变基本脉络是：由最初的高出平地的高台，到宋金时期，出现上无顶盖的露台，然后发展为加顶盖可四面围观的舞厅，到金元时期，由四面观发展到三面观，再到一面观的舞庭（厅）、乐厅，到明清时期，就出现了丰富多彩的神庙戏台、戏楼。戏台的建筑格局在金元时期，一般为一间，到元末明初时期，出现了三开间戏台以及后来的五开间戏台。明清时期，戏台的建筑形式变得丰富多彩，如前台与后台两座建筑连为一体的双幢竖联式、戏台两侧耳房与戏台连在一起的三幢并联式、台口前突式和山门戏台（过道戏台）等。将戏台与山门相连，以及设置两厢看楼的做法都是为了在不增加土地面积的情况下拓展观众看戏的空间。这样做的目的，其实很明显，表面上是为酬神演戏，其实还是为了娱人。方城县城隍庙，早期已经有山门戏台，后来又在庙门外建了一个规模更大的戏台，这就是最好的证明。两厢设置看楼则是为妇女儿童看戏方便，以免男女杂处有伤风化。修武一斗水关帝庙戏楼、新密市城隍庙戏楼、博爱冯竹园三官庙舞楼、博爱县苏寨村玉皇

1　廖奔．中国古代剧场史 [M]．北京：人民文学出版社，2012．

庙戏楼、偃师府店乡府北村关帝庙戏楼、社旗山陕会馆悬鉴楼、社旗火神庙戏楼、淅川县荆紫关镇禹王宫（湖广会馆）、郏县山陕会馆戏楼等许多会馆戏楼都是山门戏台。

神庙戏台演戏，主要是因为民间春祈秋报、神诞庙会、神像开光、还愿酬神、村规诫赌罚戏等活动。在过去的社会活动中，神庙戏台是春祈秋报、迎神赛社等活动的重要场所，每年的重要节日、各个神庙的神诞日，都要举行各种祭祀活动。这些祭祀活动都要演戏酬神，而演戏是最吸引人的活动。出于对神灵的敬畏，演戏酬神是不可缺少的环节，酬神演戏活动要请影响力大的职业戏班来演出。正是这种娱神的功能，把戏曲推向了广大观众，使戏曲发展在清代焕发出蓬勃生机，出现了繁荣景象。神庙里的一些大事，如新庙宇竣工、神像开光等，往往成为演戏的缘由。《博爱县戏曲志》记载：“每逢修庙、修路及一切造作工程，凡化缘上布施，必须演戏……”戏曲的酬神功能充分证明，在广大农村，农民的宗教信仰非常浓厚，神鬼迷信一直笼罩古老的中原大地。同时，戏曲的酬神功能给戏曲的发展带来机遇。中国过去是农耕社会，农业是主要生产部门，从事农业生产是农民的重要活动和赖以生存的基础，农民崇拜神灵的主要目的，是为了让神灵驱灾治病，保佑风调雨顺和五谷丰登。每当人们遇到自身无法克服的灾难，如出现水旱灾害、蝗虫或患病不能治愈时，往往会去庙院祈求神灵的帮助。当这些灾难和疾病消除或许愿得到一定程度的满足之后，人们就会在神灵诞辰以及民俗节日演戏酬神，以感谢神灵的帮助，这也符合民间知恩图报的意愿。

清乾隆十八年（1753）《郾城县志·风俗》记载：“天旱民间祈雨，设厂迎神，鸣金击鼓，尽夜不绝，无赖之民，手舞足蹈，诈称神降，号称马匹。群相尊奉。汹汹如狂。值天雨，则拥神游街，演剧报谢，科敛财物。”乾隆三十一年（1766）《嵩县志·风俗》记载：“其祭祀，士夫故家皆庙祀先祖，时先献新之礼不废。庶民颇忽于祀先，恪事外神。山乡尤甚，演剧酬神，犹春秋祈报之意然，贺雨贺晴，又叠举无节。”清光绪十七年（1891）《内黄县志·风俗》记载：“春日祈年，秋麦报赛，多用倡优，搬杂剧院本。酒后耳热，欢呼嘈杂相乐也。”从以上记载，我们可以看出，这种酬神演戏是以酬神为主，人们在酬神时，借机观看演出，也可以暂时从繁忙的劳动中解脱出来，放松一下身心。

张庚先生在《目连戏研究论文集》序中指出：城市的戏曲靠商业，农村的戏曲靠敬神。在中国广阔而贫穷的农村，戏曲如果要生存，就必须与庙宇敬神活动联系起来，即敬神需要戏，戏也需要庙宇，于是两者自然地结合在一起。[1]

庙会戏，也称社戏、庙戏、酬神戏、神诞戏。会戏演出是旧时民间的祭祀风俗，广泛流行于全国各地，是娱神戏曲的主要形式之一。会戏多与传统社赛合为一体，演出地点多在庙宇戏台。会戏以求神酬神、消灾驱邪、祈年庆丰收为主旨，演出剧目多属神仙戏。[2]各地庙会都有自己固定的时间，常年不变。清乾隆二十年（1755）重修的《汲县志》记载：至常年香火会，以敬神事……亦各有日期。正月初九里人朝黄花洞，或扮秧歌杂剧，或备酒盏聚饮，是日向泉寺依然，晚多放烟火。三月十八日济渎庙，二十一日城西龙王庙，二十八日东门外东岳庙、城隍庙，四月十五日吕祖阁，西北天仙庙……五月十三日关帝庙，六月十五日城隍庙，九月九日小河坡庙，十九日西盐店大王庙，皆演戏。

内乡县“到清末民初有大小庙会100多处，仅县城就有12个庙会。会期内常有二三台大戏，有许多年份竟多达五六台不同剧种大戏。不同剧种在同一地点同时演出，对笃比唱，各拿拿手好戏，演员也使尽解数，献技献艺，借会演宣扬自己，争取好名声。”[3]据马紫晨先生统计，林州每年有庙会有231次，温县243次，荥阳247次，滑县269次，濮阳283次，新密450次，禹州600余次。[4]

古庙会敬神唱戏的时间，在河南各地大致相同。正月初八是火神庙会，二月二“龙抬头”是龙王庙会，清明节、十月初一和冬至是城隍庙会，正月十三、五月十三

---

1 湖南省艺术研究所．目连戏研究论文集 [M]．长沙：艺海编辑部，1993．

2 刘文峰．中国传统戏曲传承保护研究 [M]．北京：学苑出版社，2012．

3 内乡文史资料第五辑。

4 马紫晨．河南庙会文化及戏俗 [J]．中州民俗，1988(4)．

（关公生日）、九月十三是关帝庙会，十月十日牛王生辰是牛王庙会。每当这些日子，庙会会场张灯结彩，摆供焚香，燃放鞭炮。庙会演出的祭神戏因性质不同，名目很多。财神庙举办庙会是敬财神的，要演《赵公明下山》，龙王庙是敬龙王的，庙会上要演《柳毅传书》《张羽煮海》《回龙阁》，火神庙是敬火神的，庙会上要演《火牛阵》，山陕会馆举行的庙会要演关公戏，如《古城会》《单刀赴会》等。

河南较大的庙会集中在朱仙镇岳飞庙、汤阴岳飞庙、浚县碧霞宫、内黄高王庙、滑县道口火神庙、济源济渎庙、洛阳关林、宜阳土地庙、登封中岳庙、孟县韩愈庙、社旗山陕庙、桐柏淮源寺、淮阳太昊陵、商丘火神台等地。河南民间所敬神祇的诞辰日、归天日、得道日、敕封日等排列起来，便成了戏曲班社演出活动的时间表。[1]

河南民众对戏曲的喜爱和禁忌，凸显出地方特点。在南阳各县，观众喜欢看诸葛亮戏，开封及其以东地区观众喜欢包公戏，豫北地区观众喜欢看岳飞戏。有些地方对演戏是有禁忌的，如荥阳后丁村禁演《乌龙院》，巩义白沙村禁演《三上轿》，平舆县万家镇郭庄村、高楼村禁演《铡郭槐》，获嘉县西刘固堤禁演《刮王莽》，上蔡县桃花镇禁演《桃花庵》，新蔡蓝庄村禁演《蓝桥会》。这些地方演戏禁忌的原因，主要是因为这几个地方是相关戏剧故事发生地。这不仅反映了当地的民间文化特点，也打上了时代的烙印。姚燮《今乐考证》有这样的记载：周栎园亮工云："辉县褚丘去百泉四十里，寺旁有白马将军祠。土人多崔姓者，而近又有郑村。有于褚丘演崔、郑传奇者，土人以石击优人，讼之官。张箓居有《过褚丘诗》：玉勒追风下古乡，鸳鸯队里阵云黄；怪底褚丘春社上，无人敢去演《西厢》。"[2]

历史上，河南一些地方曾经是"村村皆有庙，无庙不成村"，在各类神灵的神诞日都会演戏，这类活动遍布城乡。我们从神庙中留存的关于创建、重建、重修舞楼（戏楼）碑刻中可以看到。明弘治五年（1492），怀庆府河内县万善镇《万善镇重

1　冯建志，刘明阁．河南戏剧文物 [M]．郑州：郑州大学出版社，2016．

2　中国戏曲研究院．中国古典戏曲论著集成 [M]．北京：中国戏剧出版社，1980．

修成汤庙》记载:“乃成化乙酉以镇人春祈秋报无所依庇，创建舞楼一座。”清乾隆四十年（1775），林县五龙镇西奖村戏楼碑刻记载:“复于祠前建立石台，以写春旗（祈）秋报歌舞之所。”清道光十一年（1831），安阳县《重修官房碑》记载:“自今以往，春秋祈报，演戏神前。”渑池县万寿寺道光十六年（1836）《万寿寺献戏碑》:“报赛为国家之大典，亦众社乐，永之意也。”

神庙戏台的创建，为戏剧演出提供了活动空间。过去每年秋收、小麦播种之后的农闲时节，农村都要举行酬神演戏活动，祀神祈福。庙会祀神戏演出“或三五天，或七八天不等。小城镇一般只演一台戏，大城市庙会则有两三台，甚至数台戏竞演。一年到头，各种名目的祠神演戏，构成了中国戏曲文化的灿烂景象，也把诸神吵得目不暇接，耳不胜听”。[1] 神庙演戏活动除了酬神外，也是村民之间联络情感的平台，以及向周边乡村展现本村经济实力和形象的媒介。清道光十八年（1838）《许州志》对这种情况有记载:“祀神报赛，以醵钱演戏，封羊刈豕，为诚敬计，一岁中非刈麦之期，合乐飨荐之举，村村相续。既事馂余，少长环坐至欢畅也。而来游来观，亦复互为宾主。”农民群众赶庙会有三个目的：一是春天没有农活，可以借赶会春游，扩大社交范围，二是赶会能够看戏，丰富文化生活，三是赶会期间可以购置农具，为夏收做准备。

就目前的资料来看，中国传统的、功能比较齐全的庙会，大致起于隋唐时期。唐代经济社会进一步发展，人民的文化生活更加繁荣，庙会就兴盛起来，中原地区经济发展居于全国的领先地位，庙会更加兴盛。宋代把社火、曲艺等各种文化活动和商贸活动结合起来，使庙会空前繁荣，对以后庙会的发展产生很大影响。明代，许多庙会开始向集市的性质上转变，许多人逛庙会的目的是游玩、看戏和购买商品，并不仅仅是祭祀或拜谒。随着会馆戏台的建造，庙会的影响进一步扩大。清代商业贸易有了大的发展，交通更加便利，地方官吏对庙会大力支持（这一点从戏曲碑刻

1 周育德. 中国戏曲文化 [M]. 北京：中国戏剧出版社，2010.

中就可以看出），庙会得到空前的繁荣。庙会上的商品交易活动又成为拉动当地经济发展的重要因素，另外，连续几天看戏必须吃饭，这也促进当地餐饮业的发展。

庙会唱神戏是有一定程序的，如在安阳一带，首先是邀请戏班演戏的会首把香帛纸课送到舞台上，由箱官把礼品摆放在郎神位前。然后是请神，由老生分别扮演左检查司（官员）和右检查司（道士），带领两个仙童，到庙中神位前唱一出《二仙碰头》请神。最后，是安神，在舞台上演《三出头》，一是状元夸官，二是天官赐福，三是福禄寿三星赐福。安神后，要演《走马荐诸葛》，演完安神戏，程序就算走完了。

庙会演戏所需费用，则各有所出。乾隆年间《汤阴县志·艺文志·会记》记载："岳忠鄂王庙会何自而昉乎？雍正十二年（1734）甲寅，知县杨世达创立也。四方辐辏，贸易盈城，焕然巨观。然有会必有戏，非戏则不会闹，会不闹则趣之者寡，而贸易亦因之少甚矣，戏因不可少也。然戏之费何处乎尔？知县唱四日，赁地者唱三日，各色铺户唱三日。县则有牛马税可出也；地则有赁地钱可供；铺户则有买卖钱可敛，均不累而乐从也。"《汤阴县志·艺文志·会记》把庙会唱戏的原因、唱戏的天数以及唱戏的费用如何分摊都描述得清清楚楚。

一般来说，敬火神唱戏的费用是按房屋摊派；敬财神、关帝唱戏的费用按铺户捐资；龙王会、土地会唱戏的费用，按土地的多少收钱；老君会、祖师会唱戏的费用，由工匠、手工业者出资；奶奶会唱戏的费用，按儿女多少和求儿求女者收集；牛王会唱戏的费用，由饲养耕户分担；马王会唱戏的费用，则按"马出钱、牛管饭"的规矩办会。

灵宝坡头乡东孟村清道光十八年（1838）《孟村中社公议演戏规式》碑文记载：

关帝正赛五月十三日，演戏出钱遵地亩分派。虫王正赛六月初六日，演戏出钱遵地亩分派。火星圣母正赛九月十五日，演戏出钱遵地亩一半、人口一半分派。马王正赛十月初十日，演戏出钱遵地收麦骡马，一骡二马分派。以上四赛演戏，俱不必预定日期，各人戏钱务必于演戏这日送到庙上。大清道光拾捌年九月。[1]

从记载可以看出，演戏开支的分派方法是经过村民商议的，不同节日演戏的分派方法是根据节日名称而决定的。关帝诞辰演戏按土地面积分派，火星圣母诞辰演戏、马王诞辰演戏按地亩一半、人口一半分派，饲养骡马多少分派，明确了村民分别承担各种活动演戏费用的数额。

神庙戏台作为专为神灵敬献歌舞的建筑，酬神演戏是其主要的功能。从神庙遗存戏楼及碑刻可以看出，清代重塑神像或金妆神像、酬功还愿、保护树木青苗、戒赌罚戏等形式的民间演戏活动也比较多。

神庙中，每当新神像雕塑完成或者把新神像放置于神殿时，都要举行替神开眼的仪式，因为开光后神才有灵。神像开光是神庙的一项重大活动，往往要举行演戏活动，这种戏曲演出称为“开光戏”，剧目有《大赐福》等。济源市南姚村汤帝庙清雍正九年（1731）《金妆神像及献戏碑》记载：“南姚镇金妆□□□殿满堂神像并开光献戏、会合酒席以及刊立碑记，共费银十四两钱四分。本会集放银八两三钱八分，众人捐资管饭开列于后。”碑刻记载了南姚镇某神庙神像开光献戏活动，以及众人捐资数额、管饭次数。由此可见，献戏是开光仪式的一个重要组成部分。在传统的宗教信仰中，仅仅给神灵敬献丰盛的祭品是不够的，为了求得神灵欢心，还要演戏娱神，只有这样才能得到庇护。

清道光八年（1828）修武佐眼《山神庙金绣圣像碑记》记载：

道光元年，徐氏将庙地一段卖于佐眼合村山神会，且世代悠远，圣像雕残，从此善男信女各施资财金绣圣像，功成之后，随即开光，献戏三台，焚香致敬。

1 中国戏曲志编委会．中国戏曲志·河南卷 [M]．北京：文化艺术出版社，1992．

佐眼是一个小山村，地处山麓，土地贫瘠，要避免灾害以及各种虫害，获得庄稼丰收，需要山神的庇佑，全村善男信女各施资财金绣神像，这从一个侧面反映了当地民众朴素的宗教信仰。

武陟东王庄清光绪二十三年（1897）《重修菩萨殿碑记》记载：

> 庙之由来久矣，□深日久，风雨缭绕，时远代更，规模几缺，不免损□□□之处，□于是合村……殿一座，拜殿三间，□堂圣像，灿然换新，开光之后演戏三台。

《重修菩萨殿碑记》为残碑，有些文字已经残缺，但是从现存碑文中可以辨认出来基本信息，重修菩萨殿的原因是因为菩萨殿因“风雨缭绕，时远代更，规模几缺，不免损□□□之处”，全村同心协力重修菩萨殿，重塑神像，并于神像开光之际献戏三台以酬谢菩萨。

辉县平甸玉皇庙现存重修玉皇庙戏曲碑刻二通，一通为清乾隆三十四年（1769）《重修玉皇庙碑记》，是玉皇庙建好后演戏庆贺的碑刻，一通为清道光二十六年（1846）重修玉皇庙演戏碑刻。

文化是经济、社会生活的反映，在生活类许愿戏中，以求子戏流播最广。古代中原地区求子风俗各异，农历四月，在奶奶庙里唱《拴娃娃》等求子戏是一种重要的形式。许愿求子得子的还愿戏，一般要唱《麒麟送子》《忠保国》《天仙配》等，祈愿祛病的病好之后的还愿戏，一般要唱《敬德赶药王》等。

中国是个农业国，过去生产力低下，自然灾害频仍，人们面对自然灾害无能为力，遭遇灾害都要去庙院祈愿。在淅川一带“每逢久旱无雨，当地群众便要搭上戏台，请来戏班为黑龙爷和黑龙奶奶唱戏三天”。

在求神许愿唱戏后，如果祈愿有得，要唱还愿戏，演戏酬神就是还愿的一项内容。所求神灵的庙中有戏台者，还愿戏就在庙中戏台上唱。商人经商发财，要在关帝庙、财神庙唱戏还愿。无子女者到庙院求神许愿，喜得儿子后，一般在娘娘庙、奶奶庙或观音庙唱戏还愿。科场及第的，要在魁星阁唱戏还愿。还愿戏一般唱三天，开场要演加官戏，还愿者给演员额外封赏。无戏台的需要搭建戏台，还要在戏台对面搭建神棚，设神位，摆放祭品。

还愿戏有广泛的群众基础，体现了民众对神灵的虔诚和信约。在封建社会，生产力比较低下，科学不发达，对一些现象无法解释，面临的一些问题无法靠自己一己之力去解决，因此民众就相信神灵拥有超自然的力量，而且坚信神灵是需要报答的。民众的这种心态，催生了许愿戏和还愿戏这种独特的戏曲形式。在还愿戏中，以谢雨戏最为普及，影响也最大。还愿，有集体祈愿还愿和个人祈愿还愿之分，如果是个人祈愿，还愿的戏资由个人出，如果是集体祈愿，还愿的戏资由集体筹集。

济源市南姚村汤帝庙内的《祈雨还功条规志》碑刻，记载了南姚村宣统元年（1909）遭受旱灾，村民祈雨还愿演戏的事情。《祈雨还功条规志》碑文如下：

> 自古旱魃为虐，我南姚遇天亢旱，祈雨于方山白龙王驾前。有求必应，酬功还愿，献戏七台，不计其数。宣统元年，麦后天旱，秋禾未安。阖村议定，祈雨许戏七台。未上山而甘霖溥降，秋禾俱安。不噫七月间，陡生黑虫，咬伤谷叶，秋以薄收，功难以还。至二年，秋麦颇丰，于八月十五日商议还功由来，写戏不许两社相争，定期于九月二十五日献戏七台。至期，本府镇台拨韩大人带队前来镇会，本县范大老爷、前营杨副爷各带兵差，前来掸压，皆上香敬神。禁烟赌，止灯戏。三日之内，人如山积，而风平浪静，鸡犬不惊。本社拈台南头，写戏安徽班。社人恐其久而湮也，因勒石以垂久远云尔。还功后，又张架鼓四面，（化）钱十二串五百文……[1]

1 程峰，王建设，李海安，等. 豫西北戏曲碑刻研究 [M]. 郑州：郑州大学出版社，2017.

《祈雨还功条规志》记载了南姚村祈雨成功后，酬功还愿献戏的事情，本来祈雨成功后就要还愿献戏，由于秋庄稼被黑虫伤害，“秋以薄收”，所以，等到第二年麦收后的八月十五才还愿献戏。酬神演戏以乡社的名义进行，因为祈雨时许戏七台，所以这次还愿时就献戏七台，并且请的戏班既有本地戏班，还有安徽班。由于规模宏大，“镇台拨韩大人带队前来镇会”，“三日之内，人如山积，而风平浪静，鸡犬不惊”。从碑刻内容来看，这次祈雨还愿演戏活动不仅规模宏大，而且非常隆重。

修武北关祖师庙所存清乾隆四十六年（1781）《朝顶献戏碑》记载如下：

大清国河南省怀庆府修武县，各里甲不同，现在城市乡村居住。领会会首王光治，同会六十八人，于乾隆四十四年接笼，至四十六年。择正月十八日，朝恭金顶，瞻谒进香。旋裹满散，献戏酬神，修醮祈福。

从修武祖师庙现存17通朝顶碑和待王、恩村祖师庙朝顶碑来看，朝拜金顶每三年一次，朝拜回来要举行祭奠，有时还要演戏酬神或刻石纪念。酬神演戏是朝拜金顶的一个环节，是为了答谢神恩，祈求神灵的保护。待王、恩村祖师庙光绪十三年（1887）《六朝金顶碑记》、光绪二十三年（1897）《金顶会演戏酬神碑》详细记述了祖师圣会朝拜金顶的缘由，朝拜过程中途经的乡镇及里程，反映了当时道教在民间的信仰情况，为研究清末民间宗教信仰，提供了翔实可靠的资料。

开封朱仙镇岳飞庙捐资献戏残碑，碑阴所刻碑文记载：

乾隆三十三年岁次戊子桂月告竣（此为复修庙宇和唱戏之时）

洧川……登封……柘城……太平县……通许县……密县……朝邑县……尉氏县……

杞县捐银四十八两六钱，兰阳县捐银十九两九分，（标注……部分表示字迹不清）

开工敬神献戏：使银一百六十两

坯工小工：使银一百二十五两一钱八分；旗杆：使银四十二两四钱

从碑文列出的捐资县份名单可以知道，这次捐资的县至少有十个，是比较多的，足见朱仙镇岳飞庙的影响之大。在各项开支中，把敬神献戏列为第一条，充分反映出敬神献戏的重要性。

济源南姚火神会清乾隆五十二年（1787）《火神会献戏买地碑》记载：

南姚镇旧有火神会，会首尚文素等所积会钱一百壹拾四千一百三十七文，乾隆五十二年正月十六日献戏化钱壹拾四千九百九十五文。二月初四，买王希弼地一段，坐落东滩，东西，计地壹十七亩六分九厘，东至堰根齐，西至大路车辙，东南角至聂姓，中至同姓；西半截至王立命，北至北社。火神会官地上带行粮壹拾七亩六分九厘，价钱九十九千一百整。二宗共化钱壹佰壹拾肆仟零玖拾五文，下存钱肆拾弍文，每年稞籽，恐不足敬神之用，又有善士张世禄、马国兴、王世诚劝化，施财善人开列于后。[1]

根据碑文可知，火神会有两项重要活动，即正月十六日酬神献戏，二月初四买地一块，把献戏与买地列入火神会重要活动，刻石纪念，充分显示出演戏酬神的重要性。

济源南姚火神会清道光五年（1825）《南姚火神会演戏酬神捐资碑》记载："南姚火神会由来已久，每年元宵节演戏酬神诚盛事口。近年来，百物价增，钱粮不敷，前会首接次劝捐，俱已勒石，子踵接会，事后劝捐赀，冀图永远。"根据碑刻记载的捐资人名录，此次捐资除个人外，还有 14 家商号，约占捐资人数的一半，这从侧面反映出道光五年南姚镇商品经济已经具备一定规模。

1　程峰，王建设，李海安，等．豫西北戏曲碑刻研究 [M]．郑州：郑州大学出版社，2017．

博爱柏山窑神庙清同治三年（1864）《献戏扶碑》记载："窑神老爷会事议约既定也已献戏扶碑，又特立一石，谨将施钱人姓名勒之于石，以示不忘云。"碑刻记载捐钱者133人，值得注意的是落款为"匠作仝立"，这就明确告诉我们，碑刻记载的捐资人均为当地制作陶缸的匠作。根据碑文我们知道，柏山陶缸制作在同治三年时已经达到相当规模，而且匠作们有了自己的组织"窑神老爷会"。

乡约、族规、社规、行规等规约，是促进地方经济发展，协调乡民和谐共处而设立的规则，在民间具有准法律的性质，一旦通过，大家必须遵守，如果违反，就要受到相应的处罚，罚戏就是一种处罚方式。罚戏演出，主要施行于禁赌、维护行业规范、维护公共秩序、保护公共财产等事项。罚戏将严肃而冷漠的执法行为与热闹而欢愉的娱乐活动结合在一起，既起到惩罚的作用，维护了社会秩序，又可以调和气氛，减少对立，缓和了社会紧张，同时也促进了戏曲的繁荣，是极具人性化、民间化色彩的一种创举。[1]

按罚戏规约，由参与赌博者出钱邀请戏班演出，请村民看戏，以示对其的惩罚，让村民引以为戒，从而杜绝赌博恶习。从现有的罚戏规约碑来看，明清时期罚戏规约主要体现在三个方面：一是禁止赌博，二是保护树木、青苗，三是对违反行规者的惩戒。

利用罚戏告诫村民远离赌博。赌博是一种恶习，无论何人一旦沾染，就会好逸恶劳，游手好闲，甚至使人倾家荡产、妻离子散。因此，民间社会对赌博深恶痛绝，村规民约对赌博严格禁止，严厉处罚。如焦作桶张河老君庙清道光二十三年（1843）无题碑刻记载：

> 尝闻："正事莫善于耕读，邪端莫患乎赌博。"夫赌博者，足以坏村中风俗，误士农正务。试见游手者出于赌博，好闲者出于赌博，倾家败产者亦出于赌博。

1　车文明．民间法规与罚戏 [J]．戏曲艺术，2009(4)．

则赌之为患，诚大矣哉！所以合村公同商议，永禁赌博。倘有暗地窝赌、诓人子弟，一经查出不论窝主、赌客，认罚则罚戏三台，享神鸣过。[1]

碑文中例数赌博的种种坏处，“试见游手者出于赌博，好闲者出于赌博，倾家败产者亦出于赌博”。所以，经村民共同商议，制订禁赌罚戏规约，利用罚戏这种处罚方式，让参与赌博者既丢脸面，又花费钱财，从而远离赌博这种恶习。碑文明确提出，凡本村村民“不论窝主、赌客”，一旦被查出，就要“罚戏三台，享神鸣过”。

修武县一斗水村同治三年（1864）《补修关帝庙西陪房门楼碑记》记载：

尝思上古浑噩之事，人心朴素并无嗜赌之侣，如吾一斗水村等。故在社之人同心公议永禁赌博，远立社规。嗣后有犯者罚响戏三天，违者即刻送官究治，绝不宽恕。

此碑刻内容分两部分：一是关于记述补修关帝庙西陪房及门楼的事项，二是提出禁止赌博的村规民约。碑刻内容可以看出，近代在偏僻的山区，赌博的恶习比较盛行，为村民所深恶痛绝。所以“在社之人同心公议永禁赌博，远立社规”，遇有不安分之辈，做违犯禁赌之事，经过公议，惩罚犯事者出资请戏班唱戏，否则“即刻送官府究治，绝不宽恕”。

传统社会中，戏曲演出是乡村的一大盛事，往往会吸引一村乃至周围数村民众前往观看。有人违犯禁赌规约，会为民众所不齿，其赌博行为将会在村民中广泛传播，赌博者就将面临受人鄙夷的困境，这种尴尬也是一般人所无法承受的。演戏资金的花费和当众出丑的尴尬处境叠加，很大程度上会遏制赌博行为。这种具有惩罚性的村规民约，充分体现了民间社会自治方式的智慧。

1　程峰，王建设，李海安，等．豫西北戏曲碑刻研究 [M]．郑州：郑州大学出版社，2017．

登封城关乡清光绪十三年（1887）《邢家铺公议劝戒申明条约碑记》：

当闻食者民之天也，故王政以之为首，治民之道在于务本。夫农者，乃民之本也，民能勤力农，仓廪充盈，则家给人足，岁时，伏腊烹羊，炮羔斗酒，自劳何乐如之。我邢家铺，地处山峡，石厚土过多，连遭荒歉，人民困之。用度维艰在安分守己，敦本奉法者，亦惟顺天听命，而游手好闲、不安于义命，而有兴贩行窃为匪不法等情，劝时救急之举，不可不亟明也。于是合街公议，凡害农酿祸之人，或被查出，或被访闻，除鸣官惩治外，理合以为劝戒，又议演戏三日，岁以为常，俗厚而务本之道行矣。并刻石立碑，以垂永远。[1]

从碑刻内容来看，邢家铺地处山区，土地瘠薄，人们生活不易，遇到灾荒，生活更加困难，因此，提倡“民之本也，民能勤力农，仓廪充盈”，对于“行窃为匪不法等情”及时劝导，对“害农酿祸之人，或被查出，或被访闻，除鸣官惩治外，理合以为劝戒，又议演戏三日”。当地人生活困难，收入不多，邀请戏班演戏三天，可是一笔不小的花费。这种让人既花钱又丢脸的处罚方式，真是劝诫民众远离“行窃为匪”勾当，安心务农的好办法。

民间罚戏缘由还涉及民众生活的各个方面，如在范县一带，“民间发生较大纠纷，或有人毁坏公物严重时，理亏犯错的一方常被罚出资唱戏，以赔礼示认错”[2]。

利用罚戏保护树木、青苗。当春季小麦长势良好、秋季庄稼苗长势好，丰收在望，农民不再需要锄草，等待收割时，为使禾苗免遭旱涝、虫灾，求龙王、风神、雨神、蚂蚱等神灵保佑庄稼，就采取唱敬神戏的方法祈求神灵保佑。也有为保护青苗而罚戏立约的，如武陟詹店镇马营村清道光七年（1827）《马营村断青戏碑》，碑文如下：

1 杨健民．中州戏曲历史文物考 [M]．北京：文物出版社，1992．

2 郭克柱．范县戏曲志 [Z]．郑州：中国戏曲志河南卷编辑委员会，1988．

盖闻国以民为本，民以食为天。自嘉庆二十四年以来，我马营村地被沙压，所堪耕种者不过一，牛羊又从而牧之，恐惧踏青坏田苗，为此，合村商议，各自处说，演戏三台，以后永不许蓄羊，亦不许牛马践踏田苗，倘有恃强不服者，合村按地摊钱，送官究处。空口难凭，勒石以志。

计开倘有外村牛羊驴马擅入境内牧放，赶之者得钱一半，下余入会。惟除过路行客马牛羊不罚

马一匹罚钱捌佰文

牛一只罚钱肆佰文

驴一头罚钱肆佰文

羊一只罚钱壹佰文　合村仝立

大清道光柒年十月　石匠　秦大来　何福禄　吉旦[1]

碑刻内容属于社会民俗方面的村规民约，马营村临近黄河、沁河，相距只有数公里，历史上曾经由于黄河决口，大片土地被沙压而荒芜，能够耕种的土地很少，因此合村商议立碑，“不许蓄羊，亦不许牛马践踏田苗”，“倘有恃强不服者，合村按地摊钱送官究处”。这对约束村民管束自己饲养的牲口，不践踏田苗，具有很强的震慑作用。此碑刻可贵之处，是详细列出罚款具体数额，便于执行。

辉县平甸玉皇庙现存禁止种桑和提倡种桑的戏曲碑刻两通，一通为清道光二十三年（1843）禁桑演戏碑，一通为清同治三年（1864）植桑演戏碑。

行会利用罚戏处罚不遵守行规者。社旗山陕会馆乾隆五十年（1785）刻立的《公议杂货行规碑记》，明确规定“每年正月十五日演戏敬神，各家俱要齐备，如故违者，不许开行”。社旗山陕会馆《同行商贾公议戥秤定规矩》碑刻记载：雍正二年（1724），同治元年（1862）会馆两次组织议定戥秤之事，此碑现存药王殿前。碑文如下：

1　程峰，王建设，李海安，等．豫西北戏曲碑刻研究 [M]．郑州：郑州大学出版社，2017．

赊旗店，四方客商集货兴贩之墟。原初，码头买卖行户原有数家，年来人烟稠多，开张卖载者二十余家，其间即有改换等秤大小不一，独网其利。内弊难除。是以，合行商贾会同集头等齐集关帝庙，公议秤足十六两，戥依天平为则，庶乎校准均匀者，公平无私，俱各遵依。同行有和气之雅，宾主无棘戾之情。公议之后，不得暗私戥秤之更换。犯此者罚戏三台。如不遵者举秤禀官究治。

这是一种温和的责罚手段，利用罚戏处罚违反行规者，让他们破财的同时，在同行中抬不起头，因而具有一定的震慑作用，从而杜绝经营中的不正之风。

这些有关违规罚戏的碑刻，记录了一些地方禁止赌博、保护树木、青苗、处罚违反行规者的一些规约，把相关内容勒石立于公众场所，告知民众，既体现了内容的严肃性，也表明了执行的决心。这些规约规范了村民行为，增强凝聚力，维护社会治安，促进了社会秩序的稳定。这些碑刻比较详细具体，为研究当时的社会结构、经济状况提供了可靠的资料。

英国 S. 斯普林克尔的《清代法制导论：从社会学角度加以分析》一书，记载了旧时行会的处罚方式：破坏行规的成员遭受的惩罚，因行业及罪过不同而不同。处罚之执行，可能采取由行会直接执行的形式，也有可能采取罚款的形式，而对更为严重的过错，则罚请吃一次盛宴，或是请戏班为行会大员唱大戏。[1] 罚戏之举，是行业内部较为温和的处罚手段，突出会馆对行业道德规范的制约。将责罚融入娱乐活动之中，违规者通过献戏在行业组织内部公开道歉，得到同行的谅解，能够继续在行业经营。会馆在调解商业纠纷上施行罚戏的形式，一方面体现了会馆行业规范对于商户的约束力，另一方面促进了商户间的相互谅解，增强了秦晋商人群体的凝聚力。

1　斯普林克尔. 清代法制导论：从社会学角度加以分析 [M]. 张守东，译. 北京：中国政法大学出版社，2000.

第三节　神庙戏台遗存状况

郑州市城隍庙乐楼　位于郑州市老城区商城北路的城隍庙院内。据《郑县县志》记载，城隍于“洪武二年敕封‘灵佑侯’，全称‘城隍灵佑侯庙’”。历经明弘治十四年（1501）重修，以后在明嘉靖、隆庆，清康熙、雍正、乾隆、光绪年间多次重修。现存山门、卷棚、乐楼、大殿、后寝殿等重要古建筑。乐楼过去多为祈雨、禳灾、迎神赛社演戏之用。城隍庙乐楼为重檐歇山式砖木结构，绿色琉璃瓦盖顶，绿瓦金饰。正面屋脊上雕有游龙和凤凰，中间矗立狮子驮宝瓶，两端置剑把鸱吻。垂脊和戗脊均由脊瓦连接，上置雕砖，覆盖筒瓦，饰有祥兽。浮雕彩绘千姿百态，形象生动，和谐优雅。整座乐楼 19 条屋脊纵横斜插，造型精巧别致，充分体现了中原古代建筑艺术的风格。主楼两侧配有歇山式边楼，台下通道有阶梯可登戏台，台前石栏杆有雕刻。主楼前后覆有抱厦，楼台层层，重檐凌空，主楼檐下施三踩斗拱，斗拱错落有致，各檐角下悬挂风铃。乐楼坐南面北，正对大殿，通高约 15 米，上层高约 5 米，下层高约 6 米，台基高 3.1 米。戏台台面向前突出，三面敞开。台面由木板铺砌，前台宽 6.3 米，后台宽 11.5 米，进深 9 米。主楼有四根约 3 米高的圆形大柱，前抱厦为两根抹角石柱支撑，石柱上镌刻楹联：“传出幽明报应彰天道，

郑州城隍庙古戏楼

演来生死轮回醒世人”，柱上刻纪年为“雍正乙卯”，应该是雍正十三年（1735）重修时所立。乐楼与大殿间相距约20米，其间场地为观众区。城隍庙于1963年被评定为省级文物保护单位，2013年，确定为全国重点文物保护单位。

荥阳王村火神庙歌舞台 位于荥阳市王村镇王村村中，坐南朝北，与火神庙大殿（已毁）相对。歌舞台创建年代不详，民国期间曾重修过。戏台为前卷棚，后硬山前后串联式砖木结构建筑，通高约9米，灰色筒瓦盖顶，后台正脊由脊瓦连接，上置花卉雕砖，筒瓦覆盖中间伫立宝瓶，两边各有三个祥兽，两端置剑把鸱吻。垂脊由脊瓦连接，上置花卉雕砖，筒瓦覆盖，上置祥兽。前台卷棚顶边脊由脊瓦连接，上置花卉雕砖，筒瓦覆盖，上置祥兽。台口立六根抹角石柱，柱高2.76米，歌舞台面阔五间11米，明间宽4米，三面敞开，前台进深3.84米，后台进深6米，前后台之间有木隔扇，上写一个“戏”字，隔扇左右侧有两门，为上下场门，上面分别题有“龙楼”“凤阁”字样。台基高2米，为青砖垒砌，石条砌边中间填土，青砖铺面，右侧有台阶通向戏台。台柱上有两副楹联，内联是：“征角彻霄汉，虞凤晋鹤共和鸣；榱栋灿日星，南嵩北河并添彩”。外联是：“香柳娘穿红绣鞋，场中行得步步娇；水仙子捧碧玉箫，台前吹出声声慢”。歌舞台于2008年和2013年两次维修，现在保存基本完好。

荥阳王村古戏楼

新密城隍庙戏楼 位于新密市老城中心地区。据清顺治《密县志》记载，戏楼建于明代洪武四年（1371），坐南面北，正对大殿，为前后双幢并联体歇山式砖木结构。屋顶覆盖灰色筒瓦，正脊由脊瓦连接，上置花卉雕砖，筒瓦覆盖，中间伫立宝瓶，两边各有三个祥兽，两端置剑把鸱吻。垂脊由脊瓦连接，上置花卉雕砖，筒瓦覆盖，无脊兽。戗脊由脊瓦连接，上置花卉雕砖，筒瓦覆盖，上置祥兽。台口四根木柱、两根石柱，柱高 2.45 米，柱头上承额枋、平板枋，雀替为镂雕花卉。舞台整个平面呈凸字形，三面敞开。戏台面阔五间 10.74 米，明间宽 3.4 米，两侧间各宽 3.17 米，两边边柱间各为 1 米。前台进深 3 米。后台宽 11.8 米，进深 2.5 米，山墙厚 0.5 米，戏台中央有一个红色的“戏”字，非常醒目。台基为青砖垒砌，高 2.3 米，一楼正中为拱形过道，作为进出城隍庙的通道，过道宽 1.9 米，高 1.8 米。后台两边分别与钟鼓楼连为一体。正面三个拱形门上方均为精美的砖雕，上面左右各雕一条龙和花草、祥云，二楼有两根装饰性门柱及石柱础，单体斗拱 4 个，中间有一圆形砖雕，两边各开一个圆形方格窗户，利于戏楼后台的通风与采光，而且能够起装饰作用。

新密城隍庙戏楼

民国《密县志》记载：每岁“二月二十八日祀城隍，居民醵钱演剧，商贾云集，士女如云”。

新密关帝庙戏楼 位于新密市老城西街。据顺治《密县志》记载，顺治七年（1650），密县知县李芝兰把东门外的关王庙，改建于西门外，并设戏楼一座。戏楼坐南面北，为前台歇山顶和后台硬山顶双幢并联体砖木结构。戏楼翘角飞檐，灰色筒瓦盖顶，原来上置人物、走兽，现在均已无存。戏楼通高约 9 米，前台有六根木质明柱，柱高 2.8 米，圆鼓形柱础。前后台由砖墙隔开，墙两侧有上下场门，前台进深 4.6 米，后台进深 1.7 米。前台现在已经封堵，中间两根柱子封入墙内，墙上开有三个玻璃窗。楼下有三个拱形过道，为进出关帝庙通道，中间过道宽 1.8 米，高 2 米，两侧过道各宽 1.4 米，高 1.8 米。台基为砖石结构，高 2.85 米，后墙开有三个玻璃窗。整体建筑结构简朴庄重。戏楼正对大殿月台，相距 17 米，其间场院为男观众区。月台上为妇女看戏区，月台宽 12 米，深 6 米，高 0.8 米，此戏楼保存完好。

新密关帝庙戏楼

巩义楼子沟戏楼　位于巩义市小关镇楼子沟村七组，创建年代不详，坐南朝北，面阔三间 7.8 米，进深 5.4 米，高约 5 米，山墙厚 0.5 米，硬山式砖木结构，小灰瓦覆顶。后坡长，前坡短，青砖夹石墙，梁坊间有彩绘痕迹，有基座，戏台高 2 米，曾经当过磨坊。前脸砌青砖，主脊侧脊残缺，屋顶顶瓦缺失，椽

巩义楼子沟戏楼

头糟朽，墙体裂纹，彩绘剥落。因年久失修，自然风雨侵蚀等因素，戏楼受损严重。2014 年因修路把老君庙拆除，村民把戏楼改为老君庙。

巩义山川戏楼　山川戏楼位于巩义市北山口镇山川村，始建于清代光绪年间。该戏楼面阔三间 7.5 米，进深 5.65 米，高 7 米，舞台高 2 米。砖石基础，青砖主体，青石廊柱，双坡出檐，小灰瓦盖顶。屋脊由脊瓦连接，上置花卉雕砖，无脊饰。瓦垄端有勾头和滴水。戏楼右侧有一圆券门通向戏台。戏楼舞台为砖铺地面，边缘铺青石。梁柱上铭文为“大清光绪年岁次午壹月初八”。廊柱上刻有一副戏曲楹联：“舞袖低徊，作奇观于胜地；歌声清切（澈），佳余韵于青山”。山墙上有一块黑板，可能是曾经做过教室的遗存。由于青石酥碱，墙体出现明显裂缝，小灰瓦部分脱落，舞台地面青砖呈粉碎状，楼前有新修青石台阶可供上下。

巩义山川戏楼

巩义桥沟老君庙戏楼　位于巩义市大峪沟镇桥沟村老君庙内，原址在村西南 300 米处的小山包上。据碑载：该庙始建于东汉，当地人结草为庙，故名“草庙”。元末明初，康、李两姓将庙迁到现址，改称“老君庙”，现存建筑大部分为明代。老君庙坐北面南，原为三进式结构，东、西各开一门。现存戏楼、大殿、月台及碑刻 25 通。1965 年，桥沟小学占用；1988 年，小学迁出。戏台面阔三间 7.7 米，明间宽 3 米，两边各宽 2.16 米，进深 5.35 米，高 4.7 米，山墙厚度 0.6 米。正脊由脊瓦连接，上置花卉雕砖，雕砖上有两条龙，两端置剑把鸱吻。垂脊由脊瓦连接，上置花卉雕砖，雕砖上置祥兽。明间和两侧间平板枋上各有荷叶墩一朵。戏台前有两根石

巩义大峪沟老君庙戏楼

柱，柱高2.45米，柱础高0.36米，柱头上承额枋、平板枋，额枋、平板枋、雀替均施彩绘。楼基高1.5米，石块垒砌中间填土。戏楼后边右侧开有一门，通向戏台。戏楼两边山墙上有壁画，石柱上有戏曲楹联“舞遏行云飞燕，调高白雪阳春”，此楹联曾被河南电视台《梨园春》栏目使用。

巩义高庙舞楼 位于巩义市米河镇高庙村东北500米，原为关帝庙的一部分，坐南朝北，为前卷棚后硬山式前后双幢并联体建筑。舞楼面阔三间6.8米，明间3.13米，高7米，有四根明柱，柱高2.75米，柱础高0.4米，石柱上有两副楹联：“踵赓歌遗韵，扬扢升平雅奏；尽宇宙大观，雍容盛世衣冠”“逢场作戏，往事今朝重提起；当代论文，知人尚友宏观摩”。台基高1.38米，石块垒砌，石条包边，中间填土。舞台口现在被封闭。舞楼卷棚顶，四角微微起翘，顶部造型比较独特，蓝漆木斗拱红漆木椽子，小灰瓦盖顶，侧脊上有对称的三个瑞兽。后台宽

巩义高庙戏楼

6.5 米，进深 3.48 米，山墙厚度 0.6 米，高 8.5 米，青砖砌筑，砖柱土坯墙，后台山墙开有一侧门，宽 1 米，高 2 米。保存有清乾隆七年（1742）《重修关夫子庙金妆三堂神像并修理乐楼萧墙碑序》。

附高庙关帝庙清乾隆七年（1742）《重修关夫子庙金妆三堂神像并修理乐楼萧墙碑序》

自后汉以迄今兹，约千百余年矣。我关夫子三代追封帝号，叠加封敕御祭，礼同孔庙，且都邑闾里乡村中，亦不修庙悬像享祀，□□关夫子乎？果何以得此于后世也乎？或者曰惟关夫子兴云布雨，祓除不详，有益于国计民生之故。吾谓非也，盖关夫子初非他神可比也，其生于何时候，于何朝封于何帝，既有昭然可指而非若释迦菩萨诸仙，系在若有若无可疑可信之间。又读《汉》《史》《三国》，一一想见其为人浩然之气，塞乎天地忠义之心，炳若星日，是古今之振纲常者也，扶明教者也，是孔子之所谓志士仁人，孟子之所谓大丈夫者也！彼夫当时传之后世，仰之□馨香而报明德，谁曰不宜？即以吾里言□，吾里福昌之东，亦有关夫子庙焉。当康熙乙丑已经重修迨，至乾隆壬戌复有杜君讳襄，年将八旬，睹大殿之破坏，□圣像之□□，毅然以重修自任，曰，是予之责也。遂爰谋诸各村化主，又募化各村男妇，择吉命匠，前后不数月间，而夫子之大殿直如轮奂之美，夫子之圣像俨同山龙之光，而且左右灵官大尉，以及乐楼萧墙，无不金妆修理而焕然改观焉。噫嘻！是岂人之媚神哉？倘非我关夫子之法气漾溢于人心，夫子之忠心昭耀于吾区，亦何至趋事而易成功有如是哉！即事以观，则我关夫子之大祭大封，彼都邑乡村之立庙悬像而享祀无穷者愈可以恍然于其故矣。虽然，此余之管见也，未之是否。

邑庠生员刘模撰文书丹

大清乾隆七年壬戌孟夏吉日[1]

---

1 杨健民．中州戏曲历史文物考 [M]．北京：文物出版社，1992．

巩义焦湾关帝庙舞楼 位于巩义市康店镇焦湾村庙沟，创建年代不详，据庙内石碑《重修东岳庙舞楼小记》记载，舞楼曾经在康熙三十九年（1700）重修过。舞楼坐北向南，正对大殿，前台悬山顶和后台硬山式双幢联体砖木结构，通高约10米，前台三面敞开。戏台面阔三间6.3米，进深3米，后台宽3.4米，进深2米。前后台之间由木隔扇分开，两侧上下场门宽各1米。台基高1.4米，台口立四根柱子，柱高2.3米。屋顶灰色板瓦覆盖，筒瓦隔带。正脊和垂脊由脊瓦连接，上置龙、花卉雕砖，筒瓦覆盖，无脊饰。戏台两侧和后山墙都开有窗户，利于增加后台光线和通风透气。戏台下面中间为出入关帝庙门的通道，该建筑整体呈红色，保存完整，高大雄伟，雕饰精美。

巩义涉村东大庙戏楼 位于巩义涉村镇后村村东南200米，又称金山寺、中岳后庙、后村关帝庙。东大庙坐北向南，东西58米，南北36米，庙院横长，现存山门、戏楼、关圣殿等建筑，皆为硬山式砖木结构。戏楼面阔三间7.4米，明间2米，两侧间各宽1.7米，进深5米，山墙厚0.5米，石柱高2.9米，柱础高0.45米，上承额枋、平板枋，雀替为镂空透雕，可惜有些雀替已经损毁。台基高1.7米，青砖垒砌，石条包边，戏台中间填土，上有约0.2米木栏。两侧有边门通向戏台，边门宽0.8米，高1.69米。左边有阶梯通向戏台，戏楼后面开有窗户，以利通风透光。正脊有脊瓦连接，上置花卉雕砖，无脊饰。山墙墀头上装饰有精美砖雕。涉村东大庙2008年6月16日被河南省人民政府公布为河南省文物保护单位。戏楼因年久失修，已经成为危房。

巩义涉村东大庙戏楼

在黄河和伊洛河两岸或渡口处，建有许多大王庙，如站街镇的车站街大王庙，北窑湾水沟口大王庙，沙鱼沟七里铺大王庙等，这些庙宇都建有戏楼。在水旱码头，经常停靠数百条船只，每逢启运前，船主都要先到大王庙烧香祈祷，求神灵保佑，并许下愿，返回家时，必定酬神演戏，因此，这一带演戏活动非常频繁，达到“无日不演戏”的程度。据调查，巩义过去曾有190座古戏楼，几乎每个村庄都有一两座戏楼。一次庙会三四日，一般都要唱两三台戏，最多时达到七八台戏。这里寺庙设置戏楼的有圣母庙、大王庙、观音庙、火神庙、城隍庙、卢医庙、老君庙、龙王庙、三圣庙、关帝庙、七星阁、灵山寺、天爷庙、祖师庙、大圣庙、河渎庙、三官庙、大庙、罗汉寺、牛王庙、明山庙、红（洪）山爷庙、二郎庙、药王庙、东大庙、奶奶庙、太山庙、马龙王庙、马明王庙、严良寺、小老君庙、中王庙、玉皇庙、奶奶阁、菩萨庙、无梁殿等。还有众多的家族祠堂戏楼。可见这里戏楼之多，戏曲活动之盛。[1]

洛阳关林舞楼 位于洛阳关林门外，创建于清代乾隆五十六年（1791）。舞楼坐南朝北，与关林大门相对，系前台重檐歇山式与后台硬山式砖木结构，舞楼前悬挂有“千秋鉴”匾额。舞台平面呈凸字形，三面敞开，观众可从正面或两侧观看演出。后台左右两边有扮戏房。台基高2米，砖垒砌，石条砌边，台面明间为木板铺成，两边侧间为砖铺。台前四根木柱，柱高3米，上承额枋、平板枋。

关林舞楼

1 杨健民．中州戏曲历史文物考[M]．北京：文物出版社，1992．

檐下额枋、平板枋、斗拱、挂落均施彩绘，挂落上雕刻龙凤、花卉、虫鸟、人物等。戏台面阔三间 9.25 米，进深 5 米（其突出部分为 3.1 米），后台进深 4.1 米，前后台之间有木隔扇分开，两侧有上下场门，舞楼两侧有阶梯通向戏台。整个舞楼是一座重檐阁楼，楼顶绿色琉璃瓦覆盖，正脊中间置狮子驮宝瓶，两端置剑把鸱吻，脊兽饰件甚多，极为壮观，体现了高超的建筑艺术。关林舞楼专为祭祀关羽演戏所建，每年的正月十三日、五月十三日、九月十三日，都要举行隆重的庙会。届时，四方神社云集而至，民间文艺活动丰富多彩，热闹非凡。舞楼前有一副专赞关公的楹联，上联是："匹马斩颜良，偏师擒于禁，威武震三军，爵号亭侯公不忝"，下联是："徐州降孟德，南郡丧孙权，头颅行万里，封号大帝耻难消"。关林舞楼为全国重点文物保护单位。关林现存有明万历二十四年（1596）《河南府洛阳县助戏完满记》碑，同年刊立的《添建关陵前戏楼、月台、甬道等施银碑记》，清乾隆五十六年（1791）《关陵重修碑记》，清道光二十五年（1845）《重修关林祠宇后记》等戏曲碑刻数通。

附明万历二十四年（1596）《河南府洛阳县助戏完满记》

河南府洛阳县助戏一会，三年完满，刻石为记。

（善人里甲姓名略）

附清乾隆五十六年（1791）《关陵重修碑记》

……国朝定鼎后，灵异显着，徽号益崇。前总镇柯公于冢前旧庙加以修葺，中丞阎公复为增殿宇、藏礼器，因勒石以叙创建之始末，盖百余年于兹矣。余奉命抚全豫，整理庶务，载更寒暑，因面饬僚吏，修举废坠。适河南张守来见，询知帝陵庙舍年久倾圮，与同官此土者共捐俸兴修，一新其旧，又增建大门、牌坊、戏楼、旗杆、甬道，以肃观瞻，以妥神灵。工始于乾隆五十六年四月，五阅月而工成，司事者复请余文以为志。余维洛邑居天下之中，为周汉都会，陵寝在焉，然宝衣玉碗，劫历兵燹，而兹陵岿然无恙，庙貌日新，礼兼乎崇德报功之隆而敬生，于天理人心之至此，宜与孔林并垂不朽矣。呜呼！非天下之至诚，其孰能与此哉！

缘述修建之由，并纪岁月，其同官姓氏另勒珉石，以告夫后之守土者。

兵部侍郎兼都察院右副都御使、巡河南等处地方兼提督衔节制全省军务并驻防满营官兵兼理河道，加三级纪录三次。穆和兰撰文

河南府知府张松孙书丹

承修官，洛阳县丞陈元熙勒石

乾隆五十六年岁次辛亥季秋之月[1]

附清道光二十五年（1845）《重修关林祠宇后记》

……是役也，饬财征一，倍屣曩日，凡改辙而新之者，为正殿、为拜殿、为二殿、为三殿、为启圣祠、为五虎张侯□□各殿、为钟鼓楼、为舞楼，崇博翚奂，实完且坚。其门宇垣廊阶砌础□，门□易弊为良雅，与诸殿宇称也。计所费仅七百万钱，而使摧焉者翼然矣，儳焉者焕然矣……[2]

河南府城隍庙戏楼 位于洛阳老城区西大街西段南侧城隍庙内（洛阳三十中校园内），坐南朝北，镜框式过路戏台。戏楼面阔三间 9.8 米，明间 3.9 米，侧间 2.8 米，进深 6.2 米，其中前台进深 5 米，后台进深 1.2 米，木质楼板，通高 8 米，一楼高 3 米，二楼高 5 米。戏台前有四根木柱被封于墙内，东边角柱露出部分已经腐朽，外包铁皮，屋顶无脊饰，残破部分覆盖铁皮。戏楼破旧，台口已经被封堵。戏楼西

1 程峰，王建设，李海安，等．豫西北戏曲碑刻研究 [M]．郑州：郑州大学出版社，2017．

2 程峰，任勤．洛阳关林戏楼及其戏曲碑刻考述 [J]．洛阳理工学院学报（社会科学版），2019(4)．

河南府城隍庙戏楼

山墙外建一楼梯，可通二楼。城隍庙北部也有一座戏楼，北戏楼面阔三间，1959年修中州路时被拆毁。一座城隍庙内，有两座戏楼，这在全国也不多见。2006年，河南府城隍庙被列入第四批河南省文物保护单位。

新安李村龙王庙戏楼　位于新安县南李村镇李村龙王庙大门内，坐南朝北，正对龙王庙，单层镜框式戏台。戏楼石柱上题刻为“康熙五十九年四月”，正脊上有“民国二十八年三月初旬李村村合社同造大吉大利”的重修题记。戏楼系硬山顶砖石木结构，戏台三面敞开。戏台面阔一间5.5米，前台进深3.3米，后台进深3.35米。台基为石块垒砌，石条砌边，台基高1.26米。戏楼通高约6米，楼顶灰色筒瓦覆盖，屋脊灰瓦连接，上置花卉雕砖，两端有饰物。台口立两根方形抹角石柱，柱高2.6米，柱头直接承大梁，檐下无装饰。石柱上刻有一副楹联：“假像传真，演古今之奇事；虚迹成实，谈历代之余文”。戏楼距大殿间距约10米，为观众场区。李村龙王庙戏楼为洛阳市文物保护单位。

新安县南李村镇龙王庙戏楼

新安太平庄三教堂舞楼 位于新安县石井镇太平庄村骆庄自然村，坐南朝北，两层镜框式戏台。戏台面阔三间 8 米，进深 5 米，石砌台基，高 2.1 米，木楼板（抗日战争期间被拆除），山墙厚 0.76 米，台口高 2.2 米，墙体大部分已经倒塌。舞楼曾经先后用作教室和生产队仓库。三教堂隐藏于一片杂草中，看上去像一般民居，不像庙宇，与它南北相对的舞楼更是残破不堪。庙前墙壁上还镶着一通神人两便碑，此碑立于清道光十四年（1834），这应该也是三教堂舞楼的修建时间。碑文称三教堂“地基窄狭”，全村公议要扩建，信士陈宗圣便将旁边自家的地捐给庙宇，众人欢欣不已，“即当报赛演戏，男女瞻拜者亦得以宽然有余。因念神人两相洽者，阴阳两相和”，遂立碑为记。

新安县太平庄三教堂舞楼

新安五头镇宝真观戏楼 又称养马观戏楼，创建年代不详，曾于清光绪年间重修，戏楼建在新安县五头镇宝真观对面，坐南面北，砖木结构，单层镜框式戏台。戏楼面阔 3 间 6 米（中

新安县五头镇宝真观（养马观）戏楼

间一大间，两边为小间），进深 4 米，高 2.87 米。台前有四根柱子，两边为石柱，中间为木柱，柱头直接承大梁。木柱与石柱间距 1.34 米，柱础高 0.24 米，台基为砖石垒砌，内填土而成。屋脊由脊瓦连接，中间置花卉雕砖，两端置鸱吻，瓦垄端有滴水和勾头。戏楼距离宝真观大门 10 米左右，为观众看戏的场地。宝真观戏楼为洛阳市文物保护单位。

新安县虽地处偏远的山区，但过去这里的享赛演戏活动却很频繁，区域内有戏楼的寺庙有：城隍庙、关帝庙、瘟神庙、火神府、土地祠、白龙庙、五虎庙、河大王庙、清和观、大山庙、大佛庙、四王庙、二郎庙、舜王庙、唐王庙、金泉寺、三光庙、龙王庙、药王庙、财神庙、韩王庙、奶奶庙、九龙庙、洞真观等，加上家族祠堂等戏楼共 103 座之多。[1]

偃师游殿村玉皇庙戏楼 位于偃师山化乡游殿村玉皇庙山门上，为过道戏台。戏楼坐南朝北，面阔三间 7 米，明间 3.25 米，侧间 1.85 米，进深 4.75 米，高 4.75 米（二楼戏台）。台前有四根木柱，柱高 2.59 米，柱础 0.33 米，上面圆鼓形，下面圆柱形。戏台砖铺地面，两侧各有一圆券门，高 1.8 米，宽 0.57 米。一层为进出玉皇庙的通道，高 1.7 米。屋脊中间饰两条直立的鱼，两端是剑把鸱吻，边脊置有祥兽。戏楼前的低洼地为村民的观戏区，2016 年重修。该戏楼为洛阳市一

偃师山化乡游殿村玉皇庙戏楼

1 杨健民．中州戏曲历史文物考 [M]．北京：文物出版社，1992．

般文物点。

偃师府店关帝庙舞楼 位于偃师府店镇府店村原关帝庙大门上，属两层镜框式戏台。创建于清康熙四十三年（1704），嘉庆二十二年（1817）重修。舞楼系硬山顶砖木结构，通高约 7.5 米，灰瓦盖顶，正脊和侧脊由脊瓦连接，上置花卉雕砖，两端置鸱吻。据村里老人讲，屋脊上的饰物，20 世纪 60 年代被破坏。舞楼面阔五间 11.69 米，明间 3.53 米，两次间各 2.44 米，梢间各 2.14 米，前台进深 3.2 米，后台进深 1.32 米，前后台之间有木隔扇分开，两侧有上下门，台面铺木板，山墙厚 0.6 米。楼下中间为进出关帝庙的通道，两侧为戏房。舞楼两头有水泥预制板从路面通向二层平台。台口石柱刻有两副戏曲楹联，内联为：“描忠写孝，激扬现在纲常；演武修文，阐发从前经济”，落款为乾隆二十二年（1757）九月，本镇曹福寿竖。外联为：“是虚是实，当须着眼好排场；非幻非真，只要留心大结局”，落款为嘉庆二十二年（1817）九月，本镇广万选竖。《河南戏曲史志》记载，这座舞楼又名灵泉寺戏楼，它还有一个名字，叫府北戏楼。

偃师府店关帝庙舞楼

孟津阎凹村玄帝庙戏楼 位于孟津朝阳镇阎凹村东玄帝庙山门上，过道式戏楼，始建年代不详。戏楼坐南朝北，面阔三间，前台有两根木柱，柱头上承额枋、平板枋，平板枋上放大梁。屋顶脊檩上有“大明万历二年重修”字样。屋脊灰瓦连接，上置花卉雕砖，两端置鸱吻。山门青石匾上“玄帝庙”三个字依稀可辨。戏楼青砖铺地，前后各有两根圆木柱直接承大梁。后墙中间有个用砖砌的圆形窗户，山墙墀

孟津朝阳镇阎凹村东玄帝庙舞楼（源于《洛阳晚报》）

洛宁底张乡草庙岭圣母庙戏楼

头上有精美砖雕。阎凹村玄帝庙戏楼为洛阳市文物保护单位。

洛宁草庙岭圣母庙戏楼　位于洛宁县底张乡草庙岭村圣母庙对面，坐南朝北，单层镜框式戏台。戏台面阔三间 6.95 米，进深 5.4 米，台基高 1.33 米，砖铺地面，山墙厚 0.78 米，山墙墀头上有精美砖雕。戏楼在圣母庙前殿正南 30 米处，双层砖木结构。两根木柱中间是一块木隔扇，把舞台分为前后台。戏楼屋脊由脊瓦连接，上置花卉图案雕砖，正脊中间置宝瓶，两端置有鸱吻，垂脊由脊瓦连接，上置花卉图案砖雕，有脊兽，瓦垄端有滴水和勾头。戏楼屋檐、斗拱等构件保存完整，屋檐下绘有两条彩色火龙。后墙上开有一门。2017 年 12 月，草庙岭圣母庙戏楼被确定为洛阳市第四批文物保护单位。

洛宁东南村关帝庙戏楼　位于洛宁县底张乡东南村关帝庙对面，镜框式过路戏台。戏台面阔三间 6.74 米，进深 5.53 米，木质楼板，台基高 2 米。两根木柱高 4.16 米，柱头承额枋，额枋上放大梁，一楼中间为进出关帝庙的通道，二楼为戏台。屋脊覆盖筒瓦，上置精美花卉雕砖，屋脊中间饰物已毁，两端置鸱吻，垂脊覆盖筒瓦，上置精美花卉雕砖。戏楼屋檐下斗拱等构件保存完整，山墙墀头上有精美砖雕。戏楼为洛宁县文物保护单位。

洛宁底张乡东南村关帝庙戏楼

洛宁底张乡礼村戏楼 位于洛宁县底张乡礼村小学院内，坐南朝北，对面神庙已经不存在，戏台在二楼，属镜框式过道戏台。戏台面阔三间 7.15 米，明间 3.5 米，侧间 1.84 米，进深 5.6 米，高 6 米，台面由木板铺成，山墙厚 0.74 米，右侧山墙上有一块黑板，可能是当年作教室的遗存。台前有两根木柱，柱高 2.4 米，屋脊由脊瓦连接，筒瓦覆盖，上置精美花卉雕砖，屋顶覆盖红色机制瓦，可能是 20 世纪维修时所用。台基高 1.5 米，从破损处可以看出，一楼过去是进出神庙的通道。楼前有一片竹林，把戏楼遮挡住，如果没有人提醒，很难注意到戏楼的存在。该戏楼属于一般文物。

洛宁大沟口村山神庙戏楼 位于洛宁县赵村乡大沟口村山脚下的水库西边，建于清代，

洛宁大沟口山神庙戏楼

具体年代不详。戏楼系硬山式砖木结构，镜框式过路戏台。戏楼坐南朝北，正对山神庙大殿，通高约 6.7 米，屋顶灰瓦覆盖，正脊和垂脊用脊瓦连接，上置花卉图案雕砖，正脊两端有鸱吻，瓦垄端有滴水和勾头。两侧山墙厚 0.7 米，墀头上有精美雕砖。戏台面阔三间 9.3 米，明间宽 3.9 米，进深 5.9 米，台面铺木板，台口中立两柱，柱高 2.1 米，柱头承接额枋、平板枋，平板枋上安放大梁，无斗拱。台基为石块垒砌，石条砌边，高为 2.3 米。下层中间有门洞，门宽 1 米，高 1.82 米，据说里面放置大粗瓷瓮，演出时音响效果好。

洛宁隍城村隍城庙戏楼　位于洛宁县故县镇隍城村隍城庙山门二楼，也称九鼓楼，为镜框式过道戏台。戏台面阔三间 9.23 米，明间 3 米，侧间 3 米，进深 4.8 米，高 3.8 米，木楼板，戏台向外凸出 0.51 米，木护栏，山墙厚 0.74 米。戏台前有两根木柱，高 2.16 米。一楼高 2.32 米，中间为进出隍城庙的通道。正脊由脊瓦连接，上置花卉图案雕砖，两端置鸱吻，屋顶灰瓦覆盖，瓦垄端有滴水和勾头。山墙墀头上有精美砖雕。2006 年，洛宁县隍城村隍城庙被确定为河南省文物保护单位。

洛宁旧县隍城庙戏楼

嵩县财神庙戏楼　位于嵩县老城县衙东面的上仓街，始建于康熙五十一年（1712），坐南朝北，正对财神庙大殿，歇山式砖木结构，重檐挑角，青砖砌墙，端庄古朴，单层镜框式戏台。戏台面阔三间 7.4 米，进深 8.23 米。山墙前设左右八字墙，为收缩观众视线和台口音量外扩创造了便利条件，八字墙的砖壁上嵌有精美砖雕“福”“寿”两个大字。戏楼台基高 1.6 米，条状青砖砌壁。戏楼上部为庑殿式砖木结构，三面重檐四角飞挑，五脊六吻，正脊中间立宝瓶，宝瓶上站立凤凰，垂脊及戗脊均饰有祥兽。四周柱头均为一斗二拱，正面两侧斗拱均衡对称。

嵩县城关财神庙戏楼

前排平板枋共有斗拱八组，中间两组紧密相连，两边各有三组。戏台中间用木雕屏风隔开，前为表演区，后为演员化妆休息区。屏风左右为上下门。三面楼壁外砌青砖，内垒土坯。左壁有一侧门，砖砌台阶供人上下舞楼。戏楼后临街，围墙中开有一个月亮门，观众进门后穿舞楼两侧的边门入场，场内可容观众两千余人。戏楼曾于 1953 年重修，后虽有损毁，但主体未变。如今，古戏楼仍是村里文化广场的主舞台。1978 年，戏楼被确定为县级文物保护单位，2008 年被确定为市级文物保护单位。

嵩县旧县城隍庙歌舞楼 位于嵩县旧县村街中心，坐南朝北，正对城隍庙大殿，两层歌楼式戏台。创建时间不详，清代光绪二十八年（1902）曾重修过。歌舞楼系重檐歇山式砖木结构，通高约 9.8 米，灰色陶瓦盖顶，瓦垄端有滴水和勾头，脊上正中立有麒麟驮宝瓶，两端有鸱吻和脊兽，双重飞檐挑角，雕梁画栋，垂脊上均装饰有脊兽，气势壮观，过去曾有“河南府一府十县独一无二”的美誉。台基为青砖砌筑，石条砌边，中间填土，现在台基高 1.4 米（据记载以前高 1.9 米）。舞台平面近似正方形，面阔三间 8.3 米，进深 8.1 米，其中前台进深 5 米，后台进深 3.1 米。后排木柱之间原有木隔扇分开前后台，两侧有上下场门。台前排列四根木柱，柱高 2.9 米，圆鼓形石柱础。台口两侧有排剑式栏杆。上层檐下悬挂写有“歌舞楼”大字

嵩县旧县城隍庙歌舞楼

的木匾，戏台顶部绘有八卦图。舞台后部两边各有一门，供演员使用。歌舞楼与城隍庙相对，楼前场地可容纳1500余人观戏。由于该楼长期受风雨侵蚀，损坏严重，当地群众曾捐款，于2003年对歌舞楼进行维修。1987年嵩县政府将其确定为县级文物保护单位，现在是洛阳市文物保护单位。

嵩县陆浑镇安岭三圣庙乐舞楼 位于嵩县陆浑镇安岭村，始建于清咸丰五年（1855）。乐舞楼为过道式，硬山顶砖木结构，面阔三间7.8米，明间3.86米，进深5.79米，前台4.16米，后台1.63米，歌舞楼高7.46米，台基高1.8米，四周铺砌石条。台前中间两根方型模棱石柱，高3米，每面宽0.3米，柱础0.16米，石柱上刻楷书楹联："白雪曲高，依永和声传雅奏；清平调古，式歌且舞有遗音。"戏台中间有木制屏风，其两侧有演员上下场门，门楣上分别刻着"瞻前""顾后"。木屏上端有长3.3米、宽2.25米的长方形匾额，上书柳体大字"乐舞楼"，每字

嵩县陆浑镇三圣庙舞楼

四尺见方，系洛宁县儒学生员李嵩芝题写，现存匾额为2005年重修时制作。乐舞楼两侧各有一个小门，宽0.77米，高1.8米，木屏、梁架均有彩绘，楼壁有壁画。正脊和垂脊有脊瓦连接，上置花卉图案雕砖，中间置火珠，两边饰脊兽，两端置剑把鸱吻。乐舞楼与大殿之间可容纳1500余人看戏。最近重修时间为2005年，现主体完好。2007年，安岭三圣庙乐舞楼被确定为县级文物保护单位，现为洛阳市文物保护单位。

伊川丁流戏楼　位于伊川县吕店乡丁流村小学院内，戏楼坐南朝北，硬山式建筑，创建于清光绪三十二年（1906），梁柱上有“大清光绪三十二年”题记。单层镜框式戏台。戏台面阔三间8.17米，进深6.8米，通高7米（戏台高4.7米）。戏楼前坡短，后坡长，屋顶灰瓦覆盖，正脊、垂脊皆有脊瓦连接，上面是高浮雕花卉图案镂空砖雕，两端鸱吻已经丢失。台基由青石垒砌，高1.98米，山墙厚0.65米，在戏台两侧山墙1.59米处开有一个侧门，宽0.68米、高1.8米。戏台正面立有两根方形抹角青石柱，柱高2.76米，柱础十分特别，分三部分，中间细，两端粗，上端是荷花瓣，中间雕刻精美花朵。柱头承接额枋、平板枋，平板枋上安放梁头，无斗拱。戏楼后墙中间开有一个小圆窗户，窗户的右下侧有一石槽通楼外。戏楼山墙的墀头上有精美的砖雕，梁柱间绘有八卦图。戏楼前台已经封堵。

伊川吕店乡丁流村戏楼

伊川南街戏楼　位于伊川县白沙镇白沙村南街中部，戏楼坐北朝南，单层镜框式戏台。戏台面阔三间7.4米，明间2.67米，侧间2.4米，进深6.6米，耳房3米，

伊川南街戏楼

台基高 2.33 米。戏楼分为上、下两层，上楼下窑，外墙是青灰色小方砖。戏楼主体建筑保存完好，屋顶灰瓦覆盖，瓦垄端有滴水和勾头，正脊、垂脊有脊瓦连接，上面置高浮雕花卉图案雕砖。屋檐下有两根木柱，石柱础上部为圆形，下部为六边形，房门上方镶嵌着一块青砖大匾，上题“凌云声”三字。南街戏楼的室内还保留有精美的木雕和砖雕，对研究清代的建筑艺术具有重要的历史文化价值。戏楼前面有一个露天戏台，现存戏台比原来小了两米左右。

宜阳东营村药王庙戏楼　位于宜阳县高村镇东营村，坐南朝北，正对药王庙，单层镜框式戏台。建筑年代不详。戏台面阔三间 6.35 米，进深 6.52 米，高 5 米。戏台前沿有两根木柱，柱高 2.3 米，柱础分两部分，上面圆形，高 0.4 米，下面鼓形，高 0.2 米。柱头承接额枋、平板枋，平板枋上安放梁头，无斗拱，山墙厚 0.58 米。台基高 0.85 米，青砖垒砌，条石包边，中间填土。戏楼前坡短，

宜阳高村镇东营村药王庙戏楼

后坡长，屋顶灰瓦覆盖，瓦垄端有滴水和勾头，正脊、垂脊有脊瓦连接，上面是高浮雕花卉图案砖雕，两端鸱吻已经丢失，两侧山墙墀头上有精美砖雕。戏楼为一般文物单位。

宜阳马村药王庙乐楼 位于宜阳县白杨镇马村药王庙对面，面阔三间 6.58 米，进深 6.48 米，高 5.14 米，山墙厚 0.56 米，台基石条包边，中间填土。单层镜框式戏台。建筑年代不详。戏台前沿有两根方形抹角石柱，柱高 2.78 米，柱头承接额枋，额枋上安放梁头，无斗拱。屋顶灰瓦覆盖，正脊、垂脊为脊瓦连接，上面置高浮雕花卉图案雕砖，两端无鸱吻。前台已经封堵，改作他用。该乐楼为一般文物单位。

宜阳白杨镇马村乐楼

陕州区山口村三官庙戏楼 位于陕州区张茅乡山口村，面阔三间 6.58 米，明间 3.2 米，侧间 1.63 米（侧间已经封堵，并开有窗户），进深 6.87 米，山墙宽 0.58 米（下宽上窄），高 5 米，石砌台基高 1.67 米。单层镜框式戏台。戏台前有两根木柱，柱头承接额枋，额枋上安放梁头，

陕州区张茅乡山口村三官庙戏楼

无斗拱。屋顶灰瓦覆盖，正脊、垂脊有脊瓦连接，上面置花卉图案雕砖，两端置鸱吻。两侧间后墙各开有一个窗户。

陕州区黄塘村关帝庙戏楼 位于陕州区店子乡黄塘村，戏楼坐南朝北，面对关帝庙，为镜框式过道式戏台。建筑年代不详。戏台面阔三间 7.3 米，进深 5.7 米，高 4.73 米，明间 3.33 米，侧间 2 米，前面装有木板，山墙宽 0.76 米。台前沿有两根木柱，柱高 2.4 米，柱头承接额枋、平板枋，平板枋上安放梁头，屋檐下斗拱、木雕等物件保存完整。屋顶灰瓦覆盖，正脊、垂脊由脊瓦连接，上面置花卉图案雕砖，两端置鸱吻。两山墙上部有雕砖墀头，左边有台阶通向戏台。

陕州区黄塘村关帝庙戏楼

湖滨区南梁村万寿宫戏楼 位于湖滨区交口乡南梁村万寿宫（俗称天王庙）山门上，坐南朝北，正对大殿，镜框式过路戏台。创建时间不详，脊檩上有“时大清雍正五年岁次丁未三月吉日重修功德主”题记，系悬山式砖木结构，通高约 11 米。戏台面阔三间 8.5 米，其中明间 4.4 米，两侧间各宽 2.05 米，进深 8 米。前有排剑式木栅栏，台口四根木柱，柱高 3 米，柱头承接额枋、平板枋，平板枋上放大梁，明间额枋缺失，侧间额枋上有雕刻。戏台中间原来由木隔扇分开，隔扇宽 3.3 米，两侧上下场门各宽 0.9 米。前台进深 4.1 米，后台进深 2.4 米，戏台向前凸出 1 米，台下中部为进出万寿宫通道。台面为木板铺成，后山墙两侧间各有一个圆洞窗，唱戏时，可借助上升气流将声音传送出去。墙体外面为青砖垒砌，里面为土坯。这里地势从路边到山门逐渐升高，再加上房顶，形成一个大斜坡。门前檐加上两边突出的山墙，走廊对气流形成阻碍，由门前山坡下上升的气流通过圆窗由戏台口流出，利于演员声音扩散。演出时，大门关闭，台板下形成一个巨大的共鸣箱，形成很好的音响效果。屋顶已经垮塌，现在覆盖铁皮。万寿宫为河南省文物保护单位。

三门峡湖滨区万寿宫戏楼

陕州区白阜村戏楼 位于陕州区观音堂镇白阜村中部公路旁，面阔三间7.5米，明间2.7米，侧间2.4米，进深7.55米，山墙厚0.55米，单层镜框式戏台。戏台前有两根石柱，石柱上浮雕盘龙，柱高2.35米，柱头上承平板枋，平板枋上放大梁，无斗拱。村里为防止盘龙石柱被盗，在石柱下部浇灌了水泥墩。山墙1.92米处是精美的墀头砖雕。一楼中间是水道，正中伸出一个龙头，戏台后有一个龙尾。戏楼现在已经封堵，据看护的村民讲，在戏楼对面的小学有一些碑刻，可能是神庙的遗存。

陕州区观音堂镇白阜村戏楼

卢氏城隍庙乐楼 位于卢氏县城内中华街路北城隍庙大门内4米处，坐南面北，正对献殿，系歇山顶砖木结构，转角高台二层楼，属过道式戏台。据清乾隆十二年（1747）《卢氏县志·艺文记·卢氏县重修城隍庙记》记载：“天顺甲申，坊西士大夫王孟平偕众大发虔诚，舍捐己资，勤劳恳款，起正殿五楹，香祭亭转角三间，乐楼转角三间。”明嘉靖，清康熙、乾隆、光绪年间至民国以来，屡有重修。舞台面阔三间8米，进深5.6米，台口高3米，台面一圈有木制栏杆。乐楼通高约15米，上有九脊，正脊由脊瓦连接，上置牡丹、荷花等图案的砖雕，中间置雄狮驮宝瓶葫芦，两边饰海马、海狮、狎鱼等祥兽，两端置剑把鸱吻。垂脊和戗脊由脊瓦连接，上置牡丹、荷花等图案的砖雕，饰海马、海狮、狎鱼等祥兽。屋顶覆以灰陶筒瓦，檐下有斗拱。舞台下为砖砌过道，台面为木板铺成。乐楼距献殿约8米，东西两侧各有10间廊房。乐楼、献殿和两侧廊房之间的空间为观戏场地。

卢氏城隍庙乐楼

陕县、灵宝、卢氏一带历史源远流长，位于豫、陕、晋三省交界地，又是山陕两省进入河南的必经之地，曾经是梆子声腔体系产生的发祥地之一，过去这里民间歌舞极为兴盛，乐楼、戏楼遍及村寨，戏曲演出日盛。随着赛社、闹社，戏曲演出增多，戏班也多起来了，被人们视为“戏窝子”。《阌乡县志》风俗篇记载：“俗喜祀神，多结里社，演戏无节，禳瘟禳火，贺雨贺晴，重叠举行。”《修建老泉九仙宫暨献殿歌舞楼清净亭叙》记载：“蒸然大会，演戏三台，商贾聚集，绮馆绣错，牲物纷沓，蜂合蚁聚……钟鼓皇皇，磬管将将……”明清遗留下来的古戏楼有 300 多座，仅渑池县即有 180 余座，少数亦有并台、对台戏楼[1]，还有戏曲碑刻以及戏曲木雕彩绘等。可惜这一带戏楼留存下来的很少。

焦作马村玉皇庙舞楼 位于高新区马村，创修时间无考，清乾隆十九年（1754）重修。舞楼坐南面北，卷棚硬山顶砖石结构，灰色筒瓦覆顶，单层镜框式戏台。戏台通面阔三间 7.5 米，其中明间 2.9 米，次间 1.73 米，进深 5.92 米。前台有木质柱子两根，高 2.2 米，下端有上圆下方形石柱础，柱头上承额枋、平板枋，平板枋上放大梁。舞楼两侧山墙设有拱形门供上下戏台，山墙上部有精美的砖雕墀头。屋檐下无斗拱等装饰，屋顶灰瓦覆盖，无脊饰。前部山墙红砖可能是后来加固时垒砌的。戏台东山墙镶嵌有清乾隆十九年（1754）《重修舞楼碑记》等清代碑刻两通，西山墙有一块黑板，可能是曾经做过教室的遗存。2001 年，马村玉皇庙舞楼被确定为县级文物保护单位。

高新区马村玉皇庙舞楼（王建设　提供）

附清乾隆十九年（1754）马村玉皇庙《重修舞楼碑记》

祥符县儒学训道申一乾□文

马村之建玉帝庙也，莫祥所自始。庙前舞楼久归乌有，迨今□御极之元

1　戴征贤．三门陕市戏曲志 [Z]．三门峡：《三门峡市戏曲志》编纂委员会，1997．

年，信士赵得富聚族而谋曰："庙前土业舞楼故址也，可因其地而重建之。"余耄老无能焉，尔曹盍体，我志子生麒，毅然身任，时有毋子玉奇，王子之玺文俊同心协力，共襄盛举，而舞楼岿然复矣。越十有六年辛未季夏廿六日沁水泛溢，村落几荡然。水退起视庙中诸像倾颓，西殿凋残过半而舞楼亦与俱圮矣！瞻拜之余靡不凄惋，赖会首张子法尧，贾子德昌，孟子启福，李子朝栋重修西殿，又有会首毋子中吉，张子汉贵、赵子芝香，王子文星，鬻庙中枯柏二株，得价四十余金，重修舞楼，□创山门四楹，与舞楼相辉映，至于金妆诸像，则赵子殿香一人之力也。工既告竣，主持来问记焉。予嘉诸君后先相继克底，乃绩也，爰为质言以纪并系以铭焉。铭曰：帝灵赫赫，庙食兹乡，狂澜汩没，狼狈堪伤。诸君乐善，倾力坚强，或资庙柏，或倾己囊，倡众修葺，遂复其常，内外厥整，金碧辉煌，神位既奠，永锡千祥。用告来许，似续勿忘。

本邑生员孙戊甲施柏栽陆株，本村善人李嗣珣施地二分五厘，王文明施地五厘，赵殿香东殿一人之力，张法尧等收会银陆两，重修西殿。乾隆拾柒年柒月贰拾日起，至拾玖年初一日止，每一会首分树银拾两，出利银陆两伍钱壹分，共使出银陆拾陆两零肆分，又买庙后王、许二姓地壹亩捌分五厘，原额庙地贰亩捌分五厘施买，共地伍亩，南活十柒弓，北活同，中长陆拾捌弓壹尺，东至路，西至许远宝，南至原宅，北至路心。会首：张汉贵，毋中吉施山门□梁一根、檩一根，赵芝香施钱伍钱，王大星。

邑庠生赵一元书丹

乾隆壹拾玖年岁次甲戌春月重修，至戊寅岁仲秋榖旦勒石，主持僧心太昌松，玉工赵淳田仝立[1]

1 程峰，王建设，李海安，等．豫西北戏曲碑刻研究 [M]．郑州：郑州大学出版社，2017．

焦作桶张河老君庙舞楼 位于焦作山阳区中星街道桶张河村内。创建年代不详，现仅存戏楼及古柏一株、清代碑刻5通，属镜框式过路戏台。舞楼坐南朝北，平面为凸字形，面阔三间9.1米，明间3.5米，进深6.2米，进深后部3/4处原有木质隔扇，将台面分为前后台，两次间隔扇处各有一门，上悬门帘，为上下场门（现已拆除）。台面向外伸出1.1米，使台面呈微凸形，台面前沿有高0.2米、厚0.16米的抹角条石作为边栏。四根方形抹角石柱，高2.7米，鼓形柱础高0.52米，石柱上刻两副戏联“乐无论古今，有裨于世俗民风斯为美；剧岂分新旧，能演出人情天理可以观”，“代诗道性情，群怨兴观菊部即为学地；与佛明因果，报施劝诫梨园亦具婆心”。东西两侧各设耳房一间作扮戏房，扮戏房宽4.33米，进深4.58米，有门与戏台相通，门高2米，宽0.85米。舞楼屋顶前为歇山式，后为硬山式，东西耳房均为单檐硬山，灰筒板瓦覆顶。梁枋上刻有花鸟和戏曲人物，明、次间雀替分别刻有凤凰、牡丹和麒麟、祥云状，檐枋上刻“卐”字形纹饰，明、次间檐垫板分别雕刻双狮衔绶带和博古图等造型。存有清嘉庆八年（1803）老君庙戏楼《同盛窑公修舞楼序》碑刻。清道光三年（1823）《重修老君堂碑记》记载，对老君庙进行修建时，曾“粉画舞楼三间”。据《焦作市戏曲志》记载，现存戏台于民国十六年（1927）重修。

桶张河老君庙戏楼

该舞楼是一个颇具特色的古典建筑，整个戏楼，不见一根铁钉，全部采用榫卯结构。最为奇特的是在舞楼的左上方，绘着一幅文房四宝图，图中的算盘上所显示的数字，是建造舞楼所花费银子数目，让我们不得不赞叹古人的智慧。

老君庙戏楼2016年被确定为河南省第七批文物保护单位。

附清嘉庆八年（1803）老君庙戏楼《同盛窑公修舞楼序》

同盛窑公修舞楼序

此地之开设厂也历年兹多□……

太上老君庙则创建于乾隆壬寅之□……

及此与□□事有渐将有待后……

公修舞楼为原已而开者开采者……

皆太上之□赐也向者之愿……

高建是□也起事于三月癸丑落……

德报功之意亦庶乎其善有合云……

清嘉庆八年……

附清道光三年（1823）老君庙《重修老君堂碑记》

邑□西北隅四十里许桶张河村旧有老君堂庙一所，创建于乾隆年间，皆主持僧原敬之力也，重修……光三年，会首宋功　刘乾元　姜文道　王川林　李全香　刘祥等……客堂三间、粉画舞楼三间，功程告竣，会首、主持勒石而问诉……缙绅先生犹难言之，而里□庸夫愚妇之所传尤无稽之尤者……不彰，无以为劝，谨述其事之始末，将各窑管事、诸位装客施财……

邑庠生赵□德撰并书

（具体施财人及其数量略）

道光三年岁次癸未十二月[1]

1　程峰，王建设，李海安，等．豫西北戏曲碑刻研究［M］．郑州：郑州大学出版社，2017．

附清道光二十三年（1843）老君庙戏楼《禁赌演剧碑》

尝闻："正事莫善于耕读，邪端莫患乎赌博。"夫赌博者，足以坏村中风俗，误士农正务。试见游手者出于赌博，好闲者出于赌博，倾家败产者亦出于赌博。则赌之为患，诚大矣哉！所以合村公同商议，永禁赌博。倘有暗地窝赌、诬人子弟，一经查出不论窝主、赌客，认罚则罚戏三台，享神鸣过。如不遵罚，呈□□□决不容情。至于村中老成之家，倘被盗贼诬咬赌人妄牵无故受累，□□□有曲事属公办化钱，合村均收。此一举也，美善极矣。诸位亲友干余□□□思，有善不彰□必家漠后人何知故。聊凑数言，勒诸贞珉以垂不朽，□□□□序。

邑庠文生马□之撰书石工张志魁刻石

会首李与富　苏永忠　监生姜文道　监生刘祥　王进官　刘继春　姜廷全　杨德全　郭永安仝立。

大清道光二十三年岁次癸卯九月上浣合村立石。[1]

焦作土门掌村山神庙舞楼　位于焦作马村区安阳城街道办事处土门掌村山神庙内，创建于清嘉庆三年（1798），重修于民国九年（1920）。舞楼坐南面北，砖木结构，与山神庙相对，属镜框式过路戏台。舞楼

焦作土门掌村山神庙舞楼（程峰　提供）

1　程峰，王建设，李海安，等．豫西北戏曲碑刻研究 [M]．郑州：郑州大学出版社，2017．

屋顶已坍塌，仅存东西山墙及后墙的右半部，台基还算完整。舞楼面阔三间 7.85 米（含两山墙），进深 5.57 米（含后墙），台口有木柱两根，楼高 5.5 米，台口高 4 米，石砌台基高 1.4 米，台基下正中有一条宽 1.2 米的南北向通道，为过水通道。

附清嘉庆三年（1798）土门掌村山神庙《创建舞楼碑记》

此地旧无舞楼，因山神会，有积钱粮七十千余，冯德建、许光平率领合村人等慨然兴起创修舞楼三间，非徒壮一时之蔚观，实欲补四方之风气。及后钱粮莫继，又按人丁、地亩、牲口三会捐钱三十千而工始成焉。告竣勒石，属余作文，辞不得已，因略叙始末，使后之人一目了然，庶几不没人善而修残补葺之意，有所感发，而相继无穷，是亦所以共垂不朽也夫。

皇清嘉庆三年岁次戊午己未月（焦作戏曲志）

附民国九年（1920）土门掌村山神庙《重修舞楼碑记》

吾村舞楼由来久矣，前人之□□非不美且壮也，无如世远□淫风雨漂摇，雷霆振动以致砖瓦陨堕，栋梁腐朽，诚有不堪演戏者也，村中人等孰不独目惊心，以为泯前人之功德、启后人之怨恣，吾辈实不能逃其责耳，于是公同商议，人丁、地亩、牲口三会捐资陆拾余仟文，因而鸠工庀材，权为补葺，不数日，工已告成，众佥属序于余，余因不揣固陋，妄凑俚言，勒诸贞珉，以志不朽云尔。是为序。……（总领捐资名录以及捐资善士名录略）

清邑庠生员杜庆升撰

研究职员杜照庭书额

师范职员许鸣璋书丹

泥木工：王有运、李道林仝建

中华民国九年岁次庚申桃月中浣榖旦石工孙城福镌（镶嵌于土门掌山神庙前墙）[1]

孟州显圣庙戏楼 位于孟州城关堤北头村中。据《孟县志》记载，显圣庙殿始建于元至正十一年（1351），清代乾隆二十四年（1759）由小金堤迁移至此。戏楼坐南朝北，与显圣庙大殿相对，卷棚式硬山顶砖木结构，灰瓦覆盖，三面山墙砖砌，背临大街，戏台下为进出显圣庙的大门，镜框式过路戏台，大门现已封堵。戏楼通高 7 米，面阔三间 9.3 米，明间宽 3.4 米，进深 5 米，台口高 2.2 米，台基高 2 米，台面为木板所铺，台口中部立两木柱，平行向内 3.5 米处立有两小木柱，为演出时挂遮屏之用。木柱上承额枋、平板枋，平板枋上放大梁，木柱为一、二楼通柱，一楼有石柱础，屋檐下无斗拱、雀替等，垂脊两端置鸱吻。屋顶灰色筒瓦覆盖，瓦垄端有滴水和勾头。戏楼与大殿间有长、宽各为 23 米的观众区，估计可容纳 1500 人。戏台山墙上原来留有清代光绪十三年（1887）四川、山西戏班演出的艺人题壁残迹，现在戏台后墙贴有开国大典巨幅画，两边山墙贴有十大元帅画像。2013 年该戏楼和大殿被国务院公布为第七批全国重点文物保护单位。

孟州堤北头村显圣庙戏楼

孟州市堤北头大庙戏楼 大庙戏楼位于堤北头村显圣庙东侧，三个戏楼相连。

---

1 程峰，王建设，李海安，等．豫西北戏曲碑刻研究 [M]．郑州：郑州大学出版社，2017．

孟州堤北头村太白殿戏楼

孟州堤北头村禹王殿戏楼

孟州堤北头村关帝殿戏楼

这三个戏楼原来在东边大庙内，由于原址建设学校，戏楼被照原样迁至显圣庙院内，两层镜框式戏台。其始建时间不详，三联体戏楼皆系双脊弧形硬山式砖木结构，灰色筒瓦盖顶，通高 8 米，进深 5 米，中间以两山墙分别隔开，由南往北依次为太白殿戏楼（三清殿）、禹王殿戏楼（凌霄宝殿）、关帝殿戏楼（大雄宝殿）。太白殿戏楼一面观，戏台面阔三间宽 10.75 米，明间宽 3.85 米。山墙厚 40 至 70 厘米，进深 6 米（前台 4.5 米，后台 1.5 米），台口高 2.5 米，台基高 2.4 米。台口立两根木柱，木柱上承额枋、平板枋，平板枋上放大梁，木柱为一、二楼通柱，无柱础，屋檐下无斗拱、雀替等，垂脊两端置鸱吻。原太白殿脊檩上墨书“大清道光二十二年创建太白殿三间功主大学生义淑八品刻增寿”的字迹。中间禹王殿戏楼，是三座戏楼中最小的一座，戏台面阔三间5.6米，明间宽2.92米，台口高2.5米，台基高2米。台口立两根木柱，木柱上承额枋、平板枋，平板枋上放大梁，木柱为一、二楼通柱，无柱础，屋檐下无斗拱、雀替等，垂脊两端置鸱吻。一楼两侧间封堵。北侧为关帝庙戏楼，戏台面阔三间7.7米，明间宽3.55米，台口高2.5米，台基高2米。台基为砖砌，台面铺木板。台口立两根木柱，木柱上承额枋、平板枋，平板枋上放大梁，木柱为一、二楼通柱，无柱础，屋檐下无斗拱、雀替等，垂脊两端置鸱吻。一楼两侧间封堵。

孟州袁圪套村上清宫戏楼 位于孟州槐树乡袁圪套村上清宫院内。建筑年代不详，清光绪二十年（1894）重修，明间脊檩下迁杆写有：“时大清光绪二十年岁次甲午三月□浣重修戏楼三间宜用卯时上梁自立以后万民获福伍社平安凡事亨通吉祥如意永远大吉大利。”上清宫戏楼为镜框式过路戏台，一面观，卷棚式硬山顶，砖木结构。戏楼面阔三间10米，进深5米，台基高2米，台面用木板铺成，石条包边。台前立两根木柱，柱头上承额枋、平板枋，额枋上安放大梁，屋檐下无彩绘、斗拱、雀替，明间檐下平板枋上置荷花墩，圆形束腰石柱础。屋顶灰瓦覆盖，瓦垄端有滴水和勾头。后墙开一窗户，东山墙有一块黑板。

孟州袁圪套村上清宫戏楼（王建设　提供）

博爱白马沟火神庙戏楼 位于博爱张茹集乡白马沟村火神庙外，创建于清嘉庆二十五年（1820），戏楼大梁上写有“皇清嘉庆贰拾伍年岁次庚辰柒月贰拾捌壬午

博爱白马沟火神庙戏楼（王建设　提供）

日创修舞楼三间卯时扶柱上梁。”火神庙戏楼为镜框式过路戏台，卷棚式硬山顶，一面观，砖木结构，紧靠沁河大堤。戏楼通高 5 米，面阔三间 8 米，明间宽 3.7 米，进深 7 米，台基高 2 米，台面用木板铺成。台口立两根木柱，木柱上承额枋、平板枋，平板枋上放大梁，无柱础，屋檐下无斗拱、雀替等。屋顶灰色板瓦覆盖，上面覆盖筒瓦，瓦垄端有滴水和勾头，屋檐已经严重破损，椽子外露。檐枋下有四个荷花墩，两山墙有精美的墀头砖雕。

博爱冯竹园三官庙舞楼　位于博爱清化镇冯竹园丫王村，创建年代不详。三官庙舞楼为镜框式过路戏台，一面观，硬山顶砖木结构。舞楼面阔三间 8.4 米，明间 3.77 米，进深 5.5 米，台基高 1.8 米，台面由木板铺成，向前凸出 1.1 米。戏台前有四根圆木通柱，木柱上承额枋、平板枋，平板枋上放大梁，一楼有束腰鼓镜式柱础，两次间屋檐下平板枋上置荷花墩。木柱上有榫口遗留，以前戏台前有木栏杆。舞楼正脊为

博爱三官庙戏楼

灰色脊筒连接，上置花卉雕砖，两端置鸱吻，无脊饰，垂脊为灰色脊筒连接，上置花卉雕砖，无脊饰。戏台两侧左右两边有独立扮戏房，扮戏房面阔 2.5 米（含山墙），进深 3.52 米，有门与舞台相通。舞楼脊枋墨书题记为“时大清同治十三年岁次申戌二月丁卯朔越二日乙亥重修舞楼五间宜用辰时上梁，自立之后永保四社平安吉祥如意，住持僧圆法、徒兴顺、工师毕式周谨志”。戏台左侧现有台阶可供上下，在舞楼背面（南面）正中门洞上方，石匾上刻有“三官庙”三个大字。庙内现存清代碑刻四通，其中清同治十三年（1874）《重修舞楼、增修廊房碑记》碑刻记载：“重修舞楼五间，补修东廊七间，增修西廊四间。”最近一次对舞楼进行修缮是 2003 年。

附清同治十三年（1874）冯竹园三官庙《重修舞楼、增修廊房碑记》

永丰四社环而居者有五村，相去一、二里不等，茂林修竹、清流潆洄，奥如矿入佳境也，而风俗敦庞，人心忠厚，尤称吾乡仁□□□社之中央旧有三官神庙一区，盖社人所以祈福祥顺、丰年逆时、雨□风旱□灾兵远，罪戾者也。创始不知何代，踵而修葺者屡矣。但历年已久，丹□剥落而庙前舞楼三间，尤倾圮，止存基址，诸社长聚而谋曰：“古者兵舞以舞，山川之祀；□帗舞以舞，社稷之祀；羽舞之舞，四方之祀；皇舞以舞，□暵之祀。祀必有舞，由来旧矣。舞而无楼，是无舞也；祀而无舞，是无祀也。其何以尽诚敬而妥神灵？”急于起而建之，而屡议屡寝，未克集□。岁甲戌，神诱其衷，善心顿起，各出资财，后劝布施于四方，善事鸠工庀材，重修舞楼五间，补修东廊七间，增修西廊四间，黝垩之丹雘□之如跂斯翼，如乌斯革。登其堂者，恍然睹神之式凭也。工及竣，诸社长请记与余。余曰：神固无乎不在者也。如谓仅在于此，拘矣；如谓不□于此，妄矣。然而，神所凭依，在德不在庙，诸公既竭力以新其庙貌，尤以父戒其子，兄勉其弟，谨孝友，励忠信，使风俗益进于敦宠，人心益□归于忠厚，德修而神降之福将见，神栖于庙甫祀，神而庙中之神，格神生于心未祀，神而心中之，神安由是，而如其上，如在其左右，御大灾捍大患，其所以庇佑社人者自必于万。斯年而靡有艾也。是为记。

丙午科举人，大挑一等，借补沈丘县训导，历署罗山县训导、中牟县教谕王辂撰文

邑庠生张四维篆额

邑庠生冯天相书丹

总理：□□张立言，贡生武宝善，监生冯全真，武生冯全材，□□王恒山，监生王九成，职员管景顺，管习武；

督工：

□□郎张五魁，张士盛，冯居谦，监生冯秉春，王秉正，郭殿元，秦全罍，王积玉；

（收钱粮及职员名单略）

旹大清同治十三年岁次甲戌仲冬谷旦，主持僧圆法，及徒与顺、张胜敬石匠杜殿选镌[1]

博爱南道村玉皇庙舞楼 位于博爱县许良镇南道村，创建年代不详。舞楼为单脊建筑，硬山顶砖木结构，镜框式过路台，一面观。舞楼面阔三间宽 10.2 米，进深 5.2 米，明间宽 3.4 米，明间后部用木格栅分成前后台。台基高 2.3 米，向前凸出 1 米。戏台前有四根圆木通柱，木柱上承额枋、平板枋，平板枋上放大梁，一楼有束腰鼓镜式柱础。舞楼挑檐翘角，灰色筒瓦覆盖，正脊与垂脊由脊瓦连接，上置花卉雕砖。舞楼脊檩上有“时大清光绪三十一年岁次己巳四时朔癸月八时庚戌重修”字样。20 世纪 90 年代调查发现，舞楼后壁尚有图案痕迹，留有演出戏班墨迹甚多，如：“光绪三十二年□□□在此□□□《捉放曹》《白水滩》《阴阳河》《彩楼配》《七星店》《下河东》《牧羊圈》《下河东》《开弓女》《湘江会》《三娘教子》”“光绪

1 程峰，王建设，李海安，等．豫西北戏曲碑刻研究 [M]．郑州：郑州大学出版社，2017．

三十三年公义班大吉利，《黄金台》《牧羊圈》《白门楼》《九龙杯》”“山东天保班光绪三十四年七月二十四日五喜来演出剧目有《挡马》《打焦赞》《武家坡》《取长沙》《破洪州》《宝莲灯》《戏妻》”等8条戏曲艺人题记。

博爱许良南道玉皇庙戏楼

附清光绪三十三年（1907）南道村玉皇庙《重修玉皇庙碑记》

……成其终斯意也，于我三合社与工一事恍然遇焉。余村乾方旧有……袁安国等重修东西两廊，功虽告竣，均未勒石，延及此时，风雨蚀剥，尽皆损坏，舞楼……道亢旱祈祷雨泽，虔意行香，灵雨既零，遂即献戏酬神三日。尔时椽檐虽皆颓败而梁檩尚可支持……神明默启我社人等以鸠工也。维时会首常天禄、程学堂、郭永顺等集众商议捐赀动工，众皆悦服，遂拣选我社公正之人……门户派钱，按地亩多寡管饭，于是，舞楼三间仿前规而增修之。玉皇一阁遵前言而创建之东西大殿以及两廊，残缺者……山门两间，扩而充之，以备异日修耳房之基，彩画油漆、无不焕然一新。《诗》曰：鸟革翚飞，其斯之谓欤？是举也，起事于光绪三十年……年十月，前后四载，会首、执事火食、路费各输己财，心竭谋虑之劳，躬亲雨雪之苦，各司其事，各尽其诚，始终无掸烦者，此岂人力所能……明默佑者非欤？余系掌神，属余为文，谨将与工颠末办事功苦，聊志数语，勒诸贞珉，以垂不朽云。

□□生魏秉乾撰文。

□□生贺恺泽校正。

□□生贺琪光书丹。

总理魏秉乾、王德平。

账簿常天禄、程忠俭。

督工程学堂、郭永顺、朱绍明、王汉章、魏安□、秦□□、冯□□。

买办姜全顺、朱槐、黄鸣金、冯登云。

催饭程学兰、刘善德、韩山林、秦世隆。

杂务王如恒、史法有。

收钱粮会首十六名。

掌神魏秉乾

总理王德平

会首秦万平、秦玉堂、秦玉松、秦玉善、常天□、王汉□、朱绍□、朱□□、□□顺、□□堂、□□科、□□有。

蓝旗常天保、王本良、程云善、王如恒、韩山林、王怀忠、郑天佑、安守仁、郭永福、黄明义、孙凤台、张富贵。

大班头王本温、王怀义、姜全顺、郑全孝、魏秉和、黄振声

小班头刘玉和、朱绍礼、程忠俭、王凤廷、王守良、黄振玉

大清光绪三十三年十月十……住持朱元成石师田右军勒[1]

博爱苏寨村玉皇庙戏楼 位于博爱清化镇苏寨村，明万历四十六年（1618）创修，民国十五年（1926）重修，镜框式过路台，卷棚式硬山顶，砖木结构，一面观，楼顶有五脊二十二兽，飞檐挑角，楼角挂成串风铃。戏楼面阔三间 8.6 米，明间宽 3.2 米，进深 5 米，台基高 1.8 米。明间后部用木质隔扇分隔成前后台，台面向前凸出 1 米成凸字形。戏台木柱之间有三组护栏，高 0.15 米，雕刻有祥云、动物图案。

1 程峰，王建设，李海安，等. 豫西北戏曲碑刻研究 [M]. 郑州：郑州大学出版社，2017.

博爱苏寨玉皇庙戏楼

戏楼正中原有横匾："式歌且舞"，戏台上下场门分别书写"模古""励今"字样。台口明柱原有戏联一副，"搭闲暇今日观佳剧；破功夫明天早些来"。戏台左右两边设有独立扮戏房，面阔 3.25 米，进深 3.9 米，各有一个宽 1 米、高 2 米的门与戏台相通。山门两侧墙壁上，镶嵌着两块碑刻，左边为《玉皇庙创建戏楼碑》，右边为《清乾隆四十六年苏寨村道路重修碑记》。山门上方有一石刻匾额，上书"玉皇庙"，匾额上方有重修戏楼时所开的一个六棱形窗户，利于戏楼后台的通风与采光，同时也起到装饰作用。庙内保存明、清、民国时期碑刻 5 通，是了解当地民众宗教信仰和演剧情况的第一手资料。

附明万历四十六年（1618）苏寨村玉皇庙《玉皇庙创建戏楼碑》

大明国河南怀庆府河内县万北乡二图苏家寨玉皇庙创建戏楼一座。施□姓名开俱于后：社首牛大化钱二百文，陈思智钱二百文，王自好钱一百文，小会余钱四十文，陈思让钱三百文，陈国才钱六十文，陈国卿钱三百文，牛大义钱五十文，马学钱二百文，王进才钱五十文，宋坤钱二百文，王思启钱五十文，陈国与钱二百文，任守库钱五十文，陈国宾钱二百文，李世口钱五十文，陈国佐钱二百文，刘汝明□十文，秦以清钱一百文，□□钱□十文，陈思本钱一百文，刘得财□□十文，牛大认钱一百文，朱国守□□十文，陈思诏钱一百文，何孟秋钱三十文，陈国用钱一百文，秦以明钱二十文，陈国宁钱一百文，牛星谨钱三十文，陈国相钱一百文，牛星美钱五十文，牛星谏钱一百文，张太□钱五十文，常国忠钱一百文，□□□□钱五十文。

万历四十六年三月吉日社首牛大化陈思智住持牛清平石匠李春香仝立。（注：原碑刻无题，镶嵌在玉皇庙山门左侧墙壁上）[1]

博爱大底村龙王五神庙戏楼 位于博爱寨豁乡大底村，坐南朝北，卷棚硬山顶，创修时间无考，清光绪十四年（1888）改建。镜框式过路戏台，一楼为进出神庙的通道，二楼为戏台。戏台面阔五间8.68米，进深4.9米，戏台前有两根方形抹角石柱，高2.03米，方形敷巾柱础0.33米。柱子上承额枋、平板枋，平板枋上放大梁。东西两侧各有扮戏房一间，宽1.99米，进深3.59米，东侧有石质阶梯通戏台。戏楼前有东西看楼，灰色板瓦覆顶，看楼一层三间，二层五间，楼下为石柱，楼上为木柱。

博爱大底龙王五神庙戏楼（程峰　提供）

东凡场奶奶庙戏楼（程峰　提供）

博爱东凡场奶奶庙戏楼 位于太行山浅山丘陵地区的东凡场，坐

1　程峰，王建设，李海安，等．豫西北戏曲碑刻研究 [M]．郑州：郑州大学出版社，2017．

南朝北，硬山顶砖石结构，镜框式过路台，始建年代不详。二层为戏台，戏楼面阔三间 9.8 米，进深 5.95 米，台口前伸出 1.3 米。一层为进出奶奶庙的通道，高 1.9 米。戏楼顶已经全部坍塌，只剩下一堵山墙，台基为石条垒砌。

博爱上岭后村观音堂舞楼 位于博爱太行山深山寨豁乡上岭后村观音堂，清乾隆三十八年（1773）创修。舞楼坐南面北，硬山顶镜框式过路戏台，一楼为进出观音堂的通道，高 2.5 米，二楼为戏台。戏台通面阔三间 8.73 米，其中明间 3.23 米，次间 2.18 米，进深 4.4 米，台基青石垒砌。戏台前有两根方形抹角石柱，高 1.96 米，石柱上承额枋、平板枋，平板枋上放大梁，檐下无斗拱、雀替，石柱下垫方形敷巾曲脚柱础。屋顶灰色板瓦覆盖，屋脊由脊瓦连接，上置花卉雕砖，两端置鸱吻，屋脊中间饰物缺失。戏台前沿用抹角条石作为边栏，石栏高 0.28 米，厚 0.15 米，上面雕刻有简单纹饰。后墙开有一方形窗户。大殿前廊东山墙内镶嵌有清乾隆三十八年（1773）《创修观音殿并舞楼序》。

博爱上岭后村观音堂舞楼（王建设　提供）

博爱下岭后村老君庙戏楼（王建设　提供）

博爱下岭后村老君庙戏楼 位于博爱太行

山深山寨豁乡下岭后村，创修年代不详。戏楼坐南面北，卷棚硬山顶，砖石木结构，墙壁由石块垒砌，灰色筒瓦覆顶，瓦垄端有滴水和勾头，单层镜框式戏台。垂脊由脊瓦连接，上置灰色雕砖，雕砖上覆盖筒瓦，垂脊两端置鸱吻。戏楼面阔三间 8.72 米，进深 5.3 米，后墙中间有高、宽各 1 米的方形窗户。戏台前有两根方形抹角石柱，柱高 2.17 米，圆鼓形柱础高 0.43 米。石柱上承额枋、平板枋，平板枋上放大梁。台口设有石质栏板，高 0.2 米，厚 0.12 米，台基高 0.7 米。

博爱乔沟天爷庙戏楼 位于博爱乔沟天爷庙庙门上，为两层镜框式戏台，坐南朝北，始建于清道光十七年（1837），砖石结构硬山顶，灰色筒瓦覆顶，瓦垄端有滴水和勾头，屋顶前面部分已经损毁。总阔五间 15.7 米，戏台面阔三间 7.66 米，进深 5.3 米，檐下有两根抹角方形石柱，高 2.4 米，柱础高 0.31 米，上刻戏曲楹联一副。上联为：教人亦有方开演俗情原为青年学子；下联为：听戏非无益改良词曲便成白话文章。台前设木质栏板，高 0.28 米，厚 0.08 米。戏台两边各有扮戏房一间，宽 3.04 米，进深 4.1 米，有石拱券门通戏台。正脊和垂脊由脊瓦连接，上置花卉雕砖，无脊饰。山墙上端有精美墀头。戏楼前有东西两座看楼，砖石结构硬山顶，面阔三间 9.63 米，进深 4.35 米。庙内存清道光十七年（1837）《创修天爷庙碑刻》一通。

乔沟天爷庙戏楼（程峰　提供）

沁阳北关庄关帝庙歌舞楼 位于沁阳北关庄关帝庙，创建于清乾隆六十年（1795），坐南面北，四椽五架梁结构，为两层建筑，属于两层镜框式戏台。歌舞楼面阔三间 8.2 米，其中明间 3.3 米，次间 1.84 米，进深 4.7 米，通高约 6 米，单檐硬

沁阳北关庄关帝庙歌舞楼（王建设　提供）

山，灰筒板瓦覆顶，正脊和垂脊由筒瓦连接，上置花卉雕砖，脊兽缺失，瓦垄端有勾头和滴水。明间前檐下中间置荷叶墩，两边各施一朵斗拱，两次间各置一朵荷叶墩。明间两端通柱上承平板枋、额枋、大梁及梁架。平板枋、额枋、檩及斗拱均施彩绘。墙体由青石、青砖以及土坯混筑而成，两山墙上端均砌筑砖雕墀头。二层明间后墙中部砌出圆形窗，楼板大多被拆除。歌舞楼两根圆木通柱，上承托平板枋，柱高 2.46 米。歌舞楼上装修有“八”字屏风，以分前后台，隔断上方悬挂“风琴雅奏”匾额。山墙东西两侧各砌筑有高 1.7 米、宽 0.64 米的一小券门，原设有木梯供人上下。下层高 1.67 米，西次间保存有清嘉庆元年（1796）《重修关帝庙歌舞楼碑记》碑刻 1 通。歌舞楼清曾经嘉庆元年（1796），民国八年（1919）两次重修，梁架脊枋、二檩迁杆上有修建舞楼信息。

附沁阳北关庄关帝庙清嘉庆元年（1796）《重修关帝庙歌舞楼碑记》

嘉庆元年丙辰毕皋，关子良选以剥啄声惊予午梦，予起而廉其故，关子曰：吾乡关家庄于乾隆五十二年间，关帝会剩钱……数年本利共钱二百一十八千零，乃修关帝庙歌舞楼，庄严妙丽，备极辉煌，客冬厥工告竣，今欲镌石以志颠末，乡之人皆欲求文于……劝厥善事以垂不朽乎？余曰：善哉！古之人敬天地、礼神明，必有乐歌，后其变为杂剧，追古感今，以饰太平。所扮者，隋谓之康衢乐，唐谓之……谓之华林戏，元谓之升平乐，虽古今之名称不同，所以敬天地、礼神明，清歌妙舞，神听和□，其致一也，将见帝德居歆阴阳和风雨时……征万户下土有庆年谷丰民物阜膺繁祉而瑞霭千门，皆此重修之功也。于是退而为之记。

恩贡元候选教谕刘振祚撰文、石匠常天禄镌

关伯俊备馔待匠人二位，又施椽二根；关伯福备馔待匠人八位，又施椽二根；关伯荣备馔待匠人四位，又施椽二根；关九章备馔待匠人三位，又施椽二根；关九直备馔待匠人六位，又施椽二根；关伯世备馔待匠人四位，又施椽二根；关恭己备馔待匠人四位，又施椽二根；关成己备馔待匠人五位，又施椽二根；关九峰施椽二根；张旺才施椽二根；乔富施钱五百文；张延显施椽二根；关良顺施椽二根；关彭龄备馔待匠人二位，又施椽二根；关应聘施椽二根；张伯青备馔待匠人四位，又施椽二根；张伯玉备馔待匠人四位，又施椽二根；张伯贵施椽二根；魏成龙备馔待匠人五位，又施椽二根；关乔龄备馔待匠人六位，又施椽二根；关良栋备馔待匠人七位，又施椽二根；关永祚备馔待匠人五位，又施椽二根；关永旺备馔待匠人八位，又施椽二根；关永昌备馔待匠人四位，又施椽二根；关永顺备馔待匠人八位，又施椽二根；关应举备馔待匠人十二位，又施椽二根；关堂升备馔待匠人三位，又施椽二根；张伯顺施椽二根；关堂辅备施椽二根；关堂重备馔待匠人八位，又施椽二根；关良佐备馔待匠人十位，又施椽二根；关应魁备馔待匠人五位，又施椽二根；关应增备馔待匠人四位；关应选备馔待匠人八位，又施椽二根；关堂廉备馔待匠人三位，又施椽二根；关桂施椽二根；关应得施钱四百文；关汝成备馔待匠人五位，又施椽二根；关汉章施椽二根。

会首开列于后：

张伯明备馔……；关永宁……；魏成凤备……；关良选备馔待匠人四位，施钱四百文；关永清……；关松年备馔待匠人六位，又施椽二根；……备馔待匠人□□，又施椽□□；……备馔待匠人十位，又施椽□□；……四百文。

五月穀旦勒石[1]

1　程峰，王建设，李海安，等．豫西北戏曲碑刻研究 [M]．郑州：郑州大学出版社，2017．

沁阳马庄结义庙戏楼 位于沁阳山王庄镇马庄村，创建时间无考，民国十年（1921）移修至此，属于镜框式过路台。戏楼坐南面北，上下两层，悬山顶砖木结构，灰色筒瓦覆顶，正脊和垂脊由脊瓦连接，上置雕砖，雕砖上覆盖筒瓦，正脊右端已经毁坏，垂脊部分也已经损坏。两山墙上端均砌筑砖雕墀头。戏楼总阔五间，戏台面阔三间 7.5 米，进深 4.6 米，一层高 2.1 米，左右两侧各有扮戏房一间。戏楼现已残破，台面已经封堵，留有窗户。

沁阳马庄结义庙戏楼（王建设　提供）

沁阳常河朝阳寺舞楼 位于太行深处的沁阳常平乡常河朝阳寺，坐南朝北，硬山顶砖石结构，始建年代不详，清乾隆三十九年（1774）、嘉庆十九年（1814），1964 年舞楼重修过，属于镜框式过路台。戏台通阔五间 14.6 米，进深 6 米，其中明间 3.3 米、次间 2.6 米、梢间 2.4 米。次间与梢间梁架下有木隔扇框架。舞楼东、西、南墙均由青石块砌成，墙里面以黄泥抹平，北墙内砌以青石块、外包

常河朝阳寺舞楼（程峰　提供）

青砖，原来铺有木地板。戏台前有两根木柱，柱头上承额枋、平板枋，平板枋上放大梁，柱高2.64米。舞楼明间及次间檐下设荷花墩。原有雀替，现已丢失，仅留有榫口。屋顶灰色板瓦覆盖，瓦端有滴水和勾头。舞楼东西两端山墙上有雕砖墀头。东西两梢间南墙各有六角窗户一个，北墙各有方形木槅窗。一般而言，作为佛教寺院的朝阳寺是不应当建造舞楼的，这在河南是少见的。现存戏曲碑刻两通，清乾隆三十九年（1774）《重修舞楼碑记》镶嵌于常河村朝阳寺拜殿内东山墙，清同治三年（1864）《万善同归》，现立于常河村朝阳寺拜殿内。

附清乾隆三十九年（1774）《重修舞楼碑记》

怀庆府河内县常家河村居住刘信祖，有佛前舞楼三间，年深日久，风雨损坏，掌神刘喜青、李得臣、刘喜俊、刘喜成普化善士、外姓各出资财，刘户钱粮包总，又有山神祠重修内外乙新，舞楼重修乙新，工满钱成，万善同归，永为记耳。

总领人：刘得怀、刘得京、刘得宝

刘喜重、刘喜法……（施财姓氏以及重修花费略）

乾隆三十九年十二月二十日吉立

附清同治三年（1864）《万善同归》

盖悉（查？）释者是护命菩萨转梵王宫，出与西域天竺国，生与周穆王壬寅廿四年四月初八日，降容端行生劳病死苦以流下□□真经，劝化众生。释迦文佛太极□咸□。道者，混沌初分，开立天地，是开元菩萨转李老君，出临宝、陕州、楚国，周定王丙辰二年二月十五日，始生立五行，分太极，定乾坤，志世安民，然登古佛□□□□咸□。儒者是如同菩萨转孔夫子，出与山东曲阜□□□鲁国，生与周灵王庚戌廿一年十一月初四日，始生端行，仁义礼智信，同流列国，□天下愚人□踏古佛咸□。夫因村中掌神同出虔诚，修造庙寓，合村捐□□攻摇会得钱六十余串，重修三教堂、拜殿五间，重瓦舞楼、按廊十间，匠工砖瓦木石一切化费钱一百一十二千文。

……（捐资善士名录及捐资数额略）

道光八年九月住工因念村小力微，贫富不一，暂前停缓，一隔十有余年，岁遭□荒旱，才然定矩，烟尘乱起，世变忐忑。元年六月廿一日蝗虫遍地而来，秋禾全食未吊，龙、马王两殿风雨损坏，神像倒塌，实再难宣，兹念先人去世，各有后嗣，合村捐□□修东西两殿，完山神庙，换稍地、山门一阖，墁过道，垒四□，匠人工钱砖灰一切化费钱一十五千四百文……

……（捐资善士名录及捐资数额暂略）

时同治三年岁次甲子四月孟□沐浴节

立石题名，野人刘光明等、勒石人刘文可

镌刻千载不朽、立石[1]

沁阳杨庄河龙王庙戏楼　位于太行山深处的沁阳常平乡杨庄河龙王庙，坐北朝南，单檐硬山顶，镜框式过路台，清同治年间创修。二楼为戏台，通阔五间，面阔三间9米，进深一间，一楼青石地基，为进出

常平杨庄河龙王庙戏楼（程峰　提供）

1　程峰．沁阳常河村朝阳寺舞楼及其碑刻考述 [J]．文化遗产，2020(3)．

龙王庙的通道。戏楼左右两边各有一间扮戏房与戏台相通。戏台前有两根木柱，柱头上承额枋、平板枋，平板枋上放大梁。柱础分两部分，上层为圆鼓形，下层为方形。戏楼灰色板瓦覆顶，屋脊由脊瓦连接，上置花卉雕砖，筒瓦覆盖，无脊饰。

沁阳沙滩园龙王庙戏楼　位于沁阳西万镇沙滩园村，清嘉庆八年（1803）创建，道光二十三年（1843）重修，镜框式过路戏台，戏楼与山门合二为一，戏台位于二楼。戏楼左右两边有独立扮戏房，硬山顶，砖木结构，一面观。戏楼面阔三间 7.2 米，明间宽 3.4 米，进深 4.5 米，台基高 2 米。明间后部用木隔扇隔开，后台宽 1.1 米。戏台前有四根圆木通柱，上承额枋、平板枋，平板枋上承大梁，柱础为圆鼓束腰形。檐枋下置斗拱、荷叶墩，木柱之间有木栏杆，两山墙上端均砌筑砖雕墀头。戏楼的正脊和垂脊有脊瓦连接，上置花卉雕砖，雕砖上覆盖筒瓦，两端置剑把鸱吻。戏楼的石雕、木雕手法细腻，柱础、斗拱、荷叶墩技艺精湛，具有浓郁的地方特色，有较高的科学和艺术价值。

沙滩园龙王庙戏楼

沁阳万善汤帝庙戏楼　位于沁阳王庄乡万善村南的汤帝庙内，明成化乙酉年（1465）始建，坐南向北，面对大殿，歇山与卷棚组合式屋顶，砖木结构，雕梁画栋，飞檐挑角。灰筒板瓦覆顶，正脊和垂脊由脊瓦连接，上置花卉砖雕，砖雕上覆盖筒瓦，上置脊兽，正脊中间置宝瓶，两端置鸱吻。戏台前檐下立四根抹角石柱，檐柱上承额枋、平板枋，平板枋上支抱头梁，梁头刻作虎头状，抬梁式构架。檐下额枋、平板枋均施彩绘。戏楼为山门与戏台合一的镜框式过路戏台，下层为进出汤帝庙的

沁阳万善汤帝庙戏楼（王建设　提供）

通道，上层为戏台。戏楼通面阔五间9.2米，戏台面阔三间8.05米，进深4.23米，台面向北凸出1.44米，凸出部分两侧各有一个侧台口，有台阶通戏台。脊枋底有墨书题记："中华民国八年岁次乙未，重修舞楼三间，创修山门五楹，宜用。三月初八吉时上柱、上梁。自立之后，永保合村人口平安、吉祥如意。合社仝立。"底层中部有两根方形抹角石柱，柱底为方形柱础。戏楼左右两边各有一个耳房，面阔2.28米，进深2.27米，均有门与舞台联通，耳房内山墙开有窗户。东耳房南墙有墨书题记："一理心照谢永升，民国十八年八月二十九日起戏，王圣班在此乐也。"庙内现存清乾隆三十六年（1771）《重修汤帝庙山门戏楼序》碑刻一通。

附明弘治五年（1492）沁阳万善汤帝庙《重修成汤庙记》

怀庆府儒学生邑人袁绶撰文并篆额书丹

距河内县二十里太行山之阳万善镇在焉，镇南有成汤庙。不详其始作，然庙貌甚伟。我皇明正统间，镇长者卫福林重□公谨尝创建拜殿暨诸神祠器具，靡不致备。后人思其功德，为塑其像。厥子振字时举，与乃父同一心志，复为本庙之主。乃成化乙酉以镇人春祈秋报无所依庇，创建舞楼一座。栋梁已构，第未施瓦镘甃脊之类，而时举物故，于是其家子鼎继之，尽众论所举以其克肖父志也。鼎因鸠工市材完所未就，凡斯楼之□必公必信，而其壮丽百端，仰视俯察高且美矣，所谓考作室而子肯堂者鼎则有焉。无□何鼎复以邑宰之命，去为本里老人理申明亭事。承其守庙之责，则其弟鼐也。鼐为人忠耿性纯质，与鼎盖难为兄难为弟也。以其父若兄所创舞楼固美矣，但檐阿徒直□以蔽风雪，爰于其北添建抱厦一檐。盖东西南方皆有墙壁，独北面无所遮罩，故鼐为□举补其所阙也，且与楼之大势若出一手，是大可嘉也。复以庙之旧门畀隘而易以□楹，楼之台基狭小而甃以砖石，又以楼下不可无乐工所处之座乃作数蹬。虽细事亦口心之密若□则其大者□□可□也。至于上之所宜尤不可无木以依神，鼐复□柏□□□十株于庙之丹墀内。盖汤般人□其所宜也于焉。是庙制度宏伟，规模广大，轮□□□与盛哉！此可见，鼎之功又有以大于前人可征也。兹本镇及傍村耆士数十辈□□□□□薄书与鼎鼐，昔尝同事者偕袁绶为文，以彰卫氏父子兄弟之德与镇民积年□□□□□，于是乎书。

弘治五年岁在壬子孟冬望日立石山王庄廉安利[1]

沁阳北窑头关帝庙戏楼 位于常平乡北窑头村关帝庙，始建于清代（具体时间不详），镜框式过路台。戏楼坐南面北，硬山式砖石结构。戏楼面阔五间，台面三间 7.55 米，进深四楹 5.4 米。灰色板瓦覆面，正脊和垂脊由脊瓦连接，上置花纹雕砖，雕砖上覆盖筒瓦，无脊兽，两端鸱吻已毁坏。戏台前沿有两根木柱，柱头上承额枋、平板枋，平板枋上放大梁，柱底为圆

沁阳窑头关帝庙戏楼（王建设　提供）

1　程峰，王建设，李海安，等. 豫西北戏曲碑刻研究 [M]. 郑州：郑州大学出版社，2017.

鼓形柱础，屋檐下有木雕。两山墙上端均砌筑砖雕墀头。戏楼两侧有扮戏房，宽 2.4 米、进深 3.44 米。一楼高 2 米，左侧有石头垒砌的临时阶梯通戏台。戏台前面已经封堵，改作他用。戏楼西侧有看楼，两层硬山式砖石结构，面阔五间 13.3 米，进深 3.5 米。看楼已经残破。

沁阳西沁阳观音堂舞楼 位于沁河大堤边西沁阳村，创修年代不详，坐南朝北，硬山卷棚顶砖木结构，单层镜框式戏台。戏台面阔三间 6.85 米，进深 4.35 米，其中明间 3.19 米，次间 1.88 米。戏台前立木柱两根，高 2.56 米。柱子上承额枋、平板枋，平板枋上放大梁，檐下有三朵斗拱，无雀替，柱下垫方形石柱础，灰色筒瓦覆顶，瓦垄端有滴水勾头。

沁阳西沁阳观音堂舞楼（程峰　提供）

修武一斗水关帝庙戏楼 位于修武县太行山深处的岸上乡一斗水村关帝庙，据庙内重修碑文记载：清道光二十年（1840），创建戏楼五间，垒石成房。戏楼为镜框式过路戏台，左右两边有与戏台相通的扮戏房各一间，单椽硬山顶，石木结构。屋顶灰

修武一斗水关帝庙戏楼

色板瓦覆盖，瓦垄端有滴水勾头。戏楼正脊由脊瓦连接，上置花卉雕砖，两端饰鸱吻。戏楼墙体由不规则石块垒砌，后墙有《西游记》壁画。戏楼通阔五间 14.84 米，面阔三间 7.3 米，明间宽 2.9 米，进深 4.5 米，扮戏房宽 2.3 米，台基高 2.5 米，石条镶边。脊枋底书“大清道光贰拾壹年选吉于桂月初三日重修歌舞楼五间，石木王四清、桑君财等，维社同力修建之后，合社人口平安，田蚕茂盛，永垂不朽，长发其祥，是以为己耳”。戏台前沿有两根抹角方形石柱，柱头上承额枋、平板枋，平板枋上放大梁，承额枋、平板枋有彩绘痕迹，柱底为方形柱础，戏台前沿用抹角条石作为边栏，石栏上加装木质栏板。屋檐下有木雕。

在戏楼前左右两边各建有看楼三间，创建年份不详，与戏楼相距 1.46 米，形制相同，皆为上下两层式建筑。看楼面阔三间 5.82 米，进深三架椽 3 米，正脊顶覆青筒瓦，上置花卉雕砖，两端置鸱吻。看楼墙体与戏楼一样，由不规则石块垒砌。庙内存戏剧碑刻 2 通：清咸丰四年（1854）《重修关帝庙、玉帝、牛马王、高禖祠、山神、龙王庙碑记》、清同治三年（1864）《补修关帝庙西陪房门楼碑记》。

附清咸丰四年（1854）《重修关帝庙、玉帝、牛马王、高禖祠、山神、龙王庙碑记》

修邑东北路离诚九十里一斗水村旧有关帝圣庙三间，碑记所载创修于乾隆三十年，重修于嘉庆元年；玉帝庙、山神龙王庙创修之日固不可考。牛马王、高禖祠神庙创修于乾隆四十四年，迄今八十余岁，风雨催崩，神像化脱，人人目极而心□□也。居是乡者同心向善，捐纳重修，自道光二十五年开工，又创修戏楼五间。况此处原系山野之□，垒石成房甚矣，独立之艰，难也。于是每年按粮食捐纳钱文，开工至今数十余年矣。又创修正殿、两耳房二间，东西看棚楼六间，又创修陪房十二间，一具金妆圣像，创修神路大门，门外楼影壁，功成告就，勒石著文，以为永远不朽云。鄘南小冀儒童杜振环沐手撰文并书丹

（捐财善士名单略）

清咸丰四年岁次甲寅十二月十五日

附清同治三年（1864）修武一斗水关帝庙《补修关帝庙西陪房门楼碑记》

修邑东北路六里三甲一斗水村旧有关帝圣庙日久风雨催崩，人人目极而心伤者也，故在社人同心向善，按粮捐纳钱文，重瓦正殿三间、西陪房三间、门楼一间，至二月兴工，十月工起，彩画洁静，工成告竣，谢土酬神，故勒石著文，以为永远不朽云。

今将捐钱善士姓名开列于后：

饮羊河社银四两，了河社银四两，南大社银四两，片马社银三两，聚龙山社银二两六钱，箭眼山社银二两六钱，王金锁银四钱，万顺号银二钱，孙成祥银二钱，张敖银二钱，郭馀林银一钱。

尝思上古浑噩之事人心朴素并无嗜赌之侣，如吾一斗水村等，故在社之人同心公议永禁赌博，远立社规，嗣后有犯者罚唱戏三天，违者即刻送官究治，绝不宽恕。尚有横逆之人不遵社规者，诬告不赌之人，合社公议抵拒所费钱文，按粮食均派而莫不各勤其事，以享无事之福也。故刻石以垂永志不朽云。

维社首：王长岭、崔岐福、贾天宝、崔双驹、王福清、李福勋、韩贵、赵五保、董清文、贾天朝、张跟成、王清山、韩敬文沐手撰文并书丹

石、木、泥水匠宋玉银、路玉云画匠徐居

主持□明伦、徒林贞柱

同治三年拾二月十八日仝立[1]

修武茶棚村通济庵戏楼　位于修武县太行山深处的金陵坡乡茶棚村通济庵内。戏楼创建于清道光二十二年（1842），坐南向北，墙体由石块垒砌，镜框式过路戏台。戏楼通高5.7米，台基高2米，二层高3.7米，戏台面阔三间8.3米，进深5.6

1　程峰，王建设，李海安，等. 豫西北戏曲碑刻研究 [M]. 郑州：郑州大学出版社，2017.

修武茶棚通济庵戏楼

米。台前两根木柱，柱头承额枋，额枋上放大梁，柱础方形，柱间有石栏板连接。顶覆灰瓦，屋脊由脊瓦连接，上有花卉雕砖，砖雕上覆盖筒瓦，无脊饰。两山墙上端均砌筑砖雕墀头，右侧有木梯通戏台。戏楼左侧有耳房作扮戏房，宽 4.3 米，进深 4.1 米。庵内存有《通济庵增修两配□与舞楼志》碑刻一通，立于茶棚通济庵大殿左前廊下。茶棚通济庵为县级文物保护单位。

附修武茶棚通济庵清道光二十四年（1844）《通济庵增修两配□与舞楼志》

盖闻莫为之前虽美而弗彰，莫为之后虽盛而弗传。兴大工、营大业前不能不资于后，后不能不赖于前也。治北七十里许，太行之阳有同济庵一所，乃昔年朱虎窑赵公之所创建也。公讳锡，字九龄，好事乐施，生平以济人利物为心，虑此山为河南山西□来，通衢数十里，杳无人烟，道路崎岖，休息无地，于康熙壬辰年，纠合石瓮等四村父老建庙三，楹颜曰："同济庵每逢三伏时，施茶水以济行旅，茶棚之名寔始诸此。"公善念未懈，又请四村父老欲再建舞楼以壮观瞻，而鹤驾西归，有志未遂，其曾孙登瀛公赋性醇厚，好善尤笃，当然思继乃曾祖之志，因财力不充，将龙门租谷积累数年，四村父老之后嗣诸公亦欲述乃先人之事，各出赀财，以为兴筑计。壬寅春开工造作，尽心竭力两越月而舞楼告竣，弃家负勤劳总期告无憾于先祖。而已，登瀛公又欲创其所未有，增修东西两殿，奈工程成之尤难，遂与四村诸公商议，诸公佥跃然喜曰："此善举也，曷速图之，吾等愿助力焉。”于是募劝四方善士，各捐赀财以为兴工之费，今两殿落成，圣像金塑，属予作志，以垂不朽。予翰墨久荒，恐不克，副九龄公与登瀛公四村诸公□志，第思以山陬廖阔之区□，数年间立殿以外而南配舞楼，焕然一新，知□其美者九龄公也，传其盛者登瀛公也，前后赞助输财而历辛苦者诸公也。其善不可泯，其功有足录，岂不可以邀神佑□□祼俾后之闻者相关而动好善之诚也哉？遂援笔而志其颠末，至于庙貌之巍峨、栋宇之辉煌，皆略而不志，惧赘也。

童生赵振坤撰志

童生康林茂书丹

总理劝捐维首赵文士、王天良、林凤德、赵□坤、郝永魁、侯得木、苏龙、侯全义；

催钱粮：侯全仁、郝永德、张文炳、侯德俊、王天奇、张翔、刘克全、牛得清、任三元；

管钱粮：林凤翔；

买办：侯全富、郝永荣；

催工：林凤梅、王玉福、林凤岐、刘旺强、刘元林、张文俊、牛得雪、王天全；

石口：宰秉先；石工：王秀全立

大清道光二十四年岁次甲辰十月下浣榖旦[1]

（碑阴捐赠者姓名及数额略）

修武陪嫁妆村龙王庙戏楼 位于太行山深处的西村乡陪嫁妆村，创修年代不详，单层镜框式戏台。戏楼坐西面东，平顶，一面坡，台口面对东南方相距三四里青龙

1 程峰，王建设，李海安，等．豫西北戏曲碑刻研究 [M]．郑州：郑州大学出版社，2017．

峡中的青龙庙。正面台口为方石垒砌，其余三面为片石垒石成房。面阔三间 6.78 米，进深 5.5 米。戏台前有两根抹角方形石柱，下置石质方形柱础。现在台口已经封堵，改为老戏台酒家。

修武陪嫁妆村龙王庙戏楼（王建设　提供）

修武小横河石佛寺戏楼　位于太行山深处修武横河村石佛寺，坐南向北，单檐硬山顶，砖石结构，镜框式过路戏台。灰色板瓦覆顶，瓦垄端有滴水勾头。戏台面阔三间 6.6 米，进深 5 米，抹角方形石柱，柱础分三部分。石柱上承额枋、平板枋，平板枋上放大梁及雀替、荷叶墩，额枋、平板枋、荷叶墩、雀替均施彩绘。屋脊由脊瓦连接，上置花卉雕砖。东西两侧各有扮戏房一间，宽 4 米，进深 3.7 米。戏楼顶部仅剩一间，两间已经坍塌。

小横河石佛寺戏楼（程峰　提供）

武陟县万花庄青龙宫戏楼　位于武陟城关镇万花庄青龙宫山门上，戏楼创建于清朝嘉庆十八年（1813），坐南面北，面对青龙宫正殿。戏楼分上下两层，单檐歇山式砖木结构，镜框式过路戏台。戏楼通阔五间，戏台面阔三间 10 米，前台进深 4.9

米，后台进深1.9米，台口高3米，台面向前凸出1.5米，三面敞开。台口一排四根木柱，柱高3.6米，柱础为圆形。木柱上承额枋、平板枋，平板枋上放大梁。两侧耳房各深3.8米，宽2.5米，耳房直通后台。戏楼通高11米，戏台歇山顶与两侧耳房悬山顶结合为一体，青筒瓦盖顶，楼顶共十八脊，正脊由脊瓦连接，上置彩釉陶砖，上面置海马、海狮等，中间立宝瓶，两端置鸱吻。正面飞檐挑角挂风铎，中间挂“海市蜃楼”匾牌。斗拱雕刻昂首龙形，两边刻卷云纹。额枋、平板枋、斗拱均施彩绘。前窗为方形窗，后窗为涛字形格窗，窗沿砖雕云纹，门首匾额刻“青龙宫”三字，戏楼为省级文物保护单位，现保存完好。戏楼前场院南北深约30米，东西宽

武陟城关青龙宫戏楼

22 米，可容纳观众数千人。

济源南姚村汤帝庙戏楼 位于济源承留镇南姚村，坐南朝北，隔路与汤帝庙相对，为山门外戏楼。据《济源县戏曲志》记载：“明景泰六年扩建庙院时创建戏楼一间，至清乾隆三十六年重修扩建为三间。”戏楼为砖木单椽悬山式结构，一面观，单层镜框式戏台。戏楼面阔三间 10.76 米，明间宽 3.9 米，进深 5.42 米，台面由木板铺成。明间有木柱，高 2.16 米，木柱上承额枋、平板枋，平板枋上放大梁，下面为石质圆鼓形柱础。戏台前沿有木栏板，明间木栏板已经丢失，台基高 1.8 米，砖石围砌。脊枋题记为“时民国三十六年岁次丁亥三月甲辰二十己丑日癸酉时重修戏楼三间，永远吉祥，谨志”。明间檐下有荷叶墩。屋顶灰色板瓦覆盖，正脊及垂脊均以灰色脊瓦连接，上置灰色雕砖，正脊和垂脊两端饰物已经缺失。庙内存有清雍正九年（1731）《金妆神像及献戏碑》、清乾隆三十六年（1771）《重修庙宇山门戏楼序》、清乾隆五十二年（1787）《火神会献戏、买地碑记》、清道光五年（1825）《南姚火神会演戏酬神捐资碑记》、清宣统二年（1910）《祈雨还功条规志》等碑刻十余通，对研究当地宗教、经济状况和戏曲发展情况有参考价值。2006 年，汤帝庙被确定为省级文物保护单位。

济源南姚村汤帝庙戏楼（王建设　提供）

附清雍正九年（1731）南姚村汤帝庙《金妆神像及献戏碑》

南姚镇金妆□□□殿满堂神像并开光献戏、合会酒席以及刊立碑记，共费银十四两钱四分。本会集放银八两三钱八分，众人捐资管饭开列于后：会外人太学生捐艮（银）五分，管饭十八顿；会人候州选同王丈炎，范□，□生，范爱生，王文举，监生郭太儒，范溶各捐五分、管饭十八顿；农官□□□王风藩，郭进奉，范福生，范浩生，谢国祥各捐艮（银）五分、管饭□顿；王□，范九贞，范志礼各捐艮（银）五分、管饭十二顿；王锡弓捐银五分。

□□□□郭奉林捐艮（银）五分、管饭六顿；小会首范弘量，李竹林捐银艮（银）五分、管饭口口；□□捐艮（银）五分、饭八顿；刘中林捐（捐）艮（银）五分、饭六顿；随会人范秀，尹福宇，范成龙，王锡瑞，王锡恩，张安，王锡来，王贵，王叶，王生，王钦，范九章，赵世英，□蒙，范元哲，范魁生，范洛，范英生。

会首岁进士王式玉娟艮（银）二两六钱三分、管饭二十七顿；范嘉生娟（捐）艮（银）二两六钱三分、管饭□□□。

雍正九年七月吉日合会立石金妆匠人范玉元石匠王道成[1]

（此碑刻镶嵌在汤帝庙山门过道东墙上）

附乾隆三十六年（1771）南姚村汤帝庙《重修庙宇山门戏楼序》

汤帝庙创建无考，重修数次约已数世于兹矣。殿宇辉煌，庙貌巍峨。东楼两间、官厅三间，重新于僧人寂慧，安圣殿、五瘟殿修于总保正王正名，焕然一新，亦可谓一时之巨观也。第山门破碎，戏楼仅一间，龙首蛇尾，内外殊觉不伦，其戏楼前面临路，演戏时肩摩毂挚，往来最为不便。住持寂慧与其徒照学日夜忧郁，因与本庙会首妥议，诸会首无不欣然乐为改正。王国英首先出众，年已杖乡，不辞况瘁，纠合一切土工匠人，时时跟随验工，山门一时告成。刘

1　程峰，王建设，李海安，等．豫西北戏曲碑刻研究 [M]．郑州：郑州大学出版社，2017．

世辅豁达性成、鲠直异常，拆修舞楼，慨然承任。先置买舞楼西山地基四分二厘五毫，东至庙，西至王建，东南至王聚，北至路中，长十七干，中阔六干，价银陆拾两。又用庙内杂树数株，圆椽两间，拆后急为修盖。除庙内现存稞籽外，又劝伊族叔刘中元将所欠庙稞一□出，众佃户亦少为凑办，以价□厥功且出息揭债；又施己财三千以完其事，拆修舞楼，一间改为三间，较前何等壮观！后移一丈，前面宽□，较以前何等体统！且装板挂牌，金碧灿然，是又何如辉光也！历年完粮并四月初三日演戏共花钱壹佰玖拾贰仟壹佰肆拾柒文。百余年之狭隘，一经改正，无不痛快！诚盛事也，众恐日湮久没，因勒石以志不朽。

生员王辛年撰文戊子科举人王文升篆额生员王霞书丹

会首刘世辅范文监生芦慎生王猷王龙图王国英监生王居和总保正王正名王者理施钱四百文

主持寂慧门徒照学照武徒孙普元普化普福曾孙通魁

梓匠赵允成刻文李士纯李士达画匠史文玉

时清乾隆叁拾陆年仲春（《济源县戏曲志》）

附清乾隆五十二年（1787）济源南姚汤帝庙《火神会献戏、买地碑记》

南姚镇旧有火神会，会首尚文素等所积会钱一百壹拾四千一百三十七文，乾隆五十二年正月十六日献戏化钱壹拾四千九百九十五文。二月初四，买王希弼地一段，坐落东滩，东西，计地壹十七亩六分九厘，东至堰根齐，西至大路车辙，东南角至聂姓，中至同姓；西半截至王立命，北至北社。火神会官地上带行粮壹拾七亩六分九厘，价钱九十九千一百整。二宗共化钱壹佰壹拾肆仟零玖拾五文，下存钱肆拾式文，每年稞籽，恐不足敬神之用，又有善士张世禄、马国兴、王世诚劝化，施财善人开列于后。

会首：刘世辅、张魁元、王居信、王文海、王居敬、王文钦、王命新、尚文素、王成光、王居和、王世诚、王汉臣、王汉魁、王秉简、王居贵、郭殿元、王瑊、王天清、王国宝、杨名兴、余太林。

施财善人：范学荣捐钱乙千叁佰伍拾文，孙进福捐钱乙千捌佰文，张有运捐钱乙千叁佰伍拾文，王福顺、马国兴、王一德、王文富、王维屏、常英儒、刘廷用、张文行、王大法、王有庆、姚居诚、孔义合、任言义、王成周、聂景舜、杨奎升、刘进喜、王方玉、崇庆号、永升号、商克兴、张定、王世辅、王来福、段鸿亨、任开旺、范元通、周礼、王居温、张应殿，各施钱玖佰文。

以上共捐钱叁拾乙千伍佰整，旧会存钱肆拾式文，即时请客化钱肆仟陆百玖拾文，立碑施钱乙千肆佰伍拾式文，净存钱式拾伍仟肆佰整。

乾隆五十二年十一月穀旦立石[1]

石工冀崇信镌（藏于汤帝庙内）

附清道光五年（1825）南姚汤帝庙《南姚火神会演戏酬神捐资碑记》

南姚镇火神会由来已久矣，每年元宵节演戏酬神诚盛事□。近年来，百物价增，钱粮不敷，前会首接次劝捐，俱已勒石，子踵接会，事后劝捐赀，冀图永远。□补作用之不给，一以鼓来者之锐□。谨将施金姓名刊列于左以垂不朽。

王舜年撰文

会首：王复达、姚名旺、郭振傅、王德茂、王西德、王守廉、王应忠、王贵儒、王文选、王法。

健昌坊捐钱三千文，天合坊捐钱三千文，瑞昌号捐钱一千六百文，通兴号捐钱一千六百文，聚兴号捐钱一千五百文，义顺号捐钱□千五百文，□兴号捐钱□千五百文，□□号捐钱一千一百文，□□号捐钱一千文，同盛号捐钱一千

1 程峰，王建设，李海安，等. 豫西北戏曲碑刻研究 [M]. 郑州：郑州大学出版社，2017.

文，涌盛号捐钱一千文，祥瑞楼捐钱一千文，□观□捐钱一千文，芦殿□捐钱一千文，王立政捐钱一千五百文，赵魁元捐钱一千文，贾永太捐钱一千文，王殿侯捐钱一千文，育宁堂捐钱一千文，崇德堂捐钱一千文，芦全用捐钱一千文，马大官捐钱一千文，张殿年捐钱一千二百文，王玉捐钱一千文，王秀荣捐钱一千文，连见山捐钱一千文，王德超捐钱二千四百文，刘可成捐钱二千四百文，王朝银捐钱一千八百文，王□盛捐钱一千一百文，刘正顺捐钱一千一百文，王复达捐钱一千一百文。

大清道光五年正月吉日（镶嵌于汤帝庙山门内西墙）

附清宣统二年（1910）济源南姚汤帝庙《祈雨还功条规志》

自古旱魃为虐，我南姚遇天亢旱，祈雨于方山白龙王驾前。有求必应，酬功还愿，献戏七台，不计其数。宣统元年，麦后天旱，秋禾未安。阖村议定，祈雨许戏七台。未上山而甘霖溥降，秋禾俱安。不噫七月间，陡生黑虫，咬伤谷叶，秋以薄收，功难以还。至二年，秋麦颇丰，于八月十五日商议还功由来，写戏不许两社相争，定期于九月二十五日献戏七台。至期，本府镇台拨韩大人带队前来镇会，本县范大老、前营杨副爷各带兵差，前来掸压，皆上香敬神。禁烟赌，止灯戏。三日之内，人如山积，而风平浪静，鸡犬不惊。本社拈台南头，写戏安徽班。社人恐其久而湮也，因勒石以垂久远云尔。还功后，又张架鼓四面，（化）钱十二串五百文。[1]

济源南姚村关帝庙戏楼 位于承留镇南姚村河沟正中，坐南向北，骑河而建，又称“骑河戏楼”。关帝庙建于清顺治六年（1649），戏楼为康熙年间修葺庙宇时所

1 程峰，王建设，李海安，等．豫西北戏曲碑刻研究 [M]．郑州：郑州大学出版社，2017．

建。戏楼为单层镜框式戏台，悬山顶砖木结构，一面观，面阔三间 10 米，明间宽 3.3 米，进深 4.5 米，台基高 1.84 米，台口高 3.3 米。后墙有圆形太阳窗，屋顶灰色板瓦覆盖，正脊和垂脊由脊瓦连接，上置灰色雕砖，筒瓦覆盖，两端置鸱吻。前台有两根木柱，木柱上承额枋、平板枋，平板枋上放大梁，木柱下垫圆鼓形石柱础。平板枋上有木雕花卉三丛，每丛宽 1 米，高 0.3 米，花纹舒展，雕工精细。上为戏台，下为水道，据村里老年人讲：演员在骑水戏楼唱戏，嗓音水灵，发音清亮。

济源南姚村关帝庙戏楼（王建设　提供）

这里的交兑村、长泉渡口，还有用船只连在一起构成的戏台。后舱房为演员的化妆室，岸上为观众场地。民间俗称此为“船戏台”。另有戏楼在岸上，由船在河中连成的“船看台”。[1]

鹤壁淇县白龙庙戏楼　位于淇滨区上峪乡白龙庙山门之外，距山门 32 米，始建年代不详。戏楼坐南朝北，前台为卷棚顶，后台为硬山顶，为前后双幢叠加结构，单层镜框式戏台。戏台面阔三间 6.15 米，中间用砖墙隔开，分前后台，前台进深 4.14 米，后台进深 4.64 米。台基高 1.33 米，青石砌成。戏楼前台的檐下有四根青石方柱，石柱上承额枋、平板枋，平板枋上放大梁，石柱下垫束腰方形柱础。石柱上面刻有两副对联，外面一副戏联为：“世物总空何必以虚为实；人情无定不妨借假做

1　杨健民．中州戏曲历史文物考 [M]．北京：文物出版社，1992．

鹤壁白龙庙戏楼（源自《淇县文化研究网》）

真”。中间的一副戏联为：“盍往观乎，父老闲来消白昼；亦既见止，儿童归去话黄昏”。檐柱间装饰有简易的挂落，明间侧间斗拱两朵。白龙庙戏楼地处较为偏僻，而且建筑规模不大，修建戏台时采用四根石柱，足见当地娱神演戏习俗的重要。白龙庙山门外的坡地修整为四层梯台状，每层高度相差约 1.5 米，是一处理想的观剧场所。

戏楼现为县级文物保护单位。

浚县碧霞宫遏云楼 位于浚县城郊浮丘山碧霞宫大门外，属庙外戏楼，修建于清光绪年间。戏台坐南朝北，与碧霞宫大门相对，建在一个三米高的平台上，前台卷棚顶，后台硬山顶，砖木结构，单层镜框式戏台。戏楼通高约 8.5 米，前台突出，三面敞开，平面基本呈凸字形。戏台面阔三间 6.2 米，前台进深 5.2 米，后台进深 4.9 米，

浚县碧霞宫戏楼

台基高2米，青砖垒砌，石条砌边，内部填土而成。原来前后台之间有木槅扇分开，两侧上下场门上分别写有“金钟”“玉嘎”四字，中间有“遏云楼”横额一块（已经遗失）。前台有六根方形石柱（前四后二），台口四柱上刻两副戏联，一副为“山水簇仙居，仰碧射丹台，一阙清音天半绕；香花酬众愿，看酒旗歌扇，千秋盛会里中传”。一副为“瘟岂要加于人，惟作孽者不可逭；神祇行所无事，常为善者自获安”。碧霞宫大门外砌有石台，高约1.5米，并围以石栏杆，距戏楼约25米远，石台及其间空地为观众区。遏云楼现基本保存完好。

龙安区龙泉镇白龙庙神怡楼 位于龙安区龙泉镇白龙庙村。戏楼坐南面北，与大殿相对，为悬山式砖木结构，卷棚顶，镜框式过路戏台，三面敞开。戏楼通高约7.5米，面阔三间5.3米，中间有木槅扇把戏台分为前后台，前台进深4.1米，后台进深3.4米。木槅扇上方有“神怡楼”三个大字，槅扇宽3.3米，两侧有上下场门，各宽0.9米，高2米。台基高2.1米，为砖石垒砌，台面为木板铺成，据说中间空洞内装有大粗瓷瓮，演戏时产生良好的音响效果。台左侧有石阶九级可上舞台，台口立四根方形石柱，柱础高0.3米，上雕有孩童拥抱形象。石柱上承额枋、平板枋，平板枋上放大梁，房檐下斗拱、额枋、平板枋均施彩绘。石柱上刻有楹联两副，外联为：“弦奏春夏，惟祈甘霖时布；歌舞口罄，但愿大泽无疆”；内联为：“略迹原情，俱是镜花水月；设身处地，罔非海市蜃楼”。戏楼后台西山墙上原来有墨写题壁：“咸丰二年十一月初七立，其仲叶头在此一乐也。”还题有剧目

龙安区白龙庙神怡楼

表如下："壹本蓝稿、贰本花墙、叁本借香、肆本沙滩、伍本双焕、陆本昆山、柒本满堂红、捌本合花、玖本拐马、拾本舞齐。"旁边还有"寿（受）罪四天"四字。剧目表两侧有两行字："曹画南乡郭□□"，"刘（留）字人北乡□□村□□□"。戏台正中是"吕布戏貂蝉"的戏画，两边的戏联是"司徒妙算托红裙；凯歌却奏凤仪亭"。上方五幅有关戏剧的画，分别是"麻姑献寿""洛神""郭巨埋儿""王祥卧冰""龙女献宝"。戏楼前有宽 11 米、长 15 米的场地，连同大殿前的卷棚为观众区。白龙庙 1985 年被确定为市级文物保护单位。

殷都区西积善村关帝庙戏楼　位于铜冶镇西积善村关帝庙山门上，与大殿相对，大殿后山墙石柱上刻有"大明弘治十六年立"的字迹。戏楼系悬山式砖石木结构，镜框式过路戏台。卷棚顶上覆盖灰瓦。戏台面阔三间 8.1 米，前台进深 4.5 米，后台进深 2.6 米，戏台台基高 2.2 米，为石条砌边，中间填土而成。台口立四根木柱柱高 2.6 米，木柱上承额枋、平板枋，平板枋上放大梁，木柱下垫圆鼓形柱础，高 0.3 米，房檐下设斗拱，比较简约。一楼中间为进出关帝庙的通道，戏楼左边有砖石台阶通戏台。

殷都区铜冶镇西积善村关帝庙戏楼

龙安区善应镇朝元洞戏楼　位于善应镇九龙山腰下的朝元洞庙院内，始建年代不详。砖石木结构，单层镜框式戏台，前台卷棚式，后台悬山式连为一体。戏台坐南面北，前台三面敞开，正对大殿，处在古建筑群中轴线的最南头，依山势由南向北逐渐升高。戏楼通高约 7 米，台宽 6 米，前台进深 4.16 米，后台进深 4.18 米，中间为砖砌墙壁，两侧有上下场门，门高 2.3 米，宽 0.82 米，两门间距 2.4 米，门上分别题有“阳春”“白雪”。后台建在山坡土石地台上，砖砌山墙，两侧及后山墙上开有洞窗。台基为石块垒砌，石条砌边，中间填土，砖铺台面，台基高 1.6 米。台口立四根方形抹角石柱，柱高 2.79 米，柱础高 0.36 米，石柱上承额枋、平板枋，平板枋上放大梁，檐下额枋、平板枋、斗拱、雀替及梁架均施彩绘。石柱上刻两副对联，外联为“宛如太史陈诗，传出真情为世劝；俨若伶人播乐，奏成法曲协神听”。内联为“庐山面目原真任作风波于世上，国史文章不假堪消鬼（傀）儡在场中”。戏楼距庙殿间长 30 米，宽 20 米的场院为观众看戏区。

龙安区善应镇朝元洞戏楼

龙安区马家乡岭头村龙王庙戏楼 位于岭头村中龙王庙对面。庙院内有康熙三十七年（1698）《重修苍龙王神殿石记》和人为凿毁的《戏楼碑记》等。戏楼为悬山式砖石木结构，单层镜框

龙安区马家乡岭头村龙王庙戏楼

式戏台。戏楼通高约6米，面阔三间6米，明间宽2.86米，进深7.7米，前台3.2米。台基为石块垒筑，中间填土，高1.5米，左右两侧有侧门通戏台。台前立四根木柱，柱上承额枋、平板枋，平板枋上放大梁。后墙已经倒塌，现有两根立柱支撑房屋。据村中老人讲，这座戏楼1944年曾被日本兵烧毁，后来又修复。戏台已经封堵。

龙安区北齐村北禅寺戏楼 位于马家乡北齐村北禅寺水罗殿对面。戏楼为砖石木结构，卷棚式，单层镜框式戏台，三面观，通高7.5米。戏楼面阔三间6.4米，进深8米，中间有木槅扇，前台进深4.5米，石块垒砌台基，中间填土，木板铺砌台面。台前立四根木柱，柱上承额枋、平板枋，平板枋上放大梁。柱础上面为圆鼓形，下面为敷巾束腰方形。大梁上有彩绘痕迹，雀替为精美透雕。中间为砖砌墙壁，两侧有上下场门，右侧山墙开一圆窗。灰色筒瓦覆顶，瓦垄端有滴水勾头。垂脊两端置鸱吻。寺内保存有清光绪二十五年（1899）《重修北禅寺碑记》一通。

龙安区马家乡北齐村北禅寺戏楼

附清光绪二十五年（1899）《重修北禅寺碑记》

盖闻神道设教，自古为然，庙貌辉于今为烈。我北齐村，旧有北禅寺一所。年深日久，风雨摧残，急宜重修。又蒙白龙显圣，更当创造庙宇，以酬神惠。自光绪二十一年岁次乙未，至二十五年己亥竭。五载之精，动殚一社之心力，群修毕举，焕然一新，前有三佛殿、关帝殿、老君堂、圣母殿、观音堂、文昌宫、菩萨堂、山神长老白衣堂、三尊庙、龙王庙、水陆殿。

白龙庙、药王庙□方，又创修戏房七间，补修南堂钟棚三间，门楼一座、门启兑方，谨即二十处之造修，六七年之募化，勒诸贞珉，以药万世之功，善念者劝。明经进士补儒学训道允吉、张以升撰文

文童袁炳文书丹

文童李有芳篆额

主持占鳌徒堰富

大清光绪二十五年岁次己亥仲秋月初六日合大社穀旦[1]

林州任村镇古城村关帝庙戏楼 位于任村镇古城村关帝庙内，清同治年间修建，卷棚式砖木结构，单层镜框式戏台。戏楼面阔三间 8.5 米，进深 6.6 米，檐高 3.4 米，戏台高 1.8 米。戏台前面东西山墙上端砌有砖雕墀头。戏台中间立二木柱，柱高 2.96 米，上承额枋、平板枋，柱、枋相交处刻有龙戏牡丹花纹的雀替，柱头枋上置斗拱，柱下有礅礅式柱础，高 0.3 米，柱础间嵌有草叶纹石栏板，石栏板高 0.27 米。东山墙靠外边开一圆拱券窄门洞，下有台阶。东山墙中上部有一六角形露

林州任村镇古城村关帝庙戏楼

1 安阳市文化广播事业局．安阳市戏曲志 [M]．郑州：中州古籍出版社，1992．

窗。戏台中间靠后设木隔扇，把戏台分为前、后台。后台是戏房，也是演员们候场的地方。戏房左边是化妆间，右边是布景、道具、服装间。戏楼顶绿釉筒瓦覆面，瓦垄端有勾头滴水。屋脊正中开一天窗，利于采光，额枋、平板枋和梁架上均有彩绘。新中国成立后戏楼曾经被用作教室。

河顺镇药王庙（真人堂）戏楼　位于林州市东北 18.8 公里的河顺镇南曲阳村，清代建筑，具体创建年代不详。戏楼为悬山式建筑，坐西朝东，长 6.45 米，进深 3.8 米，高 3.7 米，单层镜框式戏台。屋顶由黄色琉璃瓦覆盖，瓦垄端有滴水勾头。正脊由脊瓦连接，正脊在脊瓦上置云龙纹黄绿琉璃砖，中间置宝瓶，两端置鸱吻，垂脊在脊瓦上置枝缠牡丹雕砖。戏台前面立四根方形抹角石柱，方形石柱础。石柱上刻两副戏曲楹联。石柱上承额枋、平板枋、雀替均施彩绘，前檐下有五朵斗拱。戏楼南侧有阶梯通戏台。

林州河顺镇南曲阳村药王庙戏楼

林州任村镇桑耳庄药王庙戏楼

桑耳庄戏楼　位于林州市任村镇桑耳庄，清代建筑，具体创建年代不详，单层镜框式戏台。戏楼坐南朝北，面阔三间 7.6 米，进深 6 米，高 7 米。戏楼为七檩硬山建筑，灰板瓦筒瓦覆顶，瓦垄端有滴水勾头。正脊和垂脊由脊瓦连接，上置雕砖，筒瓦覆盖，正脊两端置鸱吻。檐下置十朵斗拱，额枋、平板枋、雀替均施彩绘。台前立两根红漆木柱，有一副戏曲楹联，下垫圆形石柱础，柱础之间设置雕花石栏板。戏台靠后面立四根金柱，两边山墙均有砖雕墀头。戏楼为林州市一般不可移动文物点。

任村昊天观戏楼 位于任村镇任村，二层单檐悬山顶建筑，具体创建年代无从考证，据碑刻及相关资料记载，清同治四年（1865）重建。戏楼坐南朝北，面阔 9.6 米，进深 6.6 米，檐高 5.6 米。戏台前边立两根红漆木柱，柱子上有一副戏曲楹联。柱子上承大额枋、平板枋及三踩单下昂斗拱。前后檐分别置角科攒、柱头科二攒，明间、梢间置平身科各一攒。梁架为抬梁式，前后檐柱头科、角科承托七架梁，上部依次为五架梁、三驾梁脊部设有叉手。戏台屋面灰筒瓦、板瓦覆盖，瓦垄端有滴水勾头。戏楼南面前檐明间为砖砌圆拱券门，券门上部采用砖砌壁龛装饰，壁龛砖砌斗拱五攒，上置筒板瓦屋檐，壁龛出壁檐 30 厘米。戏楼木楼板，楼板上原有地趴砖，现遗失。建筑东北角原来砌有青石台阶，通二层戏楼，现在由木坯、块石临时堆砌。戏楼 20 世纪曾经作为教室使用，其间进行了局部改动。昊天观为省级文物保护单位。

林州任村镇昊天观戏楼

林州市阳和村戏楼 位于五龙镇阳和村，该戏楼创建于清嘉庆三年（1798），坐南朝北，正对关帝庙大殿，三面观，硬山顶砖木结构，单层镜框式戏台。戏楼屋脊由脊瓦连接，上置花卉雕砖，无鸱吻。右侧垂脊上的雕砖还保留着，左侧垂脊上的雕砖已经损毁。台基用青石垒砌，石条砌边，中间填土。戏楼面阔三间带前檐，进

林州五龙镇阳和村戏楼

深两间，四根方形抹角石柱，柱头承接额枋、平板枋，平板枋上安放梁头及上层梁架。房檐下设斗拱，比较简约。石柱下面为方形柱础，柱础间嵌刻有花纹图案的石栏板，中间两个石柱上刻戏曲楹联“按律吕点破炎凉世态；借衣冠描尽古今人情”。该楹联惟妙惟肖描绘了演戏场面，更借戏论世，充满哲理，已被收录进《中国戏台乐楼楹联精选》。该戏楼曾经被用作小学教室，后来学校迁出，戏楼前台用木板封堵。现因时间久远，缺乏维护，已经成为危房。

林州八蜡庙戏楼 位于林州和顺镇申村，创建于清康熙甲午年（1714），后于乾隆二十年（1755）、嘉庆七年（1802）、同治二年（1863）和民国初年多次重修、改修，现在为林州市文物保护单位。戏楼坐南朝北，卷棚顶砖木结构，面阔三间 8 米，前台进深 2.7 米，后台进深 4.7 米，山墙高 5.6 米，石砌台基高 1.4 米。前台有四根石柱，上刻两副戏曲楹联“四史人物一时周览；五千年事迹三日观遍”；“略述原情俱是镜花水月；设身处地无非海市蜃楼”。戏楼内东西山墙分别镶嵌有重修、改修戏楼碑记，西山墙留有三盛班演出时的剧目题记。前沿木枋上有四幅戏曲彩绘，因年久颜色脱落，正中是一组福禄寿木雕，大梁上各绘有两幅戏曲彩绘。戏楼内东西两山墙分别嵌有三块重修、改修戏楼碑记。

附乾隆贰拾年（1755）八蜡庙戏楼碑刻

“风仪兽舞”

乾隆贰拾年陆月拾捌日吉时（镶嵌于八蜡庙前戏楼内东墙）

附同治二年（1863）八蜡庙《改修戏楼碑记》

梨园之乐虽非古礼，然亦欢豳饮蜡遗意，不可谓非太平盛世也。余村戏楼创自康熙甲午，绪（续）修两次，规模颇狭。延至同治壬戌，因重修扩而大之。北广四尺，东西各广二尺。工竣，聊记年月并阳四韵于后。

落落层台对碧宵，雕梁画栋倩谁描。

为教柳曲行云过，却遣梨园舞雪飘。

翻旧不妨聊展布，增新毕竟得宽饶。

升平一奏神人悦，鼓吹还将和九韶。

监生吕惟一楼记，贡生芦字□参校

锦云书丹

大清同治贰年六月后石村合社同立（镶嵌于八蜡庙前戏楼内西墙）[1]

据1988年调查统计，林州境内明清乡村戏楼多达274座，当时存留或完好的古戏楼还有53座，现如今，林州境内的戏楼已寥寥无几。

新乡东大街关帝庙舞楼　位于新乡市东大街路北关帝庙山门之上，为镜框式过路戏台。舞楼始建于元代至正年间，明清两代多次重修。据清代乾隆十二年（1747）《新乡县志》卷二十四《祠祀》记载："关帝庙在东门内，正殿五楹，拜殿三楹，舞楼三楹，东西并用耳门，元至正间建。万历、崇祯间先后重修。"舞楼坐南朝北，正对拜殿和大殿，为悬山式砖木结构，正面为重檐，背面为单檐，抬梁式三重架。舞楼正脊为灰陶雕花脊筒，上饰鸟兽花卉，正中立雄狮驮宝瓶，两端置鸱吻。顶铺灰色小瓦和蓝色琉璃瓦，瓦垄端有勾头滴水。上层屋檐下仅施柱头斗拱，平板枋未施彩绘，额枋藻头有环带状图案，箍头图案不清，枋心绘两条金色龙，额枋下立四根

1　安阳市文化广播事业局．安阳市戏曲志[M]．郑州：中州古籍出版社，1992．

新乡东大街关帝庙戏楼

抹角石柱，下为鼓形束腰柱础。戏台平面铺砌木板。舞楼面阔三间10米，进深7米，台基高3米，中间为进出关帝庙大门，山门建在1米高的石台上。戏台的两侧连接耳房。过去关帝庙每年的农历五月十三日庙会，一般唱戏三天至五天。现在的舞楼为2012年重建，是河南省文物保护单位。

新乡市留庄营戏楼　位于红旗区洪门镇留庄营村中，戏楼于清康熙四十六年（1707）始建，嘉庆十四年（1809）正式建成使用，建设周期历经100多年。2008年新乡市宝龙城市广场建设项目建设，采取“古建筑异地复原”保护理念，改建于目前的地址。戏楼坐北向南，系双脊弧形顶砖石木结构，单层镜框式戏台。前台三面敞开，灰色筒瓦盖顶，瓦垄端有勾头滴水。戏台面阔三间8米，中间用木槅扇把戏台分为前后台，前台进深4米，后台进深4.9米，山墙厚度0.58米，通高6.5米。戏台中间上方挂有“盛世元音”匾额，两边上下场门分别写有“云

新乡留庄营戏楼

归”“燕来”。石砌台基，中间填土，砖铺地面，高 1.25 米。台口立四根方形石柱，柱高 2.69 米，柱础高 0.36 米。石柱上承额枋、平板枋，平板枋上放大梁，明间大梁的梁头刻成狮首，次间大梁的梁头刻成龙头，檐下雀替、额枋、平板枋以及梁架均施彩绘，前檐彩绘戏曲人物图案栩栩如生。石柱上刻两副戏联，外联为：“律吕调和，依然是高山流水；宫商迭奏，好像那白雪阳春”。内联为：“镜里灯花，疑是火星流夜目；眉间胭腻，恍如红雨过春山”。戏楼为新乡市文物保护单位。

新乡市何屯关帝庙戏楼 位于耿黄乡何屯村村中，坐南面北，正对关帝庙大殿，戏楼始建年代不详，据碑刻记载关帝庙于清代乾隆年间已存在。戏楼为砖木石结构，前悬山和后硬山式双幢并联体，单层镜框式戏台。戏楼通高 7 米，灰色筒瓦覆顶，瓦垄端有勾头滴水。前台三面敞开，台口立四根方形石柱，柱高 2.2 米，柱础高 0.3 米。石柱上承额枋、平板枋，平板枋上放大梁，大梁的梁头刻成龙头状，檐下雀替、额枋、平板枋以及梁架均施彩绘。戏台面阔三间 7.4 米，明间宽 3.4 米，前台进深 3.5 米，前后台之间有木槅扇分开，两侧为上下场门，左边后墙开有一门，有楼梯通向戏台。台基为石条垒砌，高 1.4 米。台口四根石柱上刻两副戏联，外联为：“理天合数天，似异看报应，□天道至□；今人兴古人，无亲聆品评，悟人性些□”。内联为：“穷通成败，借讴歌人描出来得失形容；离合悲欢，楼古今传演不尽炎凉世态”。2002 年，何屯关帝庙戏楼被凤泉区确定为文物保护单位。

凤泉区耿黄乡何屯关帝庙戏楼

新乡县合河泰山庙戏楼 位于新乡县合河乡合河村小学院内。戏楼创建年代

新乡县合河乡泰山庙戏楼

不详，清光绪二十九年（1903）重修，为悬山顶砖木结构，镜框式过路戏台。戏楼分上下两层，一楼高 1.93 米，二楼高 4.64 米，前台有四根木柱，柱高 2.39 米。一楼为进出泰山庙的通道，门上方镶嵌有青石匾额，上刻“泰山庙”三字。二楼为戏台，台面木板铺成，戏楼通高 7.6 米，面阔三间 7.8 米，进深一间，青砖台阶位于戏台右侧，有一高 1.9 米，宽 0.73 米的侧门通戏台，两山墙上端砌筑砖雕墀头。戏楼正脊为灰色筒瓦连接，上置高浮雕荷花图案雕砖，无脊饰。两边各有耳房一间，面阔 2.4 米，进深 4.54 米，灰色小瓦，卷棚硬山顶，前方各开一圆形窗户。因年久失修，戏楼已经成为危房。合河泰山庙为河南省文物保护单位。

辉县城隍庙戏楼 位于东大街一号，原城隍庙过道门楼上，镜框式过路戏台，现在为中共辉县县委、县人民政府驻地。城隍庙的修建，据清道光十五年（1835）《辉县志》记载：“城隍庙，在今县治西，旧无考。明洪武三年（1370）

辉县城隍庙戏楼

知县张廉建。”以后弘治八年（1495）、正德元年（1506）、嘉靖四年（1525）、万历十二年（1584）、崇祯八年（1635）多次增建或重修。

戏楼坐南面北，台口正对大殿。系砖木结构悬山式卷棚顶，上盖灰色筒瓦，瓦垄端有勾头滴水，垂脊由脊瓦连接，上置高浮雕花卉雕砖，筒瓦覆盖，上置脊兽，两端有鸱吻。戏楼通高约 8 米，戏台三面敞开，向前突出 1.1 米，呈凸字形。台下中间为进出城隍庙的过道，戏台在二楼，面阔三间 11 米，明间为 3.72 米，进深 6.7 米，高 2.88 米，台面为木板铺成。台口立四根柱子，柱高 2.63 米，柱头承接额枋、平板枋，平板枋上安放梁头及上层梁架，无斗拱，檐下雀替、额枋、平板枋、柱头均施彩绘。山墙厚 0.66 米，靠后墙有楼梯通向戏台，两侧有耳房各一间与戏台相通。

附《重修辉县城隍庙碑记》

朝歌郡西五十里为辉县，太行犄之，百泉汇焉。为山嵽嵲而翠排空，水涟漪而虹绕地，异彩奇光，奕奕飞动，灵运诗所谓山水有清晖者也。余以辛未释褐来尹是邑，公署右不数武，为城隍庙。琼轩豁敞，碧殿渊闳，岿然巨观。岁时祈报，咸有事于斯庙，虽规模具备，然丹□雕蚀，而谢光、金粉、尘封而灭耀，钟鼓无声，坌垢弗泛，昭事洁清之谓何而废坠若是？□拟鼎之，以初受事弗果。越明年壬申九月，流寇奔突河朔，清化、修武相继沦陷，余乃九合士民，简搜精锐歃血中誓曰：有不与其人精白乃心以守土者，为神之罚，傥邀福于神，藩垣无恙，士女安宁，惟神之休，敬新斯庙以会神贶。从曰诺，踊跃登□气鼓志坚，丁壮沉毅而弗詟，□倪静恬而不哗，扬□拥盾，仗钺挥戈，方泉流以成鸿浸，塞径窦以杜针芒，屯□粟以预军需，严逻辑以却奸细。贼知有备寻遁去。是岂人力所能为哉！神实相之云尔。□□三月，流寇复大举飙至，腥风妖火，匝地连天，且洊逼郊关矣。余偕辉人宵旦防御，历夏徂冬，不遑宁处。甲戌贼渡河，城屹然如故。乃属其耆老而告之曰：辉以弹丸黑子，密尔山石，贼眈眈虎视，思以蚕食，卒筑固以有今日，誓词孔赫，神实听之，其诹吉鸠工，□新庙貌，余首捐捐赎□百金，用倡懿举。辉人士籍借神之勋，□金弗吝，□命肖像之共，饬神容以严雅，设色之工，绘栋宇以文章，凫氏范钟，辉人建鼓，正殿眴霞而晃日，寝阁驻月而聚烟，楹庑林立而云披，扉□洞开而星烂，以逮黄焚诵之坛，羽冠流步虚之地，罔不庀葺巍峨，庄严伟丽，岁计之功，成于不日，翘者仰璇，题而色飞，裸者俯瑶，墀而神愉。工既竣，采石苏门用记厥事。乃再进共人而告之曰：兹役也，晖廊阶以□绣，焕楶棁以丹黄，岂其营不急之务以侈观美哉！先王立庙于涣，圣人设教于观，所以竦聚万灵。齐一□夏也。方今铜马郊嘶，赤眉灵扰，□之氓，心志恍惚，惟镇以神，众乃大定，党神栖崩□弛而不治，何以生民之共摄其贰，贰则涣，涣则不可收拾而疆域危，宁□神降之罚耶？惟庙貌新，则人思敬，敬则清明，湛一之念生，自孝臣忠夫贞妇烈，有临如庙时，勃然兴起者，百姓恒持是念，人人为张睢阳，为颜常山，为岳忠武矣。□尔山城，金墉铁壁，畴能伺其叚，□而□之，即谓圣天子，万里河山，众百姓敬心内泰山而四维之可也。不然谬云福不可□，神不必楣，楣神之吏官，方坏民俗，偷天下事决裂不可为矣。余之为是□□也，岂其营不急之务，以□观美哉？君子有以凉我矣。铭曰：凡伯之国，卫子之官，澄江滃滃，夏岭崆岚。阡陌井卢，星攒绣错，有閟璇宫，崇竑寥廓，繄惟神居，为民之庇，咨我其人，于鼎于□。□谋山藻，忽沸鲸波，潢池盗用，呼门啸河。蒸蒸□士，乃怖乃栗，□灵于神，众志乃一。旗鼓堂堂，泉流泱泱，蠢兹小丑，乃窜乃亡，窜而复逞，剽悍炎疾，受神之佑，我城孔吉。乃董匠氏，乃□金钱，□□丹碧，银榜琼檐。美仑即美，苹藻亦新，迪我共人，各敬尔身。吏朴民淳，男耕女织，不祈不求，无反无侧，清明湛一，神乃降康，丝天澄霁，魃隐蟊藏。时和年丰，载歌载舞，天子万年，永绥共土。[1]

1　冯小彦．辉县古戏台调查与研究 [D]．太原：山西师范大学，2016．

辉县西平罗乡天爷庙戏楼 位于西平罗乡西平罗村胜佛寺天爷庙内。戏楼始建于明代嘉靖三十九年（1560），清乾隆四十八年（1783）、同治元年（1862）先后重修，单层镜框式戏台。戏楼坐南面北，面阔三间9米，进深6米，硬山式砖木结构，通高约8米，台口高3.5米，台口两边留有边口，各宽1.2米，后始砌两侧山墙。戏楼灰色板瓦盖顶，正脊和垂脊由脊瓦连接，上置花卉雕砖，覆盖筒瓦，无脊兽、鸱吻等装饰。两侧山墙上端砌筑砖雕墀头。戏楼两侧原来有耳房相连（现已无存）。戏楼台基由石块垒砌，台基已被湮没地表下，前檐柱础一部分已连同柱子被砌入墙内，外漏一部分显示是方形柱础，柱头承接额枋、平板枋，平板枋上安放梁头及上层梁架，房檐下无斗拱，比较简约。戏楼墙内镶嵌有《大明河南省卫辉府辉县西平罗村捐献银两碑记》一通，清同治元年（1862）天爷庙戏楼《重修碑记》碑刻一通。

辉县西平罗乡胜佛寺天爷庙戏楼

现台口已封堵，改作他用。

附同治元年（1862）天爷庙戏楼《重修碑记》

村西北隅旧戏楼三楹，起于明嘉靖三十九年，工竣于隆庆元年，迨至我清朝乾隆四十八年重修一次，后经数十年，风雨削落，瓦木凋残，且规模浅狭，难堪畅舞，有本村民崔公印灿者宦游山左，每有村人至东谈及此事，辙生唏嘘，时值崔公身体违和心许酬愿，于是精神顿爽，饮食尤加，于是道光二十五年冬月，旋里献戏，酬愿目睹，心感顿起修念，愿官事在身，匆匆回东，遂以中止。至咸丰十年，崔公因丁外艰卸篆回家里，即邀请本村会社首及余等共为商酌，于是，我村共喜乐为。

于同治元年六月十六日，集匠兴工，宽其基，高其楼，不三月而厥公告成，画栋雕梁，焕然一新。

虽月重修，事同开创，一时华美，百世伟观。此前人倡于新，而后人乐于后，故我同人勒石志之，以昭垂远云尔！

杨荣申同文

王桐桐　郭峻德

司工人崔玉珍　赵宗　朱同志

赵宗　邵马温　王榛　崔炳章

大清同治元年菊月　王化醇撰序

崔镇藩丹书

崔秀春制造[1]

辉县周庄大王庙戏楼　位于薄壁镇周庄村马武庄自然村西北大王庙内，建筑年代不详，两层镜框式戏台。戏台面阔三间 9 米，明间 3 米，进深 6 米，后台宽 2.18 米，硬山顶砖木结构，板瓦灰脊覆盖屋顶，无兽符。戏台前面有四根柱子，柱高 2.37 米，中间两根柱子为方形抹角石柱，两侧为圆木柱，柱础 0.46 米，分成两层，上层为鼓磴础，下层为方形石柱础，柱头承接额枋、平板枋，平板枋上放梁架，梁头雕刻成龙头状，无斗拱。檐下龙头、额枋、平板枋均施彩绘，额枋两端有花纹浮雕。戏台前沿由石条砌成，有高 1 米的砖砌台阶通戏台。从庙院看下层大约一半被埋地下，只能看到两个窗口。戏楼两边各有耳房一间，宽 2.2 米，进深 4.5 米，同样分为

1　冯小彦．辉县古戏台调查与研究 [D]．太原：山西师范大学，2016．

上下两层。上层为化妆间和更衣间，边门可直通戏台，据庙主讲下层为戏房。除耳房局部坍塌以外，没有大规模修整，戏楼整体保存完好。

辉县薄壁镇周庄马武村大王庙戏楼

辉县薄壁镇宝泉玉皇庙戏楼 戏楼位于薄壁镇东南宝泉村，坐南朝北一面观，硬山顶砖木结构，镜框式过路戏台。戏台面阔三间 7.8 米，进深两间 5.9 米。戏楼为山门戏楼，上为戏台，下为进出玉皇庙的过道，东西两墙上各设有一门，与耳房相通，东侧有石砌台阶，供人上下楼。台面木板铺成，上铺青砖。台基高 2.8 米，台口有石栏，立两根抹角石柱，柱高 2 米。柱头承接额枋、平板枋，额枋上有彩绘和浮雕，明间和两侧间各有荷花墩一朵，额枋、平板枋上放梁头及上层梁架。灰色板瓦覆顶，瓦垄端有滴水勾头。戏楼正脊由灰色筒瓦连接，上置高浮雕荷花图案雕砖，中间立火珠，两端置鸱吻。垂脊为灰色筒瓦连接，上置高浮雕荷花图案雕砖，并砌出鸱吻。戏楼右侧有石砌台阶通戏台。山门正面写有“玉皇大帝”字样，二楼开

辉县薄壁镇宝泉村玉皇庙戏楼

有长方形窗户，便于戏台通风透光。戏楼两侧为看楼，面阔三间 7.8 米，进深 5.9 米。戏楼最近一次重修时间为 2005 年。

辉县薄壁镇平甸村玉皇庙戏楼 位于县西 50 公里的太行山中的薄壁镇平甸村。明清时期平甸村是沟通晋豫的交通要冲，来往商旅车马频繁。据《辉县戏曲志》记载："因平甸乃明清时期沟通山西河南的咽喉要道，故山西在辉县经商的众商户，于清雍正四年（1726），在平甸建起了山西会馆（亦称玉皇庙）戏楼。"平甸玉皇庙戏楼坐南朝北，砖木结构硬山顶，正对大殿，板瓦灰脊覆盖屋顶，戏楼正脊、垂脊由灰色脊瓦连接，上置荷花雕砖，两端置鸱吻，瓦垄端有滴水和勾头。戏台面阔三间 8.85 米，进深两间 6.95 米，为镜框式过路戏台，上层为戏台，下层为过道，戏楼上层东西两墙上各设有一门，与耳房相通，东侧有石砌台阶，供人上下楼。戏台前立有方形抹角石柱，高 2 米，柱头承接额枋、平板枋，平板枋上安放梁头，其内部梁架为七架梁。两边柱础为覆盆形，中间两柱础为方形，上面雕刻小鹿，柱础之间装有石栏板，上面雕刻花卉。戏台伸出 1.18 米。

辉县薄壁镇平甸村玉皇庙戏楼

平甸玉皇庙现存戏曲碑刻有：清乾隆四年（1739）《重修碑记》，嘉庆三年（1798）《重修玉皇庙碑记》，清道光二十六年（1846）《千古流芳》，清道光二十三年（1843）《暖掌□禁桑碑记》，清同治三年（1864）《植桑演戏碑》。未知年代的残碑《重修玉皇庙碑记》。

附乾隆四年六月二十《重修碑记》

大清国河南卫辉府辉县邑有山阳两（里）地名平甸庄重修金妆圣象事募化十方善（处）□拾资财成□其功岂不美哉！

崔聚福施银五两、王禄施银五两、郭宗仪施银五两、社首：□外施银五两、侯□忠外施银五两、李万福施银五两、王吉全施银五两、王禄宇施银五两、苏法齐施银五两、王（式）济施银五两、庄主：王（式）序施银五两、王式□□□□□、□仪号施银四两、李还施银一两、□典（仪）施银一两、照典号施银一两、冯延机施银一两、广源号施银一两五、盐店施银三钱、周之□施银二钱、周振宗施银二钱、周秉□□二两、□朝栋一钱、周一元一钱、周□□一钱、周□□五分、周□□、周成基、周典□、冯玉□、李公□、李□典、冯□□、悦来号□□□□、程□□□□□□□、樊□福□□□□、李文炳□□□□、张权□□□□、郭宇员□□□□、重全（省）施银一钱、杜□亮施银五钱、姚金章施银一钱、郭之贤施银一钱、姚景仪施银一钱、姚会章施银一钱、姚保章施银一钱、姚光成施银一钱、□□凤施银一钱、姚□礼施银一钱、姚秀章施银一钱、姚天祥施银一钱、宋朴施银一钱、黄君甫施银一钱、栗□荣施银一钱、朱□必施银一钱、李世孝施银一钱、贺得龙施银一钱、李宋贵施银一钱、□贵英施银三钱、何通江施银二钱、杜全智施银一钱、曹士英施银一钱、何百禄施银一钱、周进才施银一钱、苏腾云施银一钱、关凤泉施银一钱、史进宝施银五分、郭起□施银一钱、李成□施银一钱、杜全义施银一钱、赵□□施银一钱、杜全信施银一钱、周□良施银一钱、王□□施银一钱、张□□施银一钱、李□□施银五分、纪□□一钱、曹□□施银一钱、曹□□施银一钱、史贤斌、牛之□、秦治见、崔德柿、王源仁、王有仪、王百保、崔百禄、李□□、秦源、王君□、张世恒、□进忠、侯林孝、王治、苏通喜、李仪、崔喜则、□彦省、李□□、杜□、王之谦、□连、侯良之、王贵有、邵□□氏、张万仁、王登为、王吉孝、张成、王进才、王泉成

乾隆四年六月二十（碑刻现存平甸玉皇庙）[1]

附大清道光二十六年《千古流芳》

当思（狭）者开□使□坍者□之使坚理固然□，我村中旧有玉皇庙规模宏广，奈历年多而毁塌，甚从此而不补之□之非惟□足。壮□□□使神失所□依□，村中老幼以及商贾共谋重修□，（合从）曰此剩举也□□勉而行之。于是努捐资重修殿宇□，荒废之后复归整齐则巍乎恤□□维新岂不美哉！

因演戏□□以纪剩事是为序。

丑工：张伦、宋世法

秦全典捐钱二十千文、淮兴号捐钱十千文、照兴义捐钱八千文、徐冬孩捐钱□千文、禄瑞合捐钱五千文、三□□捐钱五千文、秦文成捐钱四千文、秦东成捐钱四千文、秦秀捐钱肆千文、新兴成捐钱三千文、秦永长捐钱三千文、李万聚捐钱三千文、李太捐钱三千文、张通美捐钱三千文、杨坤明捐钱二千文、郎步斗捐钱二千文、西顺兴捐钱七千五百文、□裕店捐钱六千八百文、郭齐法捐钱六千文、顺成号捐钱六千文、张通书捐钱一千文、张梅孩捐钱一千文、牛喜法捐钱一千文、□二法捐钱一千文、元隆恒捐钱四千二百文、王位元捐钱三千九百文、郭领赈捐钱二千八百文、当□□捐钱二千八百文、郭修坊捐钱二千二百文、王克元捐钱二千一百文、薛戊捐钱二千一百文、靳自立捐钱二千文、傅长文捐钱二千文、王成保捐钱一千八百文、崔裕坤捐钱一千八百文、崔裕松捐钱一千六百文、张小典捐钱一千六百文、李法庆捐钱一千六百文、王启文捐钱一千六百文、王二安捐钱一千六百文、王李栓捐钱一千六百文、王二孩捐钱一千六百文、王玉□捐钱一千五百文、祖春法捐钱一千五百文、郭遂林捐

1　冯小彦．辉县古戏台调查与研究 [D]．太原：山西师范大学，2016．

钱一千五百文、郭秋林捐钱一千五百文、常栓牢捐钱一千五百文、张□林捐钱一千四百文、王保典捐钱一千三百文、王贵法捐钱一千三百文、苏冬孩捐钱一千三百文、崔来肥捐钱一千三百文、韩钱保捐钱一千三百文、詹振国捐钱一千二百文、王法成捐钱一千二百文、王据太捐钱八百文、郭齐庆捐钱八百文、李发银捐钱八百文、崔保典捐钱八百文、张小□捐钱七百文、郭齐旺捐钱七百文、常□□捐钱七百文、杨□□捐钱七百文、王义□捐钱七百文、牛二孩捐钱七百文、樊松山捐钱七百文、李永□捐钱七百文、王万□捐钱七百文、王春林捐钱二千文、苏小三捐二千文、樊康成捐钱九百文、王宝同捐钱九百文、赵钱保捐钱八百文、郭永福捐钱八百文、韩旺旺捐钱八百文、尚守礼捐钱八百文、张小根捐钱九百文、郭魁裕捐钱九百文、苏建成捐钱六百文、郭四孩捐钱六百文、郭保全捐钱六百文、□兴孩捐钱六百文、李运喜捐钱六百文、和三□捐钱六百文、苏万春捐钱六百文、赵官法捐钱六百文、郭根根捐钱六百文、斗□保捐钱六百文、王怀宝捐钱五百文、王克贵捐钱五百文、武小栓捐钱五百文、赵三三捐钱四百文、李根成捐钱四百文、李冬成捐钱六百文、郭稳全捐钱六百文、郭小何捐钱二百文、成本生捐钱二百文、段□具捐钱一百文、郭根旺捐钱一百文、苏门王氏捐钱五百文、韩二典捐钱二百文、维首：王克无、郭齐法、薛玉凤、王位光；仝立：郭永福、王启文、崔裕坤；玉工张□敬刊

大清道光二十六年岁次丙午九月初九日[1]

（此碑立在山门戏楼下）

附清道光二十三年（1843）《暖掌□禁桑碑记》

尝闻仲冬斩阳木、仲夏斩阴木，秋官有政令之经执懿□以求（柔）桑取

1　冯小彦．辉县古戏台调查与研究 [D]．太原：山西师范大学，2016．

□□以伐远（扬）幽风有时制之□休哉。此中古之治，所以盛□□掌□等处山深林密，土脊民贫，其间林麓山巅有修其□□□区□畔有各养其□桑是物，虽征而取利奢其所以赡俯仰而免□□□□□荆桑之出产居多□，奈贪利之辈肆行□贼使不一为整□不□有失其无，无得其有，□□聚众而谋曰：吾辈偏居山野，愿同□□□□□其事因谋及于平甸、甘河、雨村乡老，凡兹荆□例禁止。□曰：此因天地自然之利为□节爱养之事，因而□诺各□合同文契□□特□□□为所议一切规矩□载合同文契，即演戏□玉永远为志云尔。

平甸村维首：崔裕□、王克元、王位元、郭齐法、薛玉旺

甘河村维首：李万聚、李文成、武心绪、乔亨、张庆林、张靠（山）、张保洛、李发泰、李祥众、□□□

暖掌沟维首：张世宽、刘广元、□丑孩、李立全、韩升、李丙卯、李发荣、张通书、李舒荣、郭记孩、张羊保、王钱保、韩能孩

陵邑庠生秦华国　撰文

陵邑庠生李友□　书丹

大清道光二十三年岁次癸卯正月二十一日　玉工孙王秀仝石[1]

（此碑矗立在山门戏楼下）

附清同治三年（1864）《植桑演戏碑》

粤考先王立政教民以丝穑，即树之以桑，诚以桑也者，与农相因，其为用也广，其为利也溥，于是矣，□（授？）以五亩之宅，其墙下植桑，令民男耕女织而无饥寒之苦，今里中聚族欲追古制，共襄盛事，又恐言属空文，事不速举，乃先演戏三日，以饬其事。凡我邑人各于壤畔之间树植其桑。自桑之后，

1　冯小彦．辉县古戏台调查与研究 [D]．太原：山西师范大学，2016．

必野无圹土，户足蚕事，采掇者不患有无□（擅？）行窃取，爰求者，相友出入，谊属同人，则蚕有所饲，系有所出，其为利孰大？于是焉，庶几俗美风淳，古道复见，家给户足，民财益丰，岂不甚善？是焉志云尔。

同治三年三月吉日合社仝立　玉工张咸刊

（碑刻现存平甸玉皇庙）

附未知年代的残碑《重修玉皇庙碑记》

……之以殃，并以宇宙之内，有印造经文者，亦有修桥开路者……补葺神□……庙一所，为村中之主□（灵？）。今殿宇□坏，墙垣倾覆，理宜……是□村中父……此盛事也。□□□宜急行□（之？）。因念旧庙狭隘不一……□□……高禖祠三间、东西配房十间、南戏楼三间、东西□□楼之其二□□□□……八年营□□工，至今三十四年工始俊（竣？）……余金……村中起也。迄今思□□……如是之□□□□□□□庙北有□□□□□□壤之界□□黑白龙潭更关祷祈□泽……地也。当□□施务成□□鸟□□□□□□□□多寡□同，又照人□派其物□及□……少纳积而□□以济其事。□三□照……一局，三十年十□庙始成，此间周旋……固为艰苦，间有余者，亦□□□□力矣……宇□之…………序也。

……傅□□、聚典义、永盛号、吉泰号、□□锡……

……闰……刊

辉县苏村火神庙戏楼　位于高庄乡苏村火神庙前，始建于清康熙五十一年（1712），建时戏楼为一间，乾隆四十六年（1781）重建时扩大为三间，单层镜框式戏台。戏楼坐南朝北三面观，硬山顶砖木结构，屋顶灰色筒瓦覆盖，瓦垄端有勾头滴水，屋脊由脊瓦连接，上置飞龙雕砖，中间立火珠，两端置鸱吻。垂脊由脊瓦连

辉县苏村火神庙戏楼

接，上置花卉雕砖，覆盖筒瓦，两端置鸱吻。戏楼面阔三间 7.35 米，明间 4 米，进深 6.35 米，前台两边距离台口约 1.2 米处开始砌山墙。台基为青石垒砌，高 1.7 米，戏台前沿有 0.2 米石栏板，前檐柱子为方形抹角石柱，方磴柱础。柱头置荷叶墩，上承额枋、平板枋，平板枋上安放梁头及上层梁架，无斗拱。戏楼前有东西宽 10 米，南北长 35 米的空间供观众看戏。苏村火神庙中保存有明清时期碑刻三通，还有 1994 年修缮时立的碑刻一通。四通碑刻分别为康熙五十五年（1716）《创建火神庙碑引》，乾隆四十六年（1781）《重建戏楼碑记》《重建戏楼碑记》（捐款名单），1994 年的《流芳万古》。拜殿东墙内嵌一通，西墙内嵌两通，《流芳万古》碑矗立在拜殿内东墙。

附乾隆四十六年（1781）苏村火神庙《重建戏楼碑记》

（当）思神圣者，人之所依托庙宇者，神之所安止。敬神演戏必有台阁，□可壮□离子□。壬□而握丙丁，尤祈福免祸之最急者乎。子是□。火帝庙前旧有戏楼一间，年深日久，庙宇破坏，戏楼倾颓，荒凉满目，凄惨□□。主持僧（心）□，□并四乡善男信女，秋（麦）□攒四哉圆满。又兼诸君子捐施资财，（逐）□少成多补葺庙宇，重塑神像，改建戏楼三间，较大规模廓大，栋宇□□，闻者是者……快是也哉，因刻石以（矣）后之善者云尔……[1]

1　冯小彦．辉县古戏台调查与研究 [D]．太原：山西师范大学，2016．

辉县姬家寨玉皇庙戏楼 位于北云门镇姬家寨玉皇庙内。戏楼坐南朝北，一面观，硬山顶砖木结构，镜框式过路戏台。戏楼灰色板瓦覆盖屋顶，正脊和垂脊由脊瓦连接，上置花卉雕砖，覆盖筒瓦，两端置鸱吻。正脊右端鸱吻已经毁坏，右侧垂脊下段及鸱吻也已经毁坏。戏台面阔三间 7.6 米，进深两间 6.6 米，前台进深 4.6 米，后台进深 2 米，后台有两根柱子，柱高 2.35 米。戏楼原来为山门戏楼，上为戏台，下为进出玉皇庙的过道（现在已经看不出过道的痕迹）。原来东西两墙上各设有一门，与耳房相通，现在耳房已经不存在。东侧有石砌台阶，供人上下戏台。石砌台基，高 1.15 米，前台有 4 根方形抹角石柱，柱高 2.7 米，柱头承接额枋、平板枋，平板枋上安放梁头及上层梁架，房檐下无斗拱，比较简约。

辉县北云门镇姬家寨戏楼

辉县南平罗奶奶庙戏楼 位于辉县市西平罗乡南平罗村东部村委会门前。戏楼坐南朝北，硬山顶砖木结构，单层镜框式戏台。戏楼灰色板瓦覆盖屋顶，正脊及

辉县西平罗乡南平罗奶奶庙戏楼

垂脊由脊瓦连接，上置莲花砖雕，筒瓦覆盖，原来正脊中间火珠宝阁以及正脊两端鸱吻已丢失，兽符俱无。戏台面阔三间 9.5 米，进深 6.5 米，明间宽 2.9 米。通高 6.5 米，石砌台基高 1.35 米，山墙厚度 0.6 米，前檐柱子已被砌入墙内，柱子皆为方形抹角石柱，柱高 2.89 米，下面是高 0.42 米莲花须弥座方形石柱础，正面雕刻麒麟。柱头承接额枋、平板枋，平板枋上放梁头及上层梁架，檐下无斗拱，比较简约。两山墙上端砌筑雕砖墀头，后檐墀头雕砖上刻有“国恩民庆”“元亨利贞”。现在戏楼前面已经封堵，改成村老年活动中心，开有门窗，中间有阶梯通二楼。

辉县北东坡祖师庙戏楼　位于南村镇北东坡村中部南北路中段路西，据《辉县戏曲志》记载：“北东坡祖师庙戏楼建于清道光十年（1830）。”戏楼坐北朝南，一面观，单层镜框式戏台。戏楼灰色板瓦覆顶，正脊和垂脊均用脊瓦连接，上置花卉雕砖，筒瓦覆盖。戏楼面阔三间 8.7 米，进深 7.2 米，通高 5.2 米，石砌台基，石条包边，中间填土，高 1.52 米，前檐柱为圆木柱，柱高 3 米，鼓磴柱础，柱头承接额枋、平板枋，平板枋上放梁头及上层梁架，无斗拱。墙壁为青砖包外，内垒土坯，两山墙上端砌筑砖雕墀头。祖师庙院内原有正殿、戏楼等建筑，由于自然原因、人为破坏，正殿已无存，现存戏楼两间已经垮塌，剩下一间残破的戏楼和另一堵山墙。

辉县南村镇北东坡村祖师庙戏楼

禹州市城隍庙戏楼　位于县城西北隅的城隍庙内，面对大殿，坐南朝北，歇山式砖木结构，镜框式过路戏台。戏楼绿色琉璃瓦盖顶，正脊和垂脊由脊瓦连接，上置花卉雕砖，筒瓦覆盖，正脊中间立狮子驮宝瓶，两端置鸱吻。戏楼通高约 9 米，三面敞开，飞角挑檐，挑檐上置祥兽，前台和后台双幢屋顶巧妙地联为一体。戏台面阔三间 13 米，进深 11.6 米，前台进深 5 米，前后台由木槅扇隔开。台

禹州城隍庙戏楼

基为砖石垒砌，中间为进出城隍庙的拱券门洞，台高为 3 米，台面为木板铺成。台前四根木柱，柱高 3 米，柱头承接额枋、平板枋，平板枋上放梁头及上层梁架。檐下额枋、平板枋均有彩绘痕迹，额枋上有雕刻图案，雀替为透雕花卉，鼓磴柱础。戏楼与大殿之间的空地能容纳千余人观戏。禹州城隍庙为河南省文物保护单位。

禹州市神垕伯灵翁庙戏楼 位于禹州西南神垕镇西大街路北，始建年代不详。戏台建在山门上，属于镜框式过路戏台，楼下为进出伯灵翁庙的过道，现存门额款识记为“康熙年重建，光绪年重修”。戏楼为歇山式砖木结构，坐南朝北，正对大殿。山门为桃角厦式门楼，门额上建单檐三坡，其间木雕人物故事、山水

神垕伯灵翁古戏楼

花鸟，玲珑剔透。戏楼顶覆盖绿色琉璃瓦，瓦垄端有勾头滴水。正脊和垂脊及戗脊由脊瓦连接，上置绿色花卉琉璃雕砖，筒瓦覆盖，正脊中间鼎立狮子驮宝瓶，两端置剑把鸱吻，还另有脊兽等琉璃饰件。戏楼通高约 10 米。台基四周为砖砌，高 2.3 米。台面为木板铺成，四边砌以石条。戏台面阔三间 9.7 米，明间 3.8 米，两侧间各宽 2.1 米，进深 8.9 米，台侧边沿各宽 0.5 米，三面敞开。藻井彩绘图案，山水花鸟、戏剧故事。台前有四根木柱，柱头承接额枋、平板枋，平板枋上安放梁头及上层梁架，柱础上面圆鼓形，中间圆柱形，下面方形，雕刻精美。中间两根木柱上挂一副对联：“平方地五湖四海；顷刻间千秋万事”。戏楼西侧有一砖石台阶，上通戏台边门。戏楼建筑主体雄伟壮观，细部结构、石刻、木雕、砖雕、彩绘等装饰绚丽精美。禹州神垕伯灵翁庙为省级文物保护单位。

禹州神垕关帝庙戏楼 关帝庙与伯灵翁庙相邻，两庙的戏楼并排，相距仅 3 米远。关帝庙建于清乾隆年间，戏楼坐南面北，砖木结构，镜框式过路戏台。戏楼飞檐挑角，前台歇山与后台硬山式联结为一体，灰色筒瓦盖顶，瓦垄端有勾头滴水。正脊和垂脊及戗脊由脊瓦连接，上置花卉雕砖，筒瓦覆盖，正脊中间立宝瓶，两端置剑把鸱吻，还另有脊兽等饰件。戏台面阔三间，进深 4 米，两侧各有耳房一间，有小门与戏台相通。台前有四根木柱，柱头承接额枋、平板枋，平板枋上安放梁头及上层梁架，柱础为圆鼓形，两侧间柱间有木栏杆。中间两根木柱上挂一副赞扬关羽的对联：“论英雄一身正气酬壮志；数豪杰两袖清风化甘霖”。台

神垕关帝庙戏楼

基由砖石垒砌，高2.5米，东侧有台阶可通戏台上，戏楼正对有木牌坊和殿房。两院相通，为省级文物保护单位。过去戏曲演出活动繁盛，常有对台戏演出。庙院内存碑刻数通，其中有清嘉庆十五年（1810）《重修关帝庙碑记》碑刻一通、道光十一年（1831）《重修关帝府拜殿砌客室戏楼记》碑刻一通。

附清嘉庆十五年（1810）《重修关帝庙碑记》

从来创修难，继之不易，而继倍于创者，尤不易。郡西南六十里神垕镇，有关圣帝庙，固莫知所创始也，而继修者屡矣。然大都仍其旧，而一新之，未有用力多，而成功难，如今日者。自戊辰岁有首领十余人，慨然以重修为己任，因而捐己财，募鸠工焉。庙貌巍峨如故，妙像金光依然，其余悉革夫旧，概饬以新。由是而隔扇、而墙垣、而门楼、而戏台，莫不涂暨之。又丹之、又金妆之，踵事增华，视前更为改观焉。复尽以砖铺之，其工程直历庚午夏始告成焉。不可谓非用力多，而成功难者矣。是维继倍于创之故。功既竣，请予为序。予曰：无以万文也，不过纪年月叙勤苦已耳。是为志。

恩贡生候选直隶州州刺郡人晋应秋撰

郡乾山居士　　张寅丙书

首事　　王梅等

大清嘉庆十五年（1810）岁次庚午仲夏上浣

附道光十一年（1831）《重修关帝府拜殿砌客室戏楼记》

关圣帝君自后汉以来，正大之气昭人耳目。迄今畿甸乡曲禋祀特隆。治西神垕镇庙貌巍然，历年久不无败坏，士民商贾拟补其缺，□石绘画之匠各奏其技，蒇厥事以志督工捐资者于石。

郏邑儒学生员　王万程　撰文

水居士　任志礼　书丹

大清道光十一年（1831）岁次辛卯孟下月上浣[1]

禹州神垕镇素以钧瓷蜚声国内外，又盛产煤炭，明清时期建有上百座戏楼，多附属于庙宇和会馆。清朝乾隆年间，禹州成了全国重要药材集散地之一，商贾云集，为戏曲发展奠定了经济基础。在神垕镇就有三座戏楼。

禹州市义勇武安王大殿戏楼（花石戏楼） 位于花石镇白北村，坐南面北，正对义勇武安王大殿，砖石结构，属单层镜框式戏楼，是专门为义勇武安王关羽演戏用的。据戏台上方文字介绍，戏楼由杨氏家族在元代创建，明代重修两次，清代重修三次。戏楼面阔三间宽 9 米，高 5 米，进深 15 米，楼前有四根抹角红色石柱，圆鼓形柱础。戏台有上下场门，中间砖砌的墙把前后台隔开，墙上开有一个圆窗。后墙上开有一个圆形窗户，上面安有万字符。戏台上部有一匾牌，写有“镜台 ”二字。戏楼为前卷棚后硬山巧妙结合的建筑，屋脊有脊瓦连接，上置花卉雕砖，正中置火珠，两侧置剑把鸱吻，垂脊上置祥兽。戏楼飞檐斗拱，饰以雕刻和图案。雕刻多为石雕、木雕，图案大多是传统的爱情传奇故事和花鸟图形。义勇武安王大殿戏楼至今保存依旧完整，村里在戏楼前增建水泥平台，近年村里有大型演

禹州义勇武安大殿戏楼

1　杨健民．中州戏曲历史文物考 [M]．北京：文物出版社，1992．

出都在这里举行，在我省的古戏楼中已经很少看到。1963 年，义勇武安王大殿戏楼被河南省人民政府公布为第一批文物保护单位。

汝州钟楼戏楼 位于汝州市东大街北侧钟楼上。钟楼创建年代不详，坐南朝北，背临大街，面对广场，建于三米高的砖砌平台之上，南北长 25 米，东西宽 18 米，系重檐六角攒尖式建筑。清代对钟楼的最早记录为：康熙二十五年（1686）知州罗大美重修钟楼。雍正元年（1723），知州章世麟整修汝州东南城墙时，迁钟楼于旧州署前，即现在的位置，清道光《直隶汝州全志》卷九《古迹记》载："钟楼，明嘉靖年建于东南城上，旋圮。雍正二年（1724），州守章世麟改建于旧州署前，即今吏目署也。钟铸于宋靖康二年。"钟楼戏楼 1979 年曾维修过一次。1983 年，汝州钟楼被确定为县级文物保护单位。钟楼一层的楼门开在北面（现在封闭），两根明柱装有头上尾下的木雕飞龙，台基青砖垒砌，呈半圆形，台宽 7.76 米，进深 6.3 米，左右两侧沿台基建有可供上下的台阶，台阶外砖砌护栏，平时可做戏楼演出。因年久失修，钟楼残破不堪，濒临坍塌，2017 年市政府拨专款，对钟楼进行保护性抢修。

汝州钟楼戏楼

虎头村延寿寺戏楼 位于汝州市汝南街道虎头村延寿寺南。戏楼创建于清代，为硬山顶砖木结构，三面观，单层镜框式戏台。戏楼面阔三间 6.81 米，前台进深 3.36 米，后台进深 2.53 米。台口高 2.91 米，台基现高 0.8 米。戏台前立四根石柱，其中一根被盗，就用水泥柱替代。柱头承接额枋、平板枋，平板枋上安放梁头及上层梁架。正脊和垂脊由脊瓦连接，上置花卉雕砖，筒瓦覆盖，两端置剑把鸱吻，还

虎头村延寿寺戏楼

有脊兽等饰件。寺中保存有清雍正元年（1723）《重建延寿寺碑记》一通，碑刻记载“创自古昔，灵佑如新，后遭明□兵火，仅存□□□□殿等”。由此可知，延寿寺明代已有。

戏楼坐南面北，正对延寿寺，相传为本村刘家独资修建，每年四月初六庙会及节庆，均在此演戏酬神。在延寿寺戏楼的东西两壁上，原来保存有古代戏班，在此戏楼演出期间的题记，可辨识的大致有五六处，如：“连升班，清同治八年四月初五日，宝丰北英里丁府所记”“八月廿七日，在此一乐也，英里丁府”“光绪廿年四月初四，大二黄长班□，巴叶连升班”“临汝东卅五里杨寨，第八区公所，公请叶县城水□多一班”“伊邑大二黄同乐班河南湖北老小先生在此一乐”等。

纸坊镇赵南村火神庙戏楼

纸坊镇赵南村火神庙戏楼 火神庙戏楼位于汝州市纸坊镇东赵落村老寨南门外，始建于清嘉庆八年（1803），戏楼脊檩正中墨书题记“皇清嘉庆癸亥二月二十五日赵落寨合村人氏建”，硬山顶砖木结构，三面观，两层镜框式戏台。戏楼坐南面北，正对火神庙大殿，曾被作为教室使用。戏楼面阔三间 6.34 米，明间 3.37 米，前台进深 3.34 米，后台进深 2.6 米。灰色板瓦盖顶，正脊由脊瓦连接，上置板瓦叠成的花脊，筒瓦覆盖，两端置剑把鸱吻，中间有鸟兽。戏台前沿檐枋木雕花纹，中间雕刻有“富”“寿”，两侧分别雕刻“高山”“流水”。戏台前立四根石柱，柱头承接额枋、平板枋，平板枋上安放梁头及上层梁架。柱础上为圆鼓形，下为方形。前几年村民为充分利用戏台，在戏台前加宽了露天部分，使其成为露天舞台，成为群众举办文化活动的场所。也使这一古建筑得到了更好地保护和利用。

汝州汤王庙戏楼　位于汝州市纸坊镇车渠村汤王庙内，创建年代不详。戏楼坐南面北，砖木结构硬山顶，为单层镜框式戏台。戏楼面阔三间 6.5 米，台口高 2.6 米，前台进深 3.5 米，后台进深 2.6 米。前台有四根木柱，柱础 0.63 米，下部为圆形，上部为八角形。柱头承接额枋、平板枋，平板枋上安放梁头及上层梁架。正脊由脊瓦连接，上置花卉雕砖，覆盖筒瓦，两端鸱吻已经毁坏。非常罕见的是椽子上的每个砖垫子上都有一个“卐”字形纹饰，足见建戏楼时人们的良苦用心。屋顶灰色板瓦覆盖，瓦垄端有勾头滴水。脊檩正中墨书为“大中华民国二十二年仲冬合村重修”，为当年重修时所留。遗憾的是人们把戏楼前面全部封堵，开有两个窗户，墙壁粉刷成白色，这样的形制与古戏楼十分不协调。汤王庙原来占地面积约有 10 亩，庙内有汤王殿、三官殿、奶奶殿、关公殿、牛王殿、戏楼等建筑。

纸坊镇汤王庙戏楼

纸坊中岳庙戏楼 位于纸坊镇中王村中岳庙内，坐南面北，硬山顶砖木结构，单层镜框式戏台。纸坊中岳庙戏楼创建年代不详，仅以明万历重修残碑推测，应不晚于明中前期，且当时已有一定规模。戏台面阔三间5.82米，高4.8米，山墙厚0.62米，前台中间两根木柱，柱高3.5米，柱础为八角形，高0.58米，柱头承接额枋、平板枋，平板枋上安放梁头及上层梁架。正脊由脊瓦连接，上置花卉雕砖，覆盖筒瓦，上立海马等脊兽，两端置鸱吻。台基高0.86米，青砖垒砌，石条包边。解放后戏楼曾被改造为教室长期使用，加之山门西移至今址，为达到贯通效果，在戏楼南侧墙壁上开门，使得戏楼失去应有的面貌。拜殿与戏楼之间形成一个较大的观演空间。几年前由于大风吹到旗杆，把戏楼屋脊正中的脊兽砸坏。

纸坊镇中岳庙戏楼

汝州留王店陆公祠戏楼 戏楼位于汝州市纸坊镇留王店中大街以北、留王集场之中，始建年代无考，脊檩正中墨书题记“大清光绪

汝州留王店陆公祠戏楼

一十九年四月十六日留王店立”，为当年重修时所留。戏楼坐南朝北，面对陆公祠大殿，为单檐硬山顶砖木结构，属于镜框式过路戏台。墙体外部为青砖，里面为土坯垒砌。山门第一层，高 2.2 米，中间是进出陆公祠的通道，门高 1.83 米，宽 1.4 米，门上方镶有一块“隍庙”匾额。戏楼面阔三间 7.3 米，进深 7.7 米，高约 6 米。前台有四根柱子，中间两根为圆形木柱，两边柱子比较特殊，下部为六棱形石柱，上部为圆形木柱。柱头承接额枋、平板枋，平板枋上安放梁头及上层梁架，柱子下垫圆鼓形莲花纹柱础。檐下额枋、平板枋上木雕花纹依稀可辨。正脊由脊瓦连接，上置花卉雕砖，覆盖筒瓦，原来装饰祥兽，现已不存在。近年村民为充分利用戏台，在戏台前加宽了露天舞台，每逢节日，戏台上常有戏曲演出。

唐沟祖师庙戏楼　位于汝州市蟒川镇唐沟村。戏楼坐东面西，硬山顶砖木结构，创建时间不详，单层镜框式戏台。戏楼面阔三间 6.82 米，前台进深 4.13 米，后台进深 2.32 米，后台中间开有一个六边形窗户。屋顶灰色板瓦覆盖，瓦垄端有勾头滴水。正脊和侧脊由脊瓦连接，脊瓦上置灰色花卉雕砖，覆盖筒瓦，上置脊兽，正脊两端置鸱吻，侧脊无脊兽、鸱吻。台基高 1.52 米。为发挥古戏台作用，当地在古戏台前接平台，举办文化活动。祖师庙曾经作为唐沟小学教室。祖师庙的古庙会期为农历七月十五，当地百姓俗称“秋报会”。

蟒川镇唐沟村祖师庙戏楼（李吉锋　提供）

汝州周庄火神庙戏楼　位于汝州市小屯镇周庄村南寨门外，火神庙建于清乾隆年间，戏楼始建年代不详，为单层镜框式戏台。戏楼坐南面北，与南寨门内的火神

小屯镇周庄戏楼

庙相对，两者相距约百米。戏楼面阔三间 6.42 米，前台进深 3.1 米，后台进深 2.9 米，戏台中间靠后有两根木柱，把戏台分为前后台。台口高 2.89 米，前台有四根方形抹角石柱，柱础下面为方形，上面为圆形。柱头承接额枋、平板枋，平板枋上安放梁头及上层梁架。正脊由脊瓦连接，上面板瓦叠加成花脊，覆盖筒瓦，无脊兽，两端鸱吻已经毁坏。台基为砖砌，石条包边，高 1.73 米。墙体外部为青砖，里面为土坯垒砌。后墙中间开有一个窗户，窗户左下方墙上嵌入一个石槽伸出墙外，为方便演员卸妆时倒水所用。周庄戏楼最近的一次重修为 1953 年。2020 年春，旁边施工把戏楼右前角撞坏。

汝州大部分戏楼敞开面较大，为三面观。戏楼的房屋结构主要为单幢式，结构简单，墙体外部为青砖，里面为土坯垒砌，建筑成本低，适于广大农村地区。根据汝州文化局提供的材料，汝州过去曾经有 92 座戏楼，除去民国时期创建的 9 座，汝州曾经有明清古戏楼 83 座。现存明清时期创建的戏楼 11 座，可喜的是纸坊镇留王店村在陆公祠戏楼前架起水泥楼板，一旦有重大演出活动就能够使用。纸坊镇东赵落赵南村火神庙戏楼的情况大致相同，也是在古戏楼前架起水泥楼板，供重大演出活动使用。唐沟祖师庙戏楼的情况与上述两座戏楼的情况基本一致。这也反映了汝州市文化部门在文物保护利用方面的举措。

社旗县火神庙戏楼　位于火神庙庙门上，坐南朝北，正对大殿，砖木结构，前台卷棚歇山式与后台硬山式双幢并联结合，镜框式过路戏台。戏楼通高 8 米多，前台三面敞开，飞檐翘角，檐下转角斗拱铺作。灰筒瓦覆顶，绿色琉璃瓦镶边，瓦垄端有勾头滴水。前台垂脊由脊瓦连接，上置灰色花卉雕砖，覆盖筒瓦，上置脊兽，两端置鸱吻，戗脊装饰与垂脊基本一致。一层为进出火神庙的通道，

社旗火神庙戏楼

西侧有台阶通二楼。戏台面阔三间 10 米，明间宽 4.2 米，侧间各宽 2.9 米，前台深 4.8 米，后台深 4.5 米，两侧连通耳房。前后台之间为木槅扇，槅扇上方挂有匾额，上书“水镜台”，两侧有上下场门。戏台前两角置方形抹角石柱，中间两根红漆木柱，柱间为木栏杆，饰回纹图案，两侧为石栏杆，柱高 2.7 米，柱头承接额枋、平板枋，平板枋上安放梁头及上层梁架，柱础上部圆形，下部方形，雕刻有狮子、老虎，菊花等图案。平板枋上有回纹浮雕，雀替为透雕。台面为木板铺成，前后台面落差有 21 厘米。台下中部为庙门通道，高 2.3 米。台上石柱雕刻三副戏曲楹联。正面戏曲楹联为：“对月清歌，不亚广陵大曲；当花妙舞，何殊西子之姿”。东侧戏曲楹联：“剧戏当场，假笑啼中真面观；解人寓意，外留连处内心知”。西侧戏曲楹联：“此间细领究之着着皆真耳；其中大观，那得头头都是也”。戏楼前有甬道正对木牌楼和大殿，两侧为厢房，戏楼与大殿之间是长约 30 米的宽阔场院，供观众看戏。火神庙为省级文物保护单位。

方城县维摩寺戏楼 位于方城四里店镇维摩寺对面，坐西向东，与庙门（已经毁坏）相对，系硬山式砖木结构，单层镜框式戏台。戏楼通高约 9 米，面阔三间 8.3 米（包括山墙），明间 4 米，进深 7.1 米，戏台中间有木槅扇，把戏台分成前后

方城维摩寺戏楼

台。台口立四根方形石柱，柱高 2.8 米，柱头承接额枋、平板枋，平板枋上安放梁头及上层梁架，中间两个柱础为方形，两边柱础为圆鼓形。戏楼灰色板瓦盖顶，瓦垄端有勾头滴水。正脊和垂脊由脊瓦连接，上置灰色花卉雕砖，覆盖筒瓦，正脊无脊兽，两端置鸱吻，垂脊下端有鸱吻和祥兽等饰件。石柱上有一副楹联：“忠义在人心，傀儡场中宁尽假；衣冠非土偶，须眉动处俨如生”。因旁边有山沟，该戏楼坐西向东，主要为地理环境所致。当地经常在此举办文化活动。

南召城隍庙戏楼 位于云阳镇城隍庙山门上，坐南朝北，硬山式砖木结构，戏楼始建于清光绪年间，三面观，镜框式过路戏台。戏楼面阔三间 9 米，明间 3.9 米，侧间 2.6 米，进深 6.8 米，戏台中间木屏风把戏台隔开，前台进深 4.8 米，后台进深 2 米。山墙厚 0.73 米，戏楼高约 7 米，台基高 2.8 米，条石包边，木质楼板。台前四根方形石

云阳城隍庙戏楼

柱，柱高 2.6 米，柱础高 0.6 米，上面圆鼓形，下面方形。柱头承接额枋、平板枋，平板枋上放梁头及上层梁架，梁头雕刻成龙头状。屋顶灰瓦盖顶，瓦垄端有勾头滴水。正脊和垂脊由脊瓦连接，上置灰色花卉雕砖，覆盖筒瓦，正脊无脊兽，两端置鸱吻，垂脊下端有鸟兽。石柱上有南召县知事陈吉樟题写的两副戏曲楹联：“一曲奏霓裳妙舞清歌，想象人间天上；千秋垂藻鉴前因后果，试看古往今来”；“怀旧喜从新，幻幻奇奇装傀儡，登场演出人心变态；居今宜鉴古，非非是是看俄顷，结果不外天理恒情”。后墙开有两个六边形窗户，便于戏台通风透光。一楼为进出城隍庙的通道，宽 2.23 米，高 3.1 米，砖券拱门。通道两边各有一个侧门通侧间，高 1.75 米，宽 0.81 米。戏楼西边有一阶梯通戏台后部。戏楼为县级文物保护单位。

镇平县城隍庙戏楼 位于县城中山街西段城隍庙山门上。庙初建于明代洪武三十一年（1398），戏楼始建年代不详，呈清代建筑风格，系重檐歇山顶台阁式砖木结构，镜框式过路戏台。戏楼正脊中间置火珠，两侧各有一条龙，两端置鸱吻。戏楼坐南面北，正对大殿，通高约 10 米，其梁檩斗拱均施彩绘。戏台下面排列有三个洞门，供人们出入庙院。台基为砖石围砌，高 3.1 米，台面为木板铺成。戏台面阔三间 8.9 米，明间 3.5 米，两次间 2.8 米，两外边梢间宽 1 米。前后台之间有木槅扇分开，两侧有上下场门，前台进深 3.6 米，后台进深 1.3 米。台前立六根木柱，柱高 3.24 米，石柱础为复盆式，台前沿 0.8 米。后边还有一条 1 米宽的走廊。戏楼右侧有一砖构阶梯直通戏台。戏楼与大殿之间的砖石铺面的场院，长

镇平县城隍庙戏楼

12.5 米，宽为 19.5 米，戏楼和殿前月台之间为观众区。城隍庙曾经改为镇平县雪枫中学校园，戏楼为学校的图书馆。2006 年被公布为河南省第四批文物保护单位。

淅川白浪街火星庙戏楼　位于淅川县荆紫关镇丹江对岸白浪街，处于河南、湖北、陕西三省交界处，俗称“三省戏楼”。戏楼坐北朝南，硬山顶砖木结构，一面观，单层镜框式戏台。据新界碑记载火星庙戏楼道光二十九年（1849）已经存在，为在荆紫关经商的河南、湖北、陕西三省商人及当地乡绅集资所建。戏台面阔三间 8.5 米，明间 3.7 米，两侧间 2.25 米，前台进深 3.9 米，后台进深 3.2 米。台基为石块垒砌，中间填土，柱高 2.42 米。戏楼灰色板瓦覆顶，瓦垄端有勾头滴水，房檐无斗拱，比较简约。正脊由脊瓦连接，上置花卉雕砖，两端置鸱吻。前台已经封堵，改为仓库。

白浪街火星庙戏楼

罗山县金龙寺戏楼　位于竹竿乡河口寨金龙寺，距县城 20 多公里，据碑刻记载，金龙寺在清代嘉庆十五年（1810）时已经存在。寺庙和戏楼系湖北黄陂及两广商人筹款修建。戏楼建在山门上，坐南面北，与拜殿相对，系前台单檐歇山式，后台硬山式砖木结构，镜框式过路戏台，三面敞开，平面呈凸字形，通高约 10 米。楼顶为灰色筒瓦铺盖，飞檐挑角。戏台面阔三间 8.9 米，进深 7.5 米，由木槅扇将前后台分开，槅扇两侧有上下场门，前台进深 4.2 米，后台进深 3.3 米，与两侧耳房相通。台基高 2.7 米，台面木板铺成，舞台前台突出。台下中部为进出寺院过道。檐下立四根柱子，下端为石柱，上端为木柱，这种柱子在河南极为少见。柱头承接额枋、平板枋，平板枋上安放梁头。檐下额枋、雀替均施彩绘，斗拱排列有致。正脊由脊瓦连接，两端置鸱吻，无脊兽。中间的场院长、宽各约 26 米，可容纳观众约 5000 人。拜殿两侧有对称的东西看楼，看楼是坐北向南，东西走向，这种形式是较为少见的。现仅有东看楼，看楼为上下二层，通高约 6 米，系硬山顶砖木结构，下层高 2.6 米，上层檐高 1.7 米，进深 6 米。距前沿边 0.9 米处有木制栏杆，高 1 米。该戏楼现为县文物保护单位。

罗山金龙寺戏楼

虞城县伊尹祠戏楼 位于店集乡魏固堆村伊尹祠对面，戏楼创建时间待考，原为砖木结构。1984 年，由群众集资政府辅助按照原样重建戏楼。戏楼坐南向北，歇山式砖木结构，与伊尹祠隔街相对，通高 9 米。戏台面阔三间 6.95 米，前台凸出，三面开口，侧间 2.5 米，前台进深 6.3 米，后台进深 3.39 米。戏台槅扇宽 2.79 米，上下场门各宽 0.85 米，台面由木板铺成。后台两侧各有耳房联通，耳房向北设有四个圆形窗户，对称美观。戏楼分为两层，顶为五脊四山，飞檐挑角，绿色琉璃瓦覆顶，屋脊中间置宝瓶，两端置鸱吻，戗脊饰祥兽。

第五章　宗祠戏台

第一节 宗祠概说

宋至明代中叶，只有巨家大族才建造祠堂，庶民百姓是不能建祠立庙的，但是，到明代中后期，庶民百姓建祠立庙的事情时有发生。礼部尚书夏言上疏嘉靖皇帝，建议改制，获得批准。从此，庶民百姓建祠立庙祭祀先祖合法化，原有家族祠堂的，把祠堂规模不断扩大，没有祠堂的积极建造祠堂，祠堂建造进入繁荣时期。具有一定规模的祠堂，一般都建有戏台。宗祠戏楼多建在祠堂大门上，与享堂、寝堂相对，如洛宁县城关余庄村李氏祖祠戏楼、洛宁县景阳镇彭洼彭氏家庙戏楼、洛宁县凡村曹氏祠堂戏楼、洛宁县赵村镇西王村孙氏宗祠戏楼、宜阳县古村常氏祠堂戏楼、沁阳邘部王氏祠堂戏楼、新县箭场河乡吴氏祠堂戏楼。有的戏楼建在祠堂外，与大门正对，如巩义市桥上村崔家祠堂戏楼、新密市西土门村李家祠堂歌台。这种布局表明演戏首先是尊祖娱祖，“妥先灵以宗孝”。祭祖之时，剧目是有选择的，一般要演一些读书做官、光宗耀祖、衣锦还乡、惩恶除奸、孝子贤孙之类的剧目。看戏时全族长幼与祖宗同乐，晚辈们感受到宗族的荣耀和威严。通过家族演戏活动，还可以对族人起到教育和警示作用。此外，修家谱、贤人达士荣归故里、族中有人科考高中以及天旱祈雨、开镰之前和丰收之后都要演戏。演戏活动不仅维系了宗族的血缘关系，宣扬了长幼有序等传统观念，而且起到教育全族，对族人起到激励与警示的作用。

宗祠是祭祖的神圣场所，宗族成员一般都会尽财力物力支持建设祠堂。戏台也是一个祠堂的脸面，往往也是家族中最讲究的建筑，不管是木雕石刻、牌匾对联、天棚藻井，还是花窗彩绘都十分注重。在建筑材料上绝不马虎，会选用坚固耐用的木料、石料。因此，祠堂往往是村落中规模宏大、装饰豪华的建筑。

宗祠戏台是演剧的重要场所，与宫廷戏台、神庙戏台、会馆戏台等共同构成戏剧的表演场所。宗族演戏是戏曲传播的重要媒介之一，曾经在戏曲传承与传播方面发挥过重要作用。宗祠演戏是宗族文化和戏曲文化的一个交会点，在戏曲文化中独树一帜，具有鲜明的特色。宗族演戏是演出活动频繁、演出地域广泛的戏曲传播方式。宗族演戏在观演场所、社会功能等方面都显示其独特性。

目前河南现存民间祠堂数量很少，随着政府文化部门对其的重视，这一领域的建筑受到了保护。近年来，还恢复了一些祠堂，并对一些戏楼、享堂、匾额对联、私塾学堂等建筑进行了修缮。如洛宁县城关余庄村李氏祖祠，2013 年对祠堂山门戏楼进行全面复修，有的村积极申报历史文化名村，祠堂戏楼受到重点保护，并成为乡村旅游热点。这些措施对民间祠堂的保护具有积极作用。祠堂戏楼保存最多的是洛宁县，有九个之多，占河南现存祠堂戏楼一半，其中洛宁县凡村有三个祠堂戏楼，是河南唯一一例。由于城市经济的快速发展，尤其是前些年城市建设中的大拆大建，在城市中几乎难以见到民间祠堂戏台建筑。农村有拆旧建新的习惯，许多有保留价值的祠堂戏台建筑被拆毁，如笔者在实地考察中，了解到邘邰村王家祠堂的戏台，在祠堂的改建过程中可能被拆除。而那些地处边远偏僻地方的祠堂戏楼，由于年久失修，无人过问，加上人为的破坏，许多已经见不到了。民间祠堂戏台建筑正以越来越快的速度在人们的视野中消失。

第二节　宗祠演戏活动

明清时期，宗族演剧十分频繁，每逢新年祭祖、新建祠堂、编修家谱、季节祭祀，科举及第和加官晋爵者祀祖谢恩都要举行戏曲演出活动。宗族祠堂供奉的是家族先人，是一个宗族的神灵所在，宗族祭祀演剧的主要目的就是祭祀祖先、娱乐祖先神灵，因此宗族演剧中内神祭祀演剧最为普遍。乾隆三十一年（1766）《嵩县志·风俗》记载："其祭祀，士夫故家皆庙祀先祖，时先献新之礼不废。庶民颇忽于祀先，恪事外神。山乡尤甚，演剧酬神，犹春祈秋报之意然。"温县夏庄岳氏祠堂现存《岳氏祀典碑记》记载了岳氏家族祭祀礼仪的规范，有献戏的形式祭祀先祖、喜迎佳节的内容："至于岁杪二十九日王之忌辰，越翌日即元旦，献戏酬贺，岁有常规，以作忌辰之祭亦可，故不另举。"

季节祭祀元宵节，也有的称"上元节"，是我国民间影响最为广泛的传统节日之一，也是祭祀祖先神灵的一个重要日子。每年元宵节，宗族都会在祠堂内外张灯结彩并有赛龙灯活动，所以称为"元宵灯祭"。在信阳地区"花灯"是各地"元宵"祭祀的一项重要内容之一，还有当地民间小戏的表演活动诸如狮子戏、采茶戏等，称为祭祖戏。清乾隆二十年（1755）《汲县志·风土》记载："上元节，自十四至十六，比户门堂、灶室多张灯，或为牌功鳌山，各处演戏。"

清明节是我国的重要传统节日，全国各地均有清明祭祖习俗，也就是通常说的"春祭"。清明祭祖一般有墓祭和祠祭两种形式，大多数在宗族墓地祭祀，民间俗称为"上坟"。南方有些地方清明祭祖时除了墓地祭祀，也会于清明前后在祠堂进行一些祭祀活动，以献戏的形式来敬祖娱神。

中元节，民间有祭祖传统，也就是通常说的"秋祭"。清乾隆五十一年（1786）《光山县志·风俗》记载："至春月清明，七月望日，十月朔日，士大夫及齐民皆重墓祭外，神之祭则丛神社鬼，好聚金钱、刑牲演剧。交相赛祷，以邀福惠人。”

南方地区，冬至祭祖的时候，举行演剧活动非常普遍。北方也有冬至祭祖习俗，比如，济源碑子村清乾隆五十九年（1794）《李氏宗祠碑记》记载了李氏家族冬至演戏祭祖的盛况：“始祖均让，洪洞人也，因移民故移居济邑南程镇。阅数世，公讳聚爰，碑子泉甘土肥，随家于斯。厥后子孙繁衍，书香不绝。……且每岁冬至，献戏三台，鼓乐致祭。一时远近皆至，少长咸集，雍雍聚首，乐莫大焉。”通过祠堂祭祖活动，能够加强宗族的血缘关系，联络族人之间的感情，进一步强化家族内部的凝聚力。

社神，也称土地神，在封建时代至民国时期，我国民间对土地神的信仰十分广泛。每年对社神都要进行春、秋二季祭祀。春耕时祈祷风调雨顺，五谷丰登；秋季向社神报告丰收喜讯，酬谢神灵的保佑。明嘉靖十九年（1540）《许州志》卷七《风俗》记载：“春祈秋报，乡曲之民多享于各庙唱舞饮酒，终日乃罢。亦古人蜡祭之遗意也。”明嘉靖二十七年（1548）《尉氏县志》卷二《风俗》记载：“祭祖先，随时随事祭告。其乡村镇店各有神祠，春祈秋报，必有声伎，敛钱为之。”清顺治十五年（1658）《封丘县志 · 庙祠》记载：“晋王祠（三楹），在县西南小斗门，旧名屯固村，乡人所建，以祀晋王李克用也……今庙虽颓，乡人春秋赛祀，歌舞不辍。”这些志书里明确提到在春祈时要祈求神灵、秋报时要酬谢神灵，都要演剧。在宗族组织较为健全的地区，社神祭祀演剧活动都要有组织者来实施，通常是由不同家族轮流承担此项事务。

宗族修建祠堂、编修家谱演剧。祠堂是供设祖先牌位的地方，是宗族祭祀祖先的重要场所，而族谱是家族传承延续的记载，每隔一段时间都要编修家谱。营建祠堂和编修宗谱是宗族建设的重要活动，是宗族文化的重要内容。修建祠堂是宗族的一项重大活动，对整个家族来说是一个浩大的工程，也是一件大喜事，因此在祠堂落成时，要邀请戏班演戏，表示庆贺。编修宗谱同修建祠堂一样，也是宗族的一项重大活动。编修宗谱是为了让族众了解自己家族的光荣历史，记述先祖的业绩，以激励族人。宗族修谱或十年一修，或二十年一修，如果长期不修宗谱，将会被视为不孝之举，为别人鄙视和耻笑。编修宗谱演戏比较讲究，通常有一些必演剧目，如《百忍图》《满堂福》《大解宝》等。有的宗族对修谱演剧还有明文规定，如清光绪二十六年（1900）武陟小岩村安氏宗祠《改建宗祠记》碑刻载："祖庙者栖身之所，先人之灵爽实式凭之所，以必须整洁严肃者，岂直为观美哉？盖以隆祀礼笃孝思也。吾旧宗祠本于乾隆二十八年，经祠正凤山公，祠赞会侯公创建于本村之东南隅，迄今已一百三十余年矣。族人觉其规制狭隘，久欲增其式廓。但为区域所限，无可奈何。自咸丰十一年，余忝居祠正，概然有志于改建焉。因徐积赀财，于旧宗祠东面、南面购地九亩有零，创建节孝坊三间，周围栽树二百余株。每逢续谱演戏三台。"沁阳紫陵牛氏祠堂现存清同治十一年（1872）《捐积碑》记载悬匾演戏祭祖活动："同治元年，十八世兆吉将东城顺生意迁来本镇，见祠功未成，春月垫钱创修门楼、垣墙，油漆门窗，彩画檐头。四月十日，悬匾演戏祭祖……"

添丁演剧。在封建时代，人们受"不孝有三，无后为大"封建思想观念影响，每个家庭都希望人丁兴旺、儿孙满堂、后继有人，子嗣在人们心里一直都占据重要的位置。因此，添丁成为一个家庭乃至整个家族的大喜事。明清时期，全国各地多有添丁演剧的习俗。

寿诞演剧。寿诞演剧的情况多为年长者，为长者祝寿是尊老敬老传统的一项美德。过去很多宗族，在族内德高望重者的寿诞之日，都会搬演戏曲为其祝寿。李绿园的小说《歧路灯》第二十一回有一段对寿诞演剧的描写："先演了《指日高升》奉承了席上老爷；次演了《八仙庆寿》，奉承了后宅老母；又演了《天官赐福》，奉承了席上主人。然后开正本。"寿诞演剧虽多为年长者，但各地风俗不尽相同，有些地方各个年龄阶段的人都可以在生日时演剧庆祝。

明清时期是我国戏剧艺术高度繁荣发展时期，同时也是宗祠发展的鼎盛时期。宗祠丰富多彩的演戏活动，是戏曲演出活动的重要组成部分，与这一时期社会经济发展紧密相连。宗祠演戏活动是宗族自身发展的需要，也是族人精神生活的需要。

丰富多彩的宗祠演戏活动，对族人的日常生活产生了不可忽视的重要影响。概括起来说，宗祠演戏的主要功能，包括祭祀功能、教化功能、交际功能、娱乐功能和传承弘扬家族文化功能。

戏曲从开始形成就承担着沟通人神关系、娱乐神灵的功能。凡在重要节日、祭祀、祈愿、庆典等活动中，都要通过演戏来表达对神灵的敬意，祈求神灵保佑风调雨顺、家族兴旺发达。宗祠祭祀演戏是献祭娱神的一种方式，目的是敬祖谢神。宗祠演戏在寄托人们对祖先追思的同时，也能满足人们祈求神灵护佑的心愿。

首先看宗祠演戏的祭祀功能。祠堂首先是全族祭祀祖先的场所，每逢春秋祭祀，全族聚会，齐集祠堂，由族长率领，作礼设祭，以融洽宗盟、收拢人心、增强宗族凝聚力，进而实现尊祖敬祖、合族、收族、控制族人。[1]古往今来，中国人都十分重视孝道，流传至今的清明、农历十月初一扫墓，四时祭祖等习俗，都是人们对先祖寄托哀思的一种方式。戏曲深受民众喜爱，人们认为既然自己喜欢戏曲，先祖的神灵也一定会喜欢，于是戏曲就被奉献给祖先，供祖先神灵享受。宗族举办的各类祭祖演剧活动，是“慎终追远”思想的一种具体呈现，是传统孝文化的重要组成部分。[2]在寄托哀思的同时也祈求祖先恩赐福祉，禳灾避祸，保佑子孙繁荣昌盛。在古代人们对一些自然现象无法解释，他们认为万物有灵，那么死去的人，灵魂永远存在，祖先的神灵可以保佑子孙。

在封建社会，由于生产力低下，人们对许多自然现象无法解释，因此，就对自然界产生崇拜，就产生了管理雷电的雷神、管理大山的山神、管理水域的龙王、管理土地的土地神、管理火的火神。产生了许多动物神，对人类生活贡献巨大的牛、马等。蝗虫繁殖力强，一旦泛滥成灾，所到之处，几乎寸草不生。在古代，因为人们对蝗虫的认识不够，而且发生蝗灾的概率很大，人们因为惧怕蝗灾，就把蝗虫封

1　车文明．中国古戏台调查研究 [M]．北京：中华书局，2011．

2　艾炬．明清宗族演剧研究 [D]．太原：山西师范大学，2018．

为“蝗神”。在传统观念中，自然界的各种神灵都能够主宰人类命运，这些神灵能够给人类带来灾难，也能满足人们的诉求。人们遇到各种灾难时，就给神灵许愿，一旦灾难解除，就酬神演戏，这就是人们渴望得到神灵保护的最好证明。

宗祠演戏的教化功能非常重要。戏曲是一种广大群众喜爱的艺术形式，是明清时期礼乐教化的重要载体，具有寓教于乐、雅俗共赏、惩恶扬善等特点，能够起到劝人为善的教化作用。朱元璋第十七子朱权对戏曲在维护封建统治的教化功能方面有明确表述：“夫礼乐虽出于人心，非人心之和，无以显礼乐之和；礼乐之和，自非太平之盛，无以致人心之和也。故曰‘治世之音，安以乐，其政和’。”以前广大农民没有受教育的机会，看不懂书，他们的道德观念、历史知识都是通过看戏学得的。宗祠演戏无论是从戏曲内容的选择上，还是从演出目的上，都具有明显的教化功能。在一定程度上，族权实际上是封建统治权在宗族内部的一种延伸，是维护封建统治的有力工具。因此，宗族演剧不可避免地承担起宣扬封建统治思想的教化功能。[1] 明代著名戏曲家汤显祖曾对戏曲的人伦教化功能有过这样描述：“（戏曲）可以合君臣之节，可以浃父子之恩，可以增长幼之睦，可以动夫妇之欢，可以发宾友之仪，可以释怨毒之结，可以已愁愦之疾，可以浑庸鄙之好。仁人以此奉其尊，享帝而事鬼。”[2] 在小农经济如汪洋大海的明清时期，要凝聚家族内部力量，就需要用宗法伦理思想来支撑。为了让族人自觉接受和认可宗法伦理观念，最佳方法就是通过演戏对族人进行宗法伦理观念教化。巩义市崔氏祠堂的戏曲楹联就是最好的描述：“乃武乃文，把往事何妨再叙；演忠演孝，劝世人莫作闲看”。由此可见，许多宗族都重视演戏在宣传宗法伦理观念中的重要作用。为了更好地聚集族众，一些宗族也会在宣传宗规族约的时候组织戏曲演出，借此机会告诫族人严格遵守。

宗祠演戏具有强大的交际功能。首先，宗祠演戏在与官府的沟通方面也发挥着

---

1 艾炬．明清宗族演剧研究 [D]．太原：山西师范大学，2018．

2 汤显祖．汤显祖集：诗文集 [M]．北京：中华书局，1962．

重要作用。在封建社会，官府和宗族之间既存在一种统治与被统治的关系，也存在相互依存的关系。官府需要借助宗族力量，通过对属于社会一部分的本族内部的管理，来实现维持一个地方的社会秩序，而宗族需要获得官府的支持，从而实现对当地事务的处理权力。宗族演戏在对族人进行宗法伦理观念教化的同时，也通过邀请官员看戏，拉近与官府的距离，增进关系，因此我们说宗祠演戏发挥着与官府沟通交流的功能。其次，宗祠演戏还可以促进宗族内部交流。一些大宗族由于支派多，居住区域广，族人之间平时往来相对较少，族人与族人之间缺少沟通交流。宗族演戏活动就为族人之间的提供了很好的机会。从这方面来说，演戏活动为族人之间的往来提供了交流的平台，也在无形中增进了族众之间的情感。

宗族内部家庭中遇到添丁、老人做寿、升官发财等人生大事时，族人会前往祝贺或帮忙操办，主人则邀请戏班演戏，在增加喜庆氛围的同时，表示对来宾的酬谢。这样演戏也就成为维系人情往来的重要手段。

明清时期信息传播渠道不畅，道路交通不够发达，宗族通过演戏活动，能够进一步维系和增强族人之间的情感。大家在观赏戏曲时，可以谈论共同感兴趣的话题，表达同样的情感寄托，能够深入进行情感交流。从这方面来讲，演戏活动是宗族成员之间广泛交流信息的平台，联络感情的良好机会，同时也是宗族内部增强凝聚力的重要手段。

宗族是一种群体组织，家族内部各个家庭有着血缘关系，每个家庭需要积极参与宗族事务。一个宗族为了扩大对外影响，就需要加强与其他宗族、官府的联系。宗族通过演戏活动，在热闹的观演过程中，不经意间就能够增进相互之间的情谊，达到加强对外联络的实效。通过演戏活动可以增强与社会各界的交流，有助于彰显家族在地方上的地位，增进人脉关系，有利于提高宗族的社会声誉和影响力。

宗祠戏曲演出活动是开放性的，不论是本族成员还是其他族姓的人都可以前来看戏，并且演出名目繁多、时间也比较持久，这些因素就使宗祠演戏具有强大的交际功能。

宗祠演戏的娱乐功能十分明显。明清时期，随着戏曲的繁荣发展，戏剧演出活动日益增多，在广大农村凡生子、祝寿、祈福、还愿以及各种喜庆之事，都要请戏班演戏来助兴。春节过后和秋收以后的农闲时间，人们也常会以家族的名义组织演戏活动。庆祝丰收的名义下，人们也能借此机会放松身心，犒劳自己常年在田间地头的辛苦劳动。演出时场面热闹，锣鼓喧天，人头攒动，全村男女老少均会去看戏。随着商品经济的繁荣发展，人们的物质生活水平得到提高，对精神生活的诉求也越来越高。戏曲是人们喜闻乐见的精神食粮，在丰富精神文化方面，演戏的娱乐功能也显现出来了。演戏的娱乐功能，使人们乐于接受戏曲中所宣扬的宗法伦理观念，这在某种程度上冲淡了宗族教化的严肃性。

宗祠演戏是传承弘扬家族文化的有效途径。明清时期，伴随着商品经济的发展，宗族之间产生了激烈的竞争，一个宗族要想繁荣昌盛，必须培养优秀的人才，因此，注重家风、强调族人之间和睦、倡导耕读传家、培育族人的良好品行、鼓励勤俭、体恤孤寡、帮助贫弱、禁止赌博等内容就成为宗族文化重要组成部分。李绿园的小说《歧路灯》第十九回描写盛家私宅戏楼演戏时，特别描述了戏台上的戏曲楹联：绍祖宗一点真传克勤克俭；教子孙两条正路曰读曰耕。在封建社会，绝大多数人没有读过书，识字人只是少数，因此，看戏就成为人们获取历史知识和接受传统文化的重要渠道。有不少剧目富含人生哲理、启迪观众智慧，弘扬传统文化。一些剧目饱含惩恶扬善的朴素感情，并借古喻今，通过舞台上演员扮演的人物，让观众看透社会上的各种现象，有助于保持清醒。有一些剧目蕴含忠孝节义、仁义礼智信等道德观念，折射出世态人生，能够循循善诱地劝勉观众。不同宗族出于自身发展的需要，通过宗祠演戏的方式，加强对宗族文化的传承与弘扬。邀请戏班演出一些符合宗族文化建设需要的剧目，来实现对族众的高台教化，达到培育族人形成良好品质的目的。

宗族演戏在剧目选择上是有讲究的，姓杨的宗族演戏会选择杨家将等宣扬杨家满门忠烈、忠贞报国，为国征战的剧目。李姓家族会选择李唐王朝有关的剧目，以宣传李姓家族的光辉历史。与此相应的是在选择剧目时，不允许对自己家族不利的剧目上演，如潘家是绝对不允许《潘金莲》之类的剧目在本村演出的。

宗族演戏是一种祭祀活动，也是一种文化娱乐活动，更是承载着祭祀、教化、交流、娱乐以及传承弘扬家族文化等多种社会功能。宗族演戏活动既要宣扬封建伦理道德，还要宣传宗族内部的家规族法，传承弘扬宗族自己特有的文化。宗祠戏台常常要在喜庆事时举行演戏活动，这类演出本身就是宴饮娱人，有着很强的娱乐性。宗族演戏的观众，一般除了本族人，还有同村其他族姓的观众，因此，会产生很好的交流效果。

宗祠演戏活动不仅具有戏剧史意义，更有着深刻的社会学意义，是一个值得深入考察、探讨研究的重要课题，尤其是宗祠演戏在剧目选择、社会功能、演戏禁忌以及组织形式等方面的研究。

第三节　宗祠戏台遗存状况

巩义市桥上村崔氏祠堂戏楼　位于巩义市孝义街道桥上村（原白沙村）崔氏祠堂对面。戏楼创建于清代咸丰二年（1852），戏楼正脊下和台口石柱上皆有题刻铭记。戏楼为砖石木结构，前台三面敞开，前歇山与后硬山巧妙结合为一体，单层镜框式戏台，通高约 7 米，灰色筒瓦盖顶，瓦垄端有勾头滴水。正脊由脊瓦连接，上置花卉雕砖，覆盖灰色筒瓦，两端置鸱吻，中间部分雕砖加高一层，垂脊上有脊兽。戗脊由筒瓦叠加成花脊，前端置鸱吻。前檐突出，飞檐翘角，甚为壮观。戏台面阔三间 7.52 米，明间为 3.4 米。进深 4.7 米，其中前台进深 3.5 米，后台进深 1.2 米，山墙厚 0.6 米。台基为砖块垒砌，石条砌边，据村里老人讲，台基原来高 1 米多，现在基本与院子地面持平。台前四根方形石柱，柱高 2.6 米，石柱上承额枋、平板枋，平板枋上放大梁。石柱上刻有两副戏联，外联为：“乃武乃文，把往事何仿再叙；演忠演孝，劝世人莫作闲看”；内联为：“刻羽引商，此中隐寓春秋意；知来观往，局外须探劝戒心”。廊上设单体斗拱四朵，后壁两侧各有圆券砖砌龛一个，戏台后部原有屏风隔开，供演员化妆用。祠堂及戏楼为巩义市文物保护单位。

巩义崔氏祠堂戏楼

巩义市鲁庄镇姚氏家庙戏楼 位于巩义市鲁庄镇姚氏家庙山门上，坐西向东，正对拜台和大殿，硬山式砖木结构，镜框式过路戏台。据家谱记载姚氏家庙始建于明末清初，重修于清乾隆元年（1736），后历代均有修葺。姚氏家庙东西长约 54 米，宽约 16 米，占地面积 864 平方米。由戏楼（山门）、拜台、卷棚、大殿四部分组成。戏楼面阔三间 9 米，明间 3.3 米，两侧间各宽 2.8 米，山墙厚度 0.5 米。戏台中间进深 4.3 米，两边进深 5.34 米。戏台上放有一个戏箱，两边山墙残留有黑板，是以前曾经用作教室的遗存。台口两根石柱，高 2.5 米，石柱上承额枋、平板枋，平板枋上放大梁。檐下额枋、平板枋、斗拱、雀替均施彩绘。石柱上刻有一

巩义姚氏祠堂戏楼

副戏曲楹联“忠孝节义，万古纲常昭人耳目；礿祀蒸尝，四时典礼矢我精诚”。灰色筒瓦盖顶，瓦垄端有勾头滴水。正脊和垂脊由脊瓦连接，上置花卉雕砖，覆盖灰色筒瓦，上置脊兽，两端置鸱吻。戏楼一楼为进出祠堂的过道，高 2.6 米，二楼高 4.5 米，在正脊留有“中华民国三年岁次甲寅三月下浣之吉姚氏合族同立”字迹。二层有棱子门十二扇，每当祭祖唱戏的时候，将棱子门按到内边木框内，就成为一座戏台。姚氏家庙为巩义市文物保护单位。

洛宁县中方村李家祠堂戏楼　位于景阳镇中方村小学院内，戏楼在祠堂山门上，为镜框式过路戏台。戏楼坐南朝北，悬山式砖木结构，上下二层，通高约 6.5 米，灰瓦盖顶，瓦垄端有滴水勾头，正脊由脊瓦连接，上面置花卉图案雕砖，无脊兽。戏楼面阔三间 6.3 米，明间 3.4 米，侧间 1.3 米，进深 6.3 米，后台进深 1.9 米。台口立两木柱，柱高 2.3 米，柱头承接额枋、平板枋，平板枋上安放大梁，檐枋施四朵斗拱，檐枋、额枋、平板枋、斗拱、雀替均有彩绘痕迹。两侧间木柱与山墙之间有横梁，明间柱子上的榫眼显示，以前应该是有木梁的。据村里李姓老人讲，以前上面铺有木板。山墙厚 0.77 米，台基高 1 米，后墙开有两个窗户。戏楼为洛宁县文物保护单位。

洛宁景阳镇中方村李氏祠堂戏楼

洛宁县北村杨公祠戏楼　位于景阳镇北村杨公祠山门上，坐南朝北正对祠堂，镜框式过路戏台。一楼为进出祠堂的通道，高 2.37 米，宽 1.44 米。戏台面阔三间 6.8 米，明间 3.1 米，两侧间各 1.85 米，进深 5 米，高 4.5 米，山墙厚 0.82 米。侧间前台有木栏杆，台基高2.2米，木楼板，台前两根木柱，柱高2.46米。柱头承接额枋、平板枋，平板枋上安放大梁，檐枋下施斗拱六朵，檐枋、额枋、平板枋、斗拱、雀替均施彩绘。屋顶灰瓦覆盖，瓦垄端有滴水勾头。正脊和垂脊由脊瓦连接，上面有花卉图案砖雕，正脊中间置祥鸟，两端置鸱吻。最近一次维修时间为2013年。戏楼为洛宁县文物保护单位。

洛宁景阳镇北村杨公祠戏楼

洛宁县彭洼彭氏家庙戏楼 位于景阳镇彭洼村彭氏家庙山门楼上，为镜框式过路戏台，始建时间无考。一楼原来是进出家庙的通道，已经封堵，另建大门。戏楼坐南朝北，面阔三间7米，山墙厚0.66米，屋顶灰瓦覆盖，屋脊由脊瓦连接，中间置花卉砖雕，两侧用板瓦叠成花脊。山门大门高2.72米，上面为石头拱券，宽1.45米。二楼木板铺成，台前两根木柱，柱高2.55米，柱头承接额枋、平板枋，平板枋上安放大梁。墙壁外面青砖，里面土坯垒砌。戏楼曾经做过教室，

洛宁景阳镇彭洼村彭氏家庙戏楼

山墙上还留有“好好学习”几个字。戏台右侧已经倒塌，剩下后墙角的砖柱，戏台中间后坡也已经垮塌。彭氏家庙戏楼为洛宁县一般文物点。

洛宁凡村段氏祠堂戏楼 位于洛宁县赵村镇凡村段氏祖祠内，正对祠堂拜殿。祠堂始建于清嘉庆十四年（1809），现存建筑有正殿、戏楼和门楼。戏楼面阔三间7.4米，明间3.9米，进深5.4米，高4米，木板铺就，山墙厚0.7米，屋顶灰瓦覆盖，瓦垄端有勾头滴水。正脊由脊瓦连接，上面是板瓦叠加的花脊。戏台前有两根圆木通柱，二层柱高2.45米，石柱础高0.18米，木柱上直接安放梁头，无斗拱，比较简约。两山墙上端砌筑砖雕墀头。最近一次修缮时间是2004年。段氏祠堂为洛宁县文物保护单位。

洛宁赵村镇凡村段氏宗祠戏楼

洛宁凡村曹氏祠堂戏楼 位于赵村镇凡村曹氏祖祠山门上，始建年代不详，正对祠堂拜殿，为镜框式过路戏台。戏楼面阔三间7.7米，明间3.94米，侧间1.7米，进深5.3米，戏台木板铺成。屋顶灰瓦覆盖，瓦垄端有滴水勾头，正脊和垂脊由脊瓦连接，上

洛宁赵村镇凡村曹氏宗祠戏楼（背立面）

面置花卉图案雕砖，覆盖筒瓦，无脊兽。两山墙上端砌筑砖雕墀头。曹氏祖祠为洛宁县文物保护单位。

洛宁凡村张氏祠堂戏楼　位于赵村镇凡村张氏祖祠山门上，始建年代不详，正对祠堂拜殿，为镜框式过路戏台。戏楼面阔三间 7.5 米，明间 3.9 米，两侧间各 1.8 米，进深 5.2 米，高 5.75 米。台前有两根木柱，柱高 2.52 米，柱础 0.34 米，柱头承接额枋、平板枋，平板枋上安放大梁，檐枋下施四朵斗拱，檐枋、额枋、平板枋、雀替、斗拱上均施彩绘。山墙厚 0.84 米（下宽上窄），两山墙上端砌筑砖雕墀头。台基高 1.56 米，戏台木板铺成。屋顶灰瓦覆盖，瓦垄端有滴水勾头，正脊和垂脊由脊瓦连接，上面置花卉图案雕砖（正脊雕砖大部分已经丢失），两端置鸱吻。张氏祠堂为洛宁县文物保护单位。

洛宁凡村张氏祠堂戏楼

洛宁县西王村孙氏宗祠戏楼　位于赵村镇西王村孙氏宗祠山门上，正对祠堂拜殿，为镜框式过路戏台。一楼为进出宗祠的通道，两个侧门宽 0.98 米，高 1.49

洛宁赵村镇西王村孙氏宗祠戏楼

米。二楼为戏台，面阔三间 7.8 米，明间 3.6 米，侧间 2 米，进深 6.38 米，山墙厚 0.71 米，高 5 米。台基高 1.72 米，台前两根红漆圆木通柱，柱高 4.16 米，柱础 0.22 米，柱头承接额枋、平板枋，平板枋上安放大梁，檐枋、额枋、平板枋、梁头上均施彩绘。侧台口用铁栅栏隔开，东山墙后部开一门，宽 0.87 米，高 2 米，两山墙上端砌筑砖雕墀头。屋顶灰瓦，筒瓦覆盖，瓦垄端有滴水勾头，正脊和垂脊由脊瓦连接，上面置花卉图案雕砖，正脊中间置宝阁，两端置鸱吻。戏楼最近一次修缮时间为 2013 年。西王村孙氏宗祠为洛宁县文物保护单位。

洛宁县大许村杨公祠戏楼 位于赵村镇大许村杨公祠山门上，正对祠堂拜殿，为镜框式过路戏台。一楼为进出祠堂的通道，二楼为戏台。戏楼面阔三间 6.77 米，明间 3.63 米，侧间 1.53 米，进深 5.6 米，高 5.6 米。台前两根木柱，柱高 2.37 米，柱础 0.4 米，柱头承接额枋、平板枋，平板枋上安放大梁，檐枋下施四朵斗拱，檐枋、额枋、平板枋、雀替、斗拱上均有彩绘痕迹。山门门口宽 1.34 米，高 2.78 米，门头上匾额有“杨公祠”三字，墙壁外面青砖里面土坯垒砌，山墙靠台口处为砖柱，山墙上端砌筑砖雕墀头。值得注意的是，在戏楼前面是接新的舞台，新舞台上方写着“百姓大舞台”几个字。据说，现在村里有大型演出时，使用这个舞台。大许村杨公祠戏楼为洛宁县文物保护单位。

洛宁赵村镇大许村杨公祠戏楼

宜阳县古村常氏祠堂乐楼 位于三乡乡古村常氏祠堂山门上，正对祠堂拜殿，创建于清乾隆二十八年（1763），为镜框式过路戏台。乐楼面阔三间 6.95 米，明间 3

宜阳三乡乡古村常氏祠堂戏楼

米，侧间1.55米，进深5.83米，高4.3米，山墙厚0.62米。台前两根木柱，柱高2.3米，柱头承接额枋、平板枋，平板枋上安放大梁。台基高1.69米，青砖垒砌，台面木板铺成。屋顶灰瓦覆盖，瓦垄端有滴水勾头。正脊和垂脊由脊瓦连接，上置花卉图案雕砖，筒瓦覆盖，正脊中间置火珠，两端置鸱吻。檐下比较简约，无斗拱、雀替等饰物。古村常氏祠堂为宜阳县文物保护单位。

沁阳县邗郃村王氏祠堂戏楼　王氏祠堂戏楼位于沁阳县邗郃村王氏家族祠堂山门上，为镜框式过路戏台。戏楼建于清同治年间，砖木结构，木板已经拆除，两边有耳房。戏台坐南向北，面阔三间10.48米，进深7米，台口高3米。前台有四根木柱子，柱头承接额枋、平板枋，平板枋上安放大梁，檐枋下施六朵斗拱，额枋、平板枋上无彩绘。屋顶灰瓦覆盖，瓦垄端有滴水勾头。正脊和垂脊有脊瓦连接，上面置花卉图案雕砖，两端置鸱吻。山墙上端砌筑砖雕墀头。祠堂曾

沁阳邗郃村王氏祠堂戏楼

经改为本村小学教室，现又恢复为王氏祠堂。

获嘉县西刘固堤王氏祠堂戏楼 位于获嘉县西刘固堤村东南隅王氏祠堂内，面对祠堂拜殿，镜框式过路戏台。创建于清雍正八年（1730），《增修祠堂记》碑文记载："考祠建于前清雍正八年，拜殿道光九年续建也，戏楼之建约于祠为同时。"道光二十六年（1846）撤旧易新、戏楼正中脊檩上书"大清道光贰拾陆年岁次丙午季春月下浣穀旦阖族同建"等字。民国二十二年（1933）八月换四木柱为石柱。戏楼坐南面北，为卷棚顶硬山式砖木结构，通高约 7.5 米，戏台前檐正中有一副匾额，上写"戏楼"二字。戏台面阔三间 10.2 米，明间宽 3.6 米，进深 7.15 米，其中前台进深 4.43 米，后台进深 1.3 米，台基高 2 米。中间由木槅扇分开，两侧上下场门高 2.1 米，宽 0.8 米，台面木板铺成。槅扇正中写有一个"戏"字，上面绘有戏剧脸谱和戏画。台口立四根方形石柱，柱高 2 米，柱础 0.45 米。柱头承接额枋、平板枋，平板枋上安放大梁，额枋、平板枋上无彩绘。石柱础高 0.36 米，上圆下方，边上有栏槽，原来装有栏杆。台下中部为通道，通道两旁为化妆、休息、烧水用房。台基高 2 米，戏楼至祠堂拜殿前为观众区，东西通宽为 18.7 米，分男区和女区，两区间原来有栅栏相隔，栅栏中间为石牌坊门（现仅存石基）。2007 年修缮前，戏楼山墙上有艺人留下的题壁和脸谱画像等，剧目有：清同治年间的《转鼓》、《挡将》、《龙虎斗》、《落花河女》、《打洞房》、《高平关》；民国时期的《路遇》、《寿羊山》、《老云南》、《双孝连》、《反登丰》等。1987 年，西刘固

获嘉县西刘固堤王氏祠堂戏楼

堤王氏祠堂被确定为县文物保护单位。

汝州泉李村观音堂戏楼 位于汝州市纸坊镇泉李村。戏楼坐北朝南，面阔5.4米，进深5.25米，接近正方形，创建于清乾隆六年（1741），为单层镜框式戏台。屋顶灰色板瓦覆盖，正脊由脊瓦连接，上面由板瓦叠加成花脊，大部分已经损坏。《泉李家祠创修观音堂前戏楼碑记》记载了泉李观音堂戏楼创建经始及起因，碑中记载：清初泉李村中有范氏家祠一座，祠堂之侧为观音堂，“堂北数武，有隙地焉。春秋报赛，于兹歌舞，乃对越之地也。旧无戏楼，每岁当报赛之期演戏，苦搭台之烦。村中范子士先等，言念及此，不胜慨然。于是会众捐资首事，兴工营建戏楼一所”。可惜原碑下落不明，仅在《临汝县戏曲志》中留存文本。

纸坊镇泉李村观音堂戏楼

遗憾的是范氏家祠及观音堂已经不存在，古戏楼曾经长期挪作他用，自泉李小学迁出后，长期空置而无人修缮，已经成为危房。

汝州西湾观音堂戏楼 位于汝州市临汝镇关庙村西湾自然村的观音堂内，单层镜框式戏台。该戏楼为硬山顶砖木结构，坐北面南，面阔6.86米，进深4.9米，台口高3.3米，台基高1.7米。台前立两根木柱，柱头承接额枋、平板枋，平板枋上安放大梁，额枋、平板枋上无彩绘。檐下比较简约，无斗拱、雀替等饰物。屋顶灰瓦覆盖，瓦垄端有勾头滴水。正脊和垂脊由脊瓦连接，上面置花卉图案雕砖，覆盖筒瓦，上置鸟兽，两端置鸱吻。西湾观音堂，是本村冯氏家族福堂。通过现存乾隆三十二年（1767）张施仁撰《鳌头西湾重修观音堂记》碑刻，以及光绪三十一年

汝州西湾观音堂戏楼（李吉锋　提供）

（1905）冯运九撰《创建陪庭拜殿暨叠址铺路碑记》可知，观音堂肇建自明代，明末毁于兵火。清初冯氏家族成员在观音堂东开矿采煤，获利甚丰，于是撤旧建新，重修观音堂。

新县西扬畈村吴氏宗祠戏楼　位于新县箭场河乡西扬畈村，因戏楼建在祠堂大门内过道楼上，为镜框式过路戏台。戏楼系砖木结构，面对祠堂拜殿，创建于清代光绪年间。台基为砖券，高 3.5 米，戏台面宽 4 米，进深 5.1 米，台口高 2.9 米，通高约 8 米，台面为木板铺砌，台口沿设木制栏杆，高 0.75 米。为便于采光，房檐伸出较少，但两侧山墙脊端上翘饰物很高，形状上尖下粗，可防风雨，又有南方山区风格。戏台与祠堂拜殿之间相距 8 米，为观众区，全部为砖垒砌地台，四周一圈排水沟，沟宽 0.3 米，深 0.5 米，地台高 0.6 米。这里过去每年清明时节演戏祭祀，所演多为地灯、花鼓、皮影戏等民间歌舞小戏。该道楼现保存基本完好，祠堂现为革命历史展览馆。

堂会演剧是中国戏曲史上的一种特殊现象。在戏台还没有正式出现的时候，堂会演剧就已经开始了，当戏曲走上舞台之后，堂会演出的传统习惯还在继续。

最早的堂会演出文献记载是汉代，唐代也有为私人祝寿而邀请伶人演出的记录。明清时期堂会演出成为城乡富豪人家借以夸饰的娱乐活动。堂会戏的演出一般较为随意，不需要专门的舞台，对演出场所没有严格的要求。有些堂会演出是在普通的厅堂里或者庭院里，也有些堂会演出是在衙门、酒楼、饭馆等公共场所。有些富豪、官宦家庭为了追求气派，虚张声势，演戏时摆放许多桌椅供客人看戏，有的甚至在大门口搭戏台，在庭院里扎彩棚来演戏。李绿园在其小说《歧路灯》中对堂会演出有详细描写。

明中叶以后，戏曲演出越来越受到人们的喜爱，尤其是得到上流阶层的喜爱，一些豪商巨贾在自己宅院中修建戏台。如汝州贾村镇北张村清代张氏家族，在清代曾显赫一时，张锦章的母亲焦氏，晚年酷爱越调戏，为满足母亲这一嗜好，张锦章家中常年供养越调戏班，为其母焦氏在自己宅院大门二楼建戏台一座。

私宅戏楼大致可以分为：露天庭院式戏台、园亭式戏台、室内戏台、楼轩式戏台。

新县吴氏宗祠戏楼

第六章　会馆戏台

河南与山西、陕西相邻，经济上有很强的互补性，河南盛产粮食，山西则多山，生产粮食不足，尤其是与河南相邻地区缺少的粮食大部分需要从河南购进，而山西盛产煤炭，出产的食盐、铁器、煤炭则大量销售到河南。清代山陕商人在河南主要经营食盐、棉布、铁器、瓷器等日常生活用品，同时将河南生产的粮食、棉花、烟叶、茶叶等销往西北、东北等地。

山陕商人出于经商需要，在河南水陆交通要塞和经济发达的城镇都建有行会组织，并建有规模宏大的会馆。由于商人经济实力雄厚，所建的会馆戏楼规模宏大、富丽堂皇，不少戏楼的木雕、石雕、砖雕都雕刻精美，台面宽阔。会馆的戏楼成为当地条件最好的戏曲演出场所，如开封的山陕甘会馆戏楼、洛阳的潞泽会馆戏楼、社旗的山陕会馆戏楼、洛阳山陕会馆戏楼、周口市关帝庙（山陕会馆）戏楼、淅川县荆紫关镇的山陕会馆戏楼、禹王宫（湖广会馆）戏楼、郏县山陕会馆戏楼等。这些会馆规模宏大，戏楼建筑雄伟，观演场地宽阔，如社旗山陕会馆戏楼至大拜殿之间的观众看戏场地可容纳上万人。特别是社旗山陕会馆戏楼，是除北京皇宫畅音阁、颐和园、德和阁之外，国内唯一的由民间集资所建的三层戏楼，建筑恢宏壮观，雕刻精致，是中国古代建筑中的精品。还有朱仙镇山西会馆戏楼、朱仙镇福建会馆戏楼、宜阳山陕会馆戏楼、辉县山西会馆戏楼、禹州怀帮会馆戏楼、禹州十三帮会馆戏楼也各具特色。《简明河南史》中记载：省内山陕会馆 32 处，山西会馆 32 处，江西会馆 6 处，湖广、湖北会馆各 5 处，福建会馆 4 处，江浙、四川会馆各 3 处，江南、山东会馆各 2 处，江宁、湖南、两江会馆各 1 处。[1]

河南清代戏楼中，无论是建筑规模，还是建筑设计，会馆戏楼都是最优秀的，会馆戏楼不仅是明清时期当地戏曲演出的主要场所，而且戏楼建筑显示了演出场所建筑艺术的特点和成就[2]。

第一节　会馆概述

中国最早的会馆出现在北京，是京城的官吏为家乡来京考试的举子和在京候任官员而建设的馆舍，为他们提供生活、娱乐必需品。会馆也是一种社会机构，其目的是方便同乡聚会，兼具扶危解困，为进京人士提供食宿。随着经济社会的发展，一些商人出于经营的需要，采取集资的形式，陆续建起规模较大的商业会馆，便于同行聚会、互通商情、存放货物、救济贫困。清代商业会馆几乎遍布全国各省，一些交通便利、经济发达、商业繁荣的城镇也纷纷建起同乡或行业会馆，成为明清时期中国一种独特的现象。

清代随着生产力的提高，商业活动的逐步活跃，商品经济繁荣起来，市场逐步扩大并形成网络。市场网络的形成，为商人提供了广阔的舞台，也为更多的居民

1　张文彬．简明河南史 [M]．郑州：中州古籍出版社，1996．

2　刘文峰．中国传统戏曲传承保护研究 [M]．北京：学苑出版社，2012．

从事商业经营提供了机会，使商业从业人员迅速增加。清代山西，农民和商贾各占50%，出现业农和业商人口相等的局面。[1] 封建社会士大夫在国家政权中，具有极强的影响力，商业会馆要立足于社会，必须得到士大夫阶层的支持。明清时期，士大夫对商人及商业的支持，给商业会馆的建立提供了良好的社会环境，为商业会馆的兴建提供了有利条件。

明末清初，山陕商人为清王朝筹集和运输粮草发了财，并因此成为垄断食盐、茶叶、金融、外贸等行业全国最大的商人集团。山陕商人在大江南北的许多城市、水陆交通码头建立了许多商业会馆，供他们聚会、议事、娱乐，会馆中供奉关公的神殿和演戏的戏楼成为主要建筑。山陕商人集团财大气粗，因此，山陕会馆的戏楼都建造得宏伟高大，金碧辉煌。明清时期徽商、湖广商人、江浙商人等也是较大的商帮，他们也在全国各地建造了大量的商业会馆，也建有不少戏楼。这些会馆戏楼，不仅逢年过节，邀请当地的戏班和名伶来演出，而且还有商人出资，邀请家乡的戏班和名伶来演出，促进了戏曲艺术的交流和发展。

我国地域辽阔，自然环境差异极大。人们在各自的家乡劳动生活、繁衍生息，形成了不同的生活方式、风俗习惯、价值取向。长期在外漂泊的人，容易触景生情，产生一种孤苦凄凉的心境。由于经商的需要，商人常年身处陌生的生活环境，对语言、饮食、习俗等周围环境都很陌生，他们从小耳濡目染的环境完全消失了。面对不同的生活方式、风俗习惯，再加上文化的隔膜，他们渴望了解当地的风俗习惯，渴望与家乡人进行心灵的交流。而归属感的需要就是建立会馆的一个重要因素。商人经商的最终目的就是赚取利润，经商需要面对同行间的激烈竞争、官吏的敲诈以及牙行的盘剥。要解决这些问题，仅仅依靠商人个人的微薄力量显然是不够的。为了捍卫自己的商业利益，同籍商人把集资建设商业会馆的事情提上了议事日程。例如，江西在上海做生意的商人，为了统一价格，避免同乡竞争，出现两败俱伤的情

1 张明富．试论明清商人会馆出现的原因 [J]．东北师大学报，1997(1)．

况，而集资建设了江西会馆。在上海经商的潮、惠商人，为了调解同行商人的矛盾，集资建设了潮惠会馆，协调商人间的利益冲突，希望依靠商人集团的集体力量，抵制官吏的横征暴敛。禹州山陕商人面对当地违禁私开车行，提高价格，给山陕商人带来不便问题，由会馆出面与当地政府官员协调，获得解决。洛阳潞泽会馆东厢房南侧的砖墙上《老税数目志》碑记载“因梭布税务一案，具禀籓宪，请大人案下蒙批，仰河南府查例……准照奏册完税”，使问题得到解决，保护了商户利益。

河南境内会馆的建造和发展，与明清之际，尤其是康乾时期商品经济的繁荣有密切的关系。河南地处中原，水陆交通便捷，给各地商人提供了经商的机会，吸引了大量外省商人来河南经商。河南资源丰富，盛产多种中药材，粮食生产不仅品种多，而且产量大，同时，河南人口众多，为南方手工业产品销售提供了广阔市场。康熙、乾隆时期，由于商品经济的繁荣发展，河南境内的商业会馆得以快速发展。河南一些水陆交通便利的集镇，逐渐发展成为贸易中心，特别是朱仙镇、周口店、赊旗镇等集镇，吸引了全国各地大批客商前来做生意。这些城镇店铺林立，客栈云集，贸易繁荣，各省商人的会馆也就陆续建立起来。会馆成为商人启发智慧，开通商智，进而研究商学、体察商情、集思广益、沟通信息等的重要场所。[1] 会馆的设立适应商人经商贸易的需要，为贩运、经销商品提供了便利，逐渐发展成为从事商贸经营的外地商人的行帮机构。会馆的职能逐渐丰富起来，由开始的祭祀神灵、接官迎仕、“叙乡谊，通商情，安旅故”，发展到规范商业行为，建立公平竞争的市场机制等功能。关于山陕会馆的设立，周口山陕会馆清光绪三年（1877）《山陕会馆碑记》有明确的阐述：“予维会馆之设，原所以齐人心而便商旅，山陕所属之地，广袤不下数千里，腰缠素装者素不谋面，一历斯境，遂人人切桑梓之情，而且莅之以神明，肃之以瞻拜，俾相识相敬相和睦，联秦晋为一家，结恩谊于异域，甚盛举也。”[2] 泌阳

1 李芳菊．会馆文化 [M]．郑州：郑州大学出版社，2007．

2 此碑现存周口山陕会馆。

山陕会馆《重修关帝庙碑》对会馆的功能进行了说明："商贾捐资之易，抑亦去父母之帮，流离于千里之外，身于家相睽，财与命相关，惜灾祸之消除，惟仰赖神明之福佑，故竭力供奉。"[1]

会馆的设立对进一步规范商人经营理念，提高道德规范，起到了督促自律和强化教育的作用。如社旗山陕会馆现存的《公议杂货行规碑》《过载行差务碑》《同行商贾公议戥秤定规概》以及舞阳北舞渡山陕会馆乾隆五十年（1785）《公议杂货行规碑记》中记载的碑刻，就是具体的体现。车文明教授把会馆功能分为四种：社会整合，参与地方事务，慈善公益，文化交流与传播。[2]

山西和陕西两省在河南经商的商人为了联络感情、互通商情，方便经商事业，通过集资的形式，在河南修建了数量可观的商业会馆，并以这些会馆为中心，将他们的商业活动辐射到中原大地。河南处于水路交通要冲地位，是连接东西南北的交通枢纽，并且与陕西、山西两省地域衔接，是两省南北转运贸易的重要中转站。河南省虽然有地理优势，河南人又能吃苦耐劳，但是，河南人安土重迁，不愿意外出从事商业活动，因此，本省商业流通基本依靠山陕商人，清代河南商业多为山陕商人所垄断。

清代河南山陕会馆主要集中在以开封为中心的豫东地区，开封市区和朱仙镇均位于豫东平原，贾鲁河、黄河、颍河诸水汇集于此，水路交通十分便利。外省商人在开封及附近先后建设开封山陕甘会馆、福建会馆、两广会馆、安徽会馆、浙江会馆等13座会馆，其中10座建在开封市内，其余3座建在朱仙镇。清顺治十年（1653），在开封经商的山西籍商人集资，在开封龙亭东侧老会馆街兴建河南境内第一座同乡会馆——山西会馆。乾隆三十年（1765）山西会馆重修时，由于陕西商人加入，遂更名为山陕会馆。乾隆四十一年（1776），由于甘肃商人加入，再次更名为

1 道光《泌阳县志》，清道光年刻本，卷二。

2 车文明．中国古戏台调查研究 [M]．北京：中华书局，2011．

山陕甘会馆。在清代朱仙镇是汴京门户，水陆交通枢纽，商贾云集，外省商人建有山陕会馆、山西会馆、福建会馆（天后宫）三座会馆。

南阳位于河南省西南部，水陆交通便利，南阳一府之内就建有18座山陕会馆。据记载清乾隆二十一年（1756），山西、陕西商人集资在赊店镇兴建会馆，用以“接官迎仕、叙乡情、通商情”等。商人们在会馆内说家乡话，演家乡戏，吃家乡食品，过家乡节日，敬关公，崇忠义，共谋商业发展。南阳与湖北、陕西相交，南下可走水路直达武汉，是南北商业流通的重要交通要道。除山陕会馆外，社旗还有一座福建会馆。南阳市区内建有山陕会馆、江浙会馆、湖北会馆、天妃庙（福建会馆）。此外，邓州建有5个山陕会馆，南召县3个，镇平县5个。淅川荆紫关镇平浪宫是河南第一座由船帮创建的同业会馆，始建于明崇祯十一年（1638），会馆气势恢宏、装饰华丽的建筑，显示出当年船帮强大的经济实力。平浪宫坐落于荆紫关镇南街东侧，坐东朝西，供奉水神杨泗爷。除平浪宫外，荆紫关还有山陕会馆、湖广会馆（禹王宫）、药王庙、漆宝会馆等。

周口位于河南东南部，东面是安徽阜阳市，西邻漯河、许昌，南面与驻马店相连，北面与开封、商丘接壤，贾鲁河和颍河在周家口镇交汇，水上交通非常便利，东南可入淮河而达江南，是豫东地区和江淮之间的水上交通枢纽。据道光二年（1822）刊立的《山陕会馆春秋阁院创修牌坊两廊看楼客庭工作等房铺砌甬路院落碑记》记载：“周家口盖中州之一巨镇也，水陆交通，商贾竞集，五方之民，咸萃处焉。西惟吾晋与秦之来为较易，以故惟吾晋与秦之人为尤多。”明清时期，周家口是东西交通的枢纽，南北漕运的咽喉，独特的地理优势使周口商业繁荣起来，随着经济的发展，这里店铺林立，外省商人云集。山陕商人于康熙二十年（1681），在沙河南岸创建一座山陕会馆。康熙三十三年（1694），在沙河北岸又创建一座山陕会馆。清代各地商人在周口修建了10余座商业会馆，有以地域命名的会馆和以行业名义兴建的会馆。这些会馆大多规模宏大，建有戏楼。

徽商也是清代实力很强的商帮。乾隆三十七年（1772），徽商在今周口庆丰街集资修建了江南会馆，也叫安徽会馆。据《周口市志》《周口地区戏曲志》记载，清代各地商人在周口市建设各类会馆10座。除山陕、安徽商人在周口店修建会馆外，江西、覃怀、湖广、福建等地客商也在周口店修建有同乡会馆。除此之外，周口府君庙为毡坊业同业会馆，由禹州怀庆毡坊业所建；鲁班庙为木泥业营建，每年六月二十有庙会；老君庙为铜铁业营建，每年二月十五、十月十五为会期；酒仙庙为酿酒业营建，以杜康为酒业祖师；机神庙为机坊业营建；缸神庙为印染业营建；葛仙庙为纸作业营建；嫘祖庙为丝业营建；孙膑庙为皮革业、制鞋业营建。[1]但保留至今的，只有沙河北岸的山陕会馆。

平顶山地处中原腹地，是豫西山地与黄淮平原的交接地带，物产丰富，交通便利，是商品贸易的中转枢纽。明清时期，平顶山的区位优势被山陕商人所看重。明清时期，山陕商人在平顶山境内先后建有山陕会馆十四五座，仅叶县就有5座山陕会馆，如位于县城北关的山陕会馆，龙泉山陕会馆、保安山陕庙（山陕会馆）、任店山陕会馆、洛北村山陕会馆。山陕商人在鲁山建有3座会馆：城关山陕会馆、郎庙山陕会馆、张良山陕会馆。保存到今天的仅剩半扎山陕会馆和郏县山陕会馆、保安山陕庙（山陕会馆），洛北山陕会馆只剩一座戏楼。

禹州地处河南省中部，是我国四大药材集散地之一。清代工商业发达，商贾云集，城区西北隅修建有3座会馆，其中十三帮会馆是河南规模较大、由多省同业商人集资共建的行业会馆。在禹州经营药材生意的药行帮、药棚帮、甘草帮、党参帮、茯苓帮、江西帮、怀庆帮、祁州帮、陕西帮、四川帮、老河口帮、汉口帮、宁波帮等十三个商帮经商议，于同治十二年（1873）购地20亩，修建十三帮会馆。在禹州经营药材的怀庆商人集资修建了怀帮会馆，山西商人修建了山西会馆，3座会馆相距不到200米。

明清时期，洛阳是河南府的中心城市，商业发达，四方商贾云集，是豫西地区

1 《周口文史资料第五辑》，第96—107页。

政治、经济、文化的交流中心。来自蒙古的皮毛，新疆出产的玉石，山东的海盐，安徽的宣纸，苏杭的刺绣，江西的瓷器，广东的铁制品，福建的茶叶和云南的食糖等商品，都运抵洛阳，再经销四方。当时洛阳的交通运输，主要靠洛阳通往西安的“两京大道”。“两京大道”向西可达新疆，向东可达山东沿海。另一条干道“晋楚孔道”从山西渡黄河过洛阳，向南经汝州、鲁山、南阳，而达湖北、广东。当时，洛阳的货物可以通过洛河水运入黄河，向东进入京杭大运河，最后达江南苏杭地区。洛阳便利的水陆运输吸引不少山陕商人来洛阳经商。在豫西地区，山陕商人以洛阳为中心，集资兴建了洛阳山陕会馆、洛阳潞泽会馆、宜阳山陕会馆、洛宁山陕会馆、伊川山陕会馆等。

豫北地区会馆的分布密度最低，而西北部地区多山，经济繁荣程度不及其他地区，交通相对闭塞，而且豫北长期以来属于怀帮商人传统经营地盘，外地商人不易进入。还有一个重要的原因，山陕会馆多修建于水路要冲的交通重镇。林州有记载的 4 个山西会馆为县城南关山西会馆，合涧镇山西会馆、姚村关帝庙和临淇镇关帝庙。

外省商人在河南的会馆建设，在道光二十三年（1843）以后接近尾声。道光年间，朱仙镇遭遇水灾，航道淤塞，商人损失巨大，纷纷离开，会馆遭到破坏，无力修复。咸丰九年（1859），北舞渡屡遭兵燹，山陕会馆损毁严重，后来山陕商贾曾重修，但随着光绪末年卢汉铁路通车，许多货物采用火车运输，不走水路，北舞渡商业凋零，其商品集散中心的优势没有了，会馆的地位也江河日下。赊旗店、周家口的情况大致亦如此，昔日的“水陆交会之乡，财货积堆之薮”，“连年生意冷落异常”，商人纷纷离开。随着清末漕粮采用海运和卢汉铁路通车，河南商业颓势尽显，中原各地山陕会馆风光不再。

会馆戏楼在明清时期乃至民国初年，是河南主要戏曲演出场所，为推动河南社会发展、经济繁荣做出了重要贡献。这些戏楼的独特造型、精美装饰以及现存碑刻，为我们研究明清时期的商品经济、社会发展、建筑艺术、戏曲交流以及会馆发展历史等方面的研究提供了珍贵的第一手资料。山陕会馆团结了山西、陕西两省的商人，在互通商情、同行聚会、维护同乡和同行业商人利益、存放货物、调解商业纠纷、扶危解困等方面都起到了积极的作用。山陕商人从盐业起步，发展到棉布、粮油、铁器、茶叶、药材、瓷器、皮毛、金融等各个行业。山陕商人依托自己家乡经济基础，逐步发展到全国各地的商业重镇，扩展到西北、东北等地，直至扩展到蒙古、俄罗斯等邻近国家。山陕商人的贸易活动和经营理念，极大丰富了我国明清时期的商业文化，把商贸经营推向了一个新的高度。明清时期的山陕商人把经商规模、经商智慧、经营理念推向了极致。

在回顾山陕商人这些传统经商理念的同时，运用我们当代人的审美眼光来审视历史，对他们的商德、商道作出新的反思，用现代话语来重新解读，对我们充分认识商品经济大潮具有深层的意义。

据广州美术学院郭林林统计，清代河南建有山陕会馆 24 所。[1] 宋伦、李刚则认为明清之际山陕商人在河南建造的会馆一共有 36 所。[2] 李俊锋《清代河南境内会馆的发展演进》一文统计，河南境内会馆有始建年代记载的 93 座。据郑州大学王兴亚教授估计，全省遗存的明清商业会馆有 200 余座，分布遍及全省。[3]

20 世纪 80 年代，对河南现存戏台统计数据显示："省内山陕会馆 32 处，山西会馆 32 处，江西会馆 6 处，湖广、湖北会馆各 5 处，福建会馆 4 处，江浙、四川会馆各 3 处，江南、山东会馆各 2 处，江宁、湖南、两江会馆各 1 处。"《河南省志·文物志》记载河南现存较完整的会馆戏楼仅有十几处，其中辉县山西会馆、禹州怀帮会馆等 8 处被定为省级文物保护单位；社旗山陕会馆、开封山陕甘会馆、洛阳潞泽会馆、洛阳山陕会馆、周口关帝庙、荆紫关山陕会馆 6 处被定为全国重点文物保护

---

1 郭林林．清代河南山陕会馆的区域分布及建筑艺术初探 [J]．大连大学学报，2012(3)．

2 宋伦，李刚．明清山陕商人在河南的会馆建设及其市场化因素 [J]．西北大学学报（哲学社会科学版），2009(5)．

3 中国经济网 2020 年 12 月 25 日。

单位。[1]2015年，郏县山陕会馆被确定为全国重点文物保护单位，2019年，禹州怀帮会馆被确定为全国重点文物保护单位。

明清时期，外省商人在河南修建的会馆多数已经不存在，现在保存下来的会馆以山陕会馆最多。山陕会馆因馆内敬奉关公，所以又名关帝庙、关公祠、山陕庙，是集商业会馆、祠庙、园林、民居建筑为一体的古建筑群。会馆建筑布局，一般采取坐北面南的传统模式，主体建筑拜殿、大座殿、戏楼，春秋阁都坐落在南北中轴线上，从南向北的顺序依次为照壁、铁旗杆、戏楼、拜殿、大座殿、春秋阁，构成会馆建筑群体。在中轴线东西两侧，对称分布有钟鼓楼、配殿、廊房及跨院等。

照壁。河南现存的会馆中，照壁完好的有5处：社旗山陕会馆、开封山陕甘会馆、洛阳山陕会馆、郏县山陕会馆和禹州怀帮会馆。开封山陕甘会馆和禹州怀帮会馆的照壁，使用青砖砌筑，不同的是，开封山陕甘会馆照壁是庑殿顶，禹州怀帮会馆照壁是歇山顶。洛阳山陕会馆照壁用琉璃砖镶嵌而成，壁面正中用琉璃方砖组成二龙戏珠图案，显得非常庄重华丽。社旗山陕会馆的琉璃照壁，是河南省会馆中最大的一座照壁，高10.4米，宽13米，厚1.7米，通体嵌1000多块彩釉琉璃方砖，壁面饰有精巧剔透的二龙戏珠、龙争虎斗、花卉图案，正中横额为“义冠古今”，下面两侧各有一幅彩釉琉璃方砖图画，图画外有两副对联，内联为“德壁辉光媲美富；羹墙瞻仰对英灵”；外联为“浩气已吞吴并魏；庥光常荫晋与秦”。内联表达对关公的缅怀与追思，以及他刻苦学习、拼搏向上的精神；外联表达山陕商人对一身浩然正气的关公的爱戴与敬仰，希望关公圣灵的光辉，保护山陕两省人民。郏县山陕会馆照壁厚1米，高大厚实的照壁临街而建，覆以庑殿顶。据《平顶山市志》记载：该照壁高7米、宽8米、厚1米，壁基以红石条砌成，上部用青砖建造，顶以仰合之瓦覆盖，并起五脊镇之。照壁背阴中心，制圆池一个，内嵌砖刻盘龙浮雕。郏县山陕会馆照壁建造严谨，做工细腻，历经大水冲泡，仍安然无恙。邓州汲滩山陕会

---

1 河南省地方史志编纂委员会．河南省志·文物志 [M]．郑州：河南人民出版社，1993．

馆照壁，与其他会馆照壁不同，分三部分，也称三山照壁。中间照壁须弥座上砌硬芯池子，池子周边镶嵌雕花，中间被汲滩中学改为大门，真实面目无考。庑殿顶，灰筒瓦覆盖，砖雕斗拱，仿木砖椽，脊中间置摘星楼，两端置鸱吻。两侧照壁比较简洁，灰筒瓦覆顶，池子贴网纹方砖。

铁旗杆。铁旗杆竖立在照壁后，有的竖立在戏楼两侧，也有竖立在拜殿前左右两侧，高高耸立，精湛优美。河南省会馆现存铁旗杆有 4 对，其中社旗山陕会馆铁旗杆高 17.6 米，重 5 万余斤，杆身盘有两条云龙、三个云斗，第一个云斗下悬挂风铎等装饰构件，顶部站立一只展翅欲飞的仙鹤。铁旗杆上各挂一副铸铁楹联，东边楹联是“豪气千秋照日月”，西边楹联是“英灵万古震纲常”，中间云斗上方分别铸有“大义”“参天”。潢川山陕会馆铁旗杆通高 17.5 米，重 35000 斤，嘉庆十四年（1809）铸造。杆身盘有两条云龙，旗杆中部有铁铸楹联一副：“铁杆颂德高千尺，铜柱表诚灿九霄”。周口山陕会馆前铁旗杆与潢川铁旗杆造型相同，高 17.5 米，重 3 万余斤。旗杆上有两条龙缠绕，左侧旗杆上铸有“大义”，右侧旗杆上铸“参天”，顶部铸有“凤凰展翅”“日月相映”，三个方形如意云斗，四边镂刻篆文“寿”字和“卐”字。唐河源潭山陕会馆铁旗杆高 17.5 米，六棱形，下部为铁狮子座，内侧铸胡人形象，外侧铸二龙戏珠、凤凰牡丹。杆身分七节，中部铸有一条云龙，杆身铸有仰覆莲、童子爬杆、仰斗、宝珠等图案。

钟鼓楼。山陕会馆钟鼓楼与一般庙宇钟鼓楼位置不同，位于戏楼两侧，而非主殿两侧。钟鼓楼顶部结构为重檐歇山顶，飞檐挑角，给人一种空灵秀逸的空间感。以灰筒瓦为顶面，绿釉瓦饰檐，黄釉瓦组成菱形间插装饰，显得古朴素雅。

戏楼是山陕会馆的主要建筑，坐南朝北，三面敞开，重檐歇山式砖木结构，楼顶覆盖黄绿琉璃瓦，正脊有狮子宝瓶，两端置龙头大吻，垂脊饰小兽，雀替、平板枋透雕人物、花卉、云龙，戏台上方悬挂匾额。全国现存会馆戏楼中，无论是建筑之宏伟，或者是装饰的精美方面，社旗山陕会馆戏楼是首屈一指的。戏楼为三重檐歇山顶，全楼以 20 根巨柱高高撑起，面南为山门，面北为戏台。楼之上下左右布满了木雕、石雕，雕饰内容丰富，有神话传说、历史典故、文人学士故事及吉祥动植物图案。风格独特的彩绘装饰美轮美奂。会馆戏楼既是我国封建社会末期区域性商品经济在特定的历史条件下走向繁荣的产物，又是我国戏曲舞台艺术发展到鼎盛时代，剧场建筑艺术走向成熟并呈现千姿百态的标志。[1]

大拜殿和大座殿。大拜殿是会馆的主体建筑，是山陕商人聚会和祭拜关公的场所，后殿为供奉关公神位的地方，称之为“关帝大座殿”。山陕会馆供奉关公，一方面表达山陕商人希望关公保护他们在外经商顺利的愿望，另一方面表达商人相互团结追求忠义诚信的思想。

春秋楼或春秋阁为会馆中轴线上最后一进建筑，其内供奉关羽夜读《春秋》神像，因之而名。两侧有仪门通后院。

第二节　会馆戏台建筑艺术

从河南现存会馆戏台的建筑形制上来看，会馆戏台保持了我国古代建筑艺术的民族风格，大致有单檐歇山式、重檐歇山式、悬山式、卷棚式、歇山卷棚结合式、硬山卷棚结合式六种形式。从建筑结构来说，有木结构、砖木结构、土木结构等。从观演关系的角度来看，戏台的建筑形式有两种：一种为伸出式三面观戏台，一种为封闭式一面观戏台。分析造成会馆戏台不同形态的原因，主要是受建造者的财力、地形及当地气候条件等因素影响所致。商业发达地区，商人集团经济实力较强，所建造的戏楼多为重檐歇山式砖木结构，两旁有钟鼓楼，左右两侧建有看楼。戏台建设都讲究雕梁画栋，屋顶覆盖琉璃瓦，金碧辉煌，充分显示雄厚的财力。商品经济不甚发达地区和经济实力较弱的商人集团所建的戏楼多为硬山式或单檐歇山式，一

1　刘文峰．中国传统戏曲传承保护研究 [M]．北京：学苑出版社，2012．

般是灰瓦覆顶，施以简单的彩绘，也没有看楼。

因会馆戏楼为商人集资所建，财力充足，更注重装饰，讲究华丽的风格。屋顶有不少为琉璃瓦覆盖，有宝瓶、鸱吻、鸟兽、人物、花卉等装饰；楣枋、斗拱、雀替、藻井、槅扇或彩绘或木雕，图案有花卉鸟兽、历史人物、戏曲故事等，色彩斑斓，富丽堂皇。[1]

戏楼是会馆中的重要建筑，是会馆的形象，代表会馆的经济实力。会馆戏楼一般位于一进院的中轴线上，多与山门一体，坐南朝北，面对拜殿和大座殿（周口山陕会馆戏楼与春秋阁对应），与两侧厢房组成一个相对封闭的观演空间。明代万历年间以后，神庙戏台的建筑形式，被其他戏台建筑所吸收，从而成为晚明以后中国戏台建筑的一种典型样式。明后期及清代各地兴建的商业会馆，基本模仿了神庙戏台的建筑形式，利用它的酬神和演戏功能，来为商行的经济活动服务。一般规模的山门戏台分上下两层，底层为大门通道，二层为戏台。戏台多为歇山顶，规模较大、档次较高的戏台建重檐或多檐顶，屋顶内设藻井，屋脊上置宝瓶、鸟兽、鸱吻，并且装饰精美的木雕、石雕、彩绘。

由于各地商人家乡建筑文化与驻地建筑文化的交融，商人集团财力的差别，以及不同商人审美品位的不同，会馆戏台在艺术风格上往往会呈现出多元化的特征。概括起来讲，主要体现在造型风格、装饰艺术、色彩运用三个方面：在造型风格上，戏台顶部装饰设计仪态万千，各不相同；在装饰艺术设计上，楼顶构件与雕刻方面，风格纷呈，使用材质各不相同，以石雕、木雕、砖雕、陶雕著名；在色彩运用方面，有的平淡素朴，有的五彩缤纷。

随着经济社会的发展，以及经商的需要，会馆的地位更加重要，从开始时的同乡商人联谊聚会、交流商情、储存货物的场所，逐渐演化成会馆节庆、仪典的中心。会馆戏台也从简单的庭院式逐渐变得复杂起来，首先在庭院上面加盖顶棚，以便天

1　刘文峰．山陕商人与梆子戏考论 [M]．北京：北京时代华文书局，2015．

气不好时能够遮风避雨，然后发展到建筑宏伟，装饰流光溢彩的大戏楼。例如，社旗山陕会馆戏楼，耗费巨大人力财力，“运巨材于楚北，访名匠于天下”，在总体建筑设计上，融会宫殿、庙宇的优势，在建筑风格上，集南北建筑的风格为一体。建筑材料涉及面广，包括陶制、铁铸、雕刻、彩绘等方面，就雕刻而言，有石雕、木雕、砖雕、陶雕、铸雕，等等。自嘉庆元年（1796）到道光元年（1821），前后历时 52 年，最后建成三重檐歇山式建筑。戏楼共三层，通高 25 米，面阔三间 12 米，进深 13.48 米，戏楼前广场可容上万人看戏，两侧共有 50 间看楼，分上下两层，设有 500 个席位。戏楼外观造型完美、雄伟壮丽、威仪挺拔，整座建筑设计主次分明、布局精妙、巧夺天工、典雅大方。

社旗山陕会馆戏楼、开封山陕甘会馆戏楼、郏县山陕会馆戏楼都属三面外凸的构造，不管在建筑形式上，还是在使用功能上，都能够和国内著名戏楼相媲美。这种建筑艺术的独特格调，也促进了戏曲艺术的发展与交流。

会馆戏台一般上演传统戏曲，以关公戏为多，也花费重金邀请山陕两省戏班来演出。戏台是戏剧传播的载体，山陕两省不同的剧种，通过会馆戏楼在河南广泛传播，河南当地的戏曲班社，也在会馆戏楼展示戏曲艺术。多少年来，会馆戏台更是用精美的建筑向人们展示着高超的建筑文化。

中国传统的戏台与西方传统的剧场是两种不同的建筑文化。西方传统的剧场是专供人们观看演出的地方，而中国人在看戏的过程附带着许多其他目的，通过娱乐，可以实现祭神、交际、议事等各种不同的目的。从这方面来说，我国的戏楼既是人们精神的寄托之处，也是实用的功利场所。

戏楼是会馆聚会演戏和举行各种庆典活动的场所。逢年过节的时候，同乡或同行商人经过一年的奔波操劳，借机放松一下身心，欢聚一堂，看戏交流。每当有商人经商获取大利时，也要酬神演戏表示庆祝。

河南现存会馆的戏楼，从其建筑结构形式上看，其平面多为正方形，也有个别的为长方形，一般面积较大，两侧建有看楼，中间为观众看戏的广场。楼顶多采用悬山式、歇山式、硬山式或卷棚式，比较宏大的戏楼也有硬山式和卷棚式相结合的形式。楼内梁架均为抬梁式构造，梁架有露明的，也有设天花不露明的。有些戏楼梁架上悬挂有各种匾额，这些匾额也是有讲究的，一般为本乡官员书写，或者出自名书法家之手，既显示出同乡之谊，也扩大了会馆的声名。如社旗山陕会馆悬鉴楼，戏台正中悬挂的“悬鉴楼”匾额，“悬鉴”二字是从山西拓印的清初大书法家傅山的墨宝，“楼”字是叶县举人徐靖所写。洛阳潞泽会馆戏楼上悬挂的匾额“悬鉴楼”三字，据洛阳大运河博物馆张红飞馆长介绍，出自洛阳著名书法家张鹤龄先生之手。

戏楼两侧一般不砌墙体，正面为开敞式，有的装槅扇门。淅川荆紫关山陕会馆戏楼和禹州十三帮会馆戏楼、宜阳山陕会馆戏楼在正面两侧砌了八字墙，社旗山陕会馆戏楼内建有八字墙，有利于演唱时，声音的外扩，收拢观众视线。

会馆雕塑所用装饰材质有砖、石、木、陶等多种多样，雕刻工艺技法有圆雕、浮雕、高浮雕、透雕和彩绘等，采用多种雕刻方法综合运用，场景跌宕起伏，刻画细腻生动。装饰内容有龙凤、人物、鸟兽、山水、树木、花卉，还有三国故事、历史典故和民间神话传说等，十分广泛。例如，开封山陕甘会馆照壁檐下，雕刻有人物、山水、飞禽、走兽及花卉的五层透雕，特别是小巧玲珑的算盘和账簿，充分展示了会馆浓郁的商业氛围。会馆内关羽的雕刻、彩绘比较突出，钟楼上有“关公斩蔡阳”，牌楼檐下有彩绘“三顾茅庐”“关羽封金”“脱离曹营”“过五关斩六将”等三国故事。洛阳潞泽会馆舞楼的三组石柱础十分生动，金睛兽驮莲花、狮子驮莲花、麒麟驮莲花。三兽的身躯部分均为方柱体，柱体上部绘有祥云，云纹之上烘托出一朵硕大的八瓣仰莲，莲花宝座支撑着根根巨柱，每个花瓣外又运用线刻技法绘出朵朵盛开的莲花。方柱体前分别雕刻三兽的头、胸和前腿，方柱体后面分别雕刻三兽臀部、尾巴和后腿。三兽四肢直立于地，表情沉静，神态稳健。这三组柱础充分体现了民间艺人超人的想象和精湛的技艺。[1] 洛阳山陕会馆大殿殿顶四角塑有韩信、庞

1　佚名．潞泽会馆里的雕刻艺术 [J]．中华手工，2005(4)．

涓、周瑜、罗成四人雕像。殿檐的木雕有亭台楼阁、禽兽花卉、龙凤呈祥、麒麟送子等，雕工精细，工艺精湛。特别是戏楼、大殿和寝殿梁架彩绘，是现存面积较大的龙穿牡丹清代原始彩画，在河南屈指可数，弥足珍贵。社旗山陕会馆的石雕装饰多用于建筑的墙基、壁芯、抱鼓、栏杆、柱础。石柱础作为木构建筑的支撑基础，在确保基本功能的同时，对其表面进行精雕细刻，也是会馆建筑装饰的一个显著特色。社旗山陕会馆悬鉴楼一楼过厅 20 根顶梁柱下的柱础，巧妙地设计了形状各异的狮子、麒麟等动物形象，有的大狮子压着小狮子，有的狮子在戏耍，还有的两个狮子共用一个狮头。会馆的石雕既有汉代雕刻粗犷雄浑的神韵，又有清代雕刻细腻流畅的格调，雕刻工艺精湛，艺术性极高。在悬鉴楼的南门，一对石狮笑容可掬，雄狮持绣球，雌狮背负、怀抱幼狮，颇具人情味，与会馆"叙乡情，重联谊""和气生财"的立意一致。山陕会馆是山陕商人的精神家园，雕刻内容更具有丰富的文化内涵，处处显示出与其功能融合的寓意。

山陕会馆的雕刻装饰寓教化作用于一体，是山陕商人审美意识，文化心态和人文思想的集中体现。其目的是让人们身处会馆中，潜移默化地受到这些装饰内容及其文化内涵的熏陶。

河南现存会馆的建筑装饰内容之丰富，雕刻绘画技艺之精湛，在历代建筑装饰艺术中，显得尤为突出，特别是把建筑、雕塑、绘画、书法、历史故事、民间传说、自然景物融为一体，用娴熟优美的线条和色泽鲜艳的绘画，通过建筑装饰艺术形式形象地展现出来，以供商旅客户在洽谈贸易之余，启迪其思乡之情，激励其奋发创业精神。[1]

河南现存会馆的装饰艺术造诣精湛，是具有强大震撼力的民间艺术瑰宝。独特的装饰风格是山陕商人经商文化、经营理念的具体体现，也蕴含中国传统的道德观念。会馆的装饰艺术把山陕商人求上进、求财富，讲诚信、讲公平的经商理念，融

1　孙红梅，邓学青．河南明清时期会馆及其建筑特征 [J]．中原文物，2007(5)．

合在建筑装饰中，营造了浓郁的德化教育氛围，目的是教化山陕商人懂得规范经营，在求财富的同时确保平安。社旗山陕会馆悬鉴楼的德育理念首先显现在悬鉴楼的楼顶，悬鉴楼顶的琉璃阁楼，南面门楣上的“天五尺”三字，在告诉人们这座楼气势雄伟的同时，也提醒山陕商人应该树立高远的志向。悬鉴楼四角飞檐挑角，檐角各置一人物，一种说法是把庞涓、韩信、周瑜、罗成四将置于檐角，以四将虎威，可驱妖魔。另一种说法是，这四个人虽然武功高强，但是，他们在处世上却短见，把四人置于檐角意在提醒世人，做人要志向高远，不要做“短人”。在人们观看优美的装饰时，便触景生情，情景交融，可见悬鉴楼装饰艺术设计者在教化方面的良苦用心。在戏台前面的石柱上雕刻有两副戏联“幻即是真，世态人情描写得淋漓尽致；今亦犹昔，新闻旧事扮演来毫发无差”；“还将旧事从新演；聊借俳优作古人”。戏曲楹联阐释了戏曲内涵的深层文化，具有借古喻今的教化功能。告诫台前看戏的人们，在看戏时要多思索，舞台是演出的虽然是过去的故事，但是，今天仍然有借鉴作用，提醒观众在生活中要做好人，不做坏人。洛阳潞泽会馆舞楼上戏曲楹联“人为鉴即古为鉴且往观乎，鼓尽神兼舞尽神必有以也”。“人为鉴”“古为鉴”出自《旧唐书·魏徵传》，是唐太宗李世民对大臣魏徵的评价：“人以铜为鉴，可正衣冠；以古为鉴，可知兴替；以人为鉴，可明得失。朕尝保此三鉴以防过。”鼓尽神兼舞尽神：以鼓舞结合的形式敬奉神明，激励观众。

社旗山陕会馆戏台前栏板有 11 幅石雕画，雕刻戏曲故事场景，每一个画面的立意都十分鲜明。其中“渔樵耕读”这组雕刻位置的摆放，明确告诉我们设计者的独具匠心，此处的“渔樵耕读”排列顺序被有意打乱，将“读”的位置放在“耕”的前面。把苏秦学业有成，“衣锦还乡”的场面，放在一组画的中间。而且特意在“读”的右上角的窗口造型中，加雕了“孟母教子”画面，与前边“樵”相呼应，其目的是突出“万般皆下品，惟有读书高”的思想。把富含德化内容的雕刻放在戏台最显耀位置，这样的顺序安排，充分说明读书人在山陕商人心中的影响力。商人不只是追求发财，也希望提高自己的社会地位，所以利用这组雕刻告诉人们，只有勤奋好学，功成名就后才能够“衣锦还乡”。宋太祖赵匡胤的“卖华山”石雕，目的是强调诚信的重要性，不仅平民百姓要讲诚信，皇帝也应该讲诚信，石雕“卖华山”之重“信”，和关公重信用都吻合商人“以信为本”理念。

悬鉴楼正门过道东侧的柱础束腰北面雕“王羲之爱鹅”，西面雕“五老观太极”；迎门南面西侧画面，雕刻“关公读《春秋》成神图”，南面东侧雕一手持书卷的人物。中心部位的柱础束腰部画卷式雕面，雕琢有“申公豹拦姜子牙”“麻姑献寿”“杨香扼虎救父”“杜康造酒”“刘伶醉酒”。其东侧的柱础束腰部雕“米元章爱石”“陶渊明爱菊”“俞伯牙爱琴”“周敦颐爱莲”。二楼戏台的明间二柱础雕刻历史传说“姜太公垂钓”，戏剧故事“三娘教子”“书生赶考”“农夫逸乐”，西侧柱础雕刻有“商旅图”。所有雕刻都是在创造德育氛围，通过画面形象的描述，教育人们要讲诚信，讲孝道，讲忠义，更要充满爱心。悬鉴楼南面墙体里有四块方形石雕，无论是三国故事“赵子龙大战长坂坡”“刘备马越檀溪”，还是历史典故“圯桥进履”“杯羹之让”，都突出了德育功能，无论是描述战争场面的“赵子龙大战长坂坡”，还是描述旷野之幽的“圯桥进履”，其目的都是在教育人们要讲忠义，要有爱心，要懂得尊老敬贤。特别是描述张良的“圯桥进履”，设计者将张良偶遇黄石老人，经过黄石老人的考验获得《太公兵书》的故事，置于此清幽的山水之中，正是以清高境界，来烘托德者有智，智者精进的哲理，具有重要的教育意义。“既和且平”出自《诗经·商颂》，意思是音乐、伴奏要和谐，音响高低要恰如其分。把此匾挂在戏台上方的目的是告诫商人，经商要公平竞争、和气生财。

社旗悬鉴楼和钟鼓楼、郏县山陕会馆戏楼和钟鼓楼、周口山陕会馆戏楼和钟鼓楼、开封山陕会馆戏楼和钟鼓楼、洛阳山陕会馆戏楼和钟鼓楼三楼交相映衬，既具北方高大雄伟的建筑风格，又有南方玲珑剔透的建筑特点。设计者巧妙地利用了三栋楼的建筑空间，使高挑的飞檐交错叠映，实现了三栋楼飞檐交错叠映，形成“勾心斗角”之势。三栋楼飞檐交错叠映的设计把商人的经营思路、处世哲学，以及商界的群体优势、规模效益等融入设计中，让观众在观赏美妙设计的同时，受到心灵的教育。在商业经营中，公平竞争能够促进发展，竞争可以形成群体优势，发挥互衬的效果，关键是经营者要有自己的经营思路，顺势而行。设计者的高明和智慧之处不是用语言明说出来，而是让人们自己在观赏中去体会其中的奥妙，从而达到“此处无声胜有声”的德育效果。戏楼的雕刻装饰既宣扬了儒家仁义道德，又弘扬了商贾诚信为本的经道理念，堪称民间一绝，充分体现出山陕会馆戏楼是一座集艺术文化、思想道德为一体的民间艺术宝库。

通过对木、石、砖、瓦的精雕细刻，这些饱含设计者高深思想境界和深厚文化积淀的作品，活灵活现地展现在人们面前，使人们在赞赏这些精美装饰的同时，受到启迪和教育。设计者们在会馆这片有限的空间里，以高深的思想意境与娴熟的雕刻艺术，将传统的德育内涵，通过实物表现得淋漓尽致。

第三节　会馆戏台演戏活动

会馆演戏主要有酬神演戏、行业演戏、罚戏、喜庆演戏等形式，会馆酬神演戏具有规模大、持续时间长、演剧多、仪式性强的特点。

早期的会馆戏台是为酬神祭祀演戏而建造的，每年戏曲演出时，会根据会馆所供奉神灵的诞辰而定。山陕会馆供奉的是“信”和“义”的化身关羽，每年农历五月十三关羽诞辰都要举办关帝庙会，此日前后都要祭祀演戏。福建会馆供奉天后林默娘（妈祖），其会馆又称天妃宫、天后宫、娘娘庙，每年三月二十三林默娘诞辰，九月九日天妃升天的日子，都要举办天后庙会，此日前后演戏祭祀。广东会馆供奉南华六祖慧能，其会馆又称南华宫，八月初三为六祖会，广东会馆演戏庆祝。湖广会馆主祭大禹，六月六日为大禹出生的日子，湖广会馆演戏庆祝祭祀。安徽会馆信奉朱熹，每逢九月十五日朱熹诞辰，都要祭祀演戏。江西商帮崇奉斩妖除害的旌阳令主许逊为“许真君”，每逢农历八月初一（传说中的许逊成仙日），都要进行祭祀活动。不少商帮会馆也常有乡域土神、乡域先贤等神祇配享、配祀，亦有固定的祭祀演戏日子。在各会馆祭祀的神祇中还有财神、火神、马神、药神等，以供奉财神赵公元帅较多，供奉者都希望财源滚滚、多多发财。

酬神演剧一般持续时间较长，允许会馆之外的人进馆看戏，因为商人意识到通过酬神演剧，不仅能够祈祷神灵佑护自己的生意亨通，还能够通过演剧活动汇聚人气，为自己经营的商品扩大了知名度。

除了酬神演剧外，行业演戏也是会馆演剧的一个重要内容。中国人看戏的过程也是交际的过程，通过看戏达到交际的目的，商人们认识到通过娱神、祭神，人也可以享受娱乐，在看戏时还可以议事。从这一点上来说，戏楼既是精神的寄托之处，也是实用的交际场所，这也体现了戏楼的交流功能。清代乾嘉时期，社旗镇是商业重镇，全镇人口多达 10 万。随着商业的兴盛，戏曲活动也十分活跃，曾经有“一年三百六十五天，无日不有戏”的说法。商家集资赞助戏曲活动成为常规，社旗山陕会馆乾隆五十年（1785）刻立的《公议杂货行规碑记》，明确规定“每年正月十五日演戏敬神，各家俱要齐备，如故违者，不许开行”。

行业演戏从过年节到新店开业、招收学徒，等等。会馆所属的各商家在新店开业之时要演剧宴请全体同行，证明自己已经属于这个集体，这在许多行业的规章制度上都有体现：凡设立猪店者，曾有议规。……新开猪店者，在财神圣前献戏一天，设筵待客，同行之人方许上市生理。此议之后，供各遵守，并无异说。近年北张羊王两家，开张之时，并未献戏请我同行。此皆年远日久，议规未申，以故废饬。今同行公议，重整行规，以申旧制。自议之后，如有新开猪店，必须在财神圣前献戏一天，设筵请客，方准上市生理。如不献戏请客，同行之人，该不准其上市生理。[1]

新店铺开张在神前献戏，宴请同行，就是要把新开张的店铺纳入到行业集体中来，自开张之日起要用行业规则去规范所有从事本行业的商户。通过献戏，新开店

1　李华．明清以来北京工商会馆碑刻选编 [M]．北京：文物出版社，1980．

铺也表明了加入这个集体，要以行业规章制度作约束自己。

会馆内部在制定本商帮的章程，或者根据市场行情需要给经营商品定价、伙计增长、降低工资等事项时，凡是和全行业和商帮有关的事情，都要在一起商议决定。在事情商议完毕的时候，也会进行演剧活动。

为店员增长工资，各个店铺、商号是没有权利，必须大家共同商议。这样做是为了避免不正当竞争，维护行业整体利益，属于会馆同行的一件重大事情。因此，要在神前献戏，以示郑重。

会馆同行对各个商户招收学徒的数量和年限规定，会馆所属各商号或手工业作坊、店铺招收学徒活学徒期满，也要宴请会馆同人，并演剧。

如果会馆所属商号或各手工业作坊出现违反了会馆的规章制度的情况，要对其实施处罚，惩罚方式就是让违反规章制度者请全行的人听戏并宴请会馆成员。

罚戏是对那些不遵守行业规则的商户的一种约束，毕竟请戏班唱戏是一笔不小的开支，违规成本很大，其目的是促使商户严格遵守行业规则。通过在神灵前献戏，既起到了神灵威慑的作用，也以请全行的人一起看戏的形式，向同行宣告并承认自己所犯的错，请大家监督。罚戏对同行业的其他人也能够起到警示的作用，促进本行有序、健康发展。

社旗山陕会馆《同行商贾公议戥秤定规矩》记载：雍正二年（1724），同治元年（1862）会馆两次组织议定戥秤之事，“公议之后，不得暗私戥秤之更换。犯此者罚戏三台。如不遵者举秤禀官究治”。罚戏之举，是行业内部较为温和的处罚手段，是会馆对从业者遵守行业道德规范的监督制约。将责罚融入娱乐活动之中，在行业组织内部公开道歉，得到同行的谅解，继续从事行业经营。会馆在调解商业纠纷上施行罚戏的形式，一方面体现了会馆行业规范对商户的约束力，另一方面促进了商户间的相互谅解，增强了秦晋商人群体的凝聚力。

喜庆演戏。会馆落成或会馆戏台落成要演戏，每逢重大节日或者会馆中有商号完成大宗买卖，盈得巨额利润之后也要演戏。

会馆也会定期集会，来缓解长期以来辛苦经营的疲累，放松身心，而且能够敦睦乡情，增加彼此之间的紧密联系。如郏县山陕会馆，每年固定在二月二十日演戏一台。

行业定期举行的演剧活动，有值年会首负责安排办理，所需花费，或由大家自由捐助，或者公派。

《齐如山回忆录》中记载了以前行业定期举办演剧活动的场景：

工商各行都有行会。有些小行会，也是有写在纸上的章程。可是哪一行都有它的行规，而且是人人知道的；每年开会总是要演戏以敬祖宗。开戏前先开会，会长登台问大家，我们会员来齐了没有？大家说来齐了。会长说凡犯行规的人都是混账王八蛋，随说：开戏开戏。他开会说话只此一句话，惩罚的条件就此一种，就是骂一句混账王八蛋，就够了，就没人敢犯行规。[1]

商人看到了民间庙会期间人群如织、生意火爆，为吸引客源、销售商品自己也举办庙会，这类庙会的会期一般较长，举办地点或在本会馆，或在会馆外空地搭台，商家往往邀请多家戏班轮流演出，免费让观众观赏。“一些实力雄厚的商帮商会还往往利用一年的祭祀之期举办大型的商品交易会——由于多在寺庙举行，故也称庙会。这类商办庙会名义上是祭祀本帮会尊神，实际上却是为了张扬声势，推进贸易。”[2]

很多山陕会馆都定期举办庙会，会期多选择在农历五月十三日即关帝诞辰日，但也有在其他时间举办的。泌阳山陕会馆会期是农历九月，这样的庙会几乎成为以出售商品为主的商贸会。有诗描绘泌阳山陕会馆的庙会：“千年广厦群回廊，百会喧陈大会场。自惜祠基传水府，于今庙貌壮西商。摊钱估客居成肆，入市游人浆列行。

1　齐如山．齐如山回忆录 [M]．北京：中国戏剧出版社，1998．

2　路应昆．中国戏曲与社会诸色 [M]．长春：吉林教育出版社，1992．

最是城西逢九月，开棚九日醉梨输。”[1]

山陕会馆戏台既是山陕商人酬神的场所，也是聚会与联谊的场所，更是山西梆子、陕西秦腔戏班在当地的演出场所。山陕商人离乡背井，远离亲人，常年在外奔波，在物质生活上比较富裕，但精神生活却非常贫乏。为了解除思想上的空虚与寂寞，他们常常不惜重金邀请家乡的戏班来演出家乡戏。这样，邀班唱戏，逐渐在山陕商人中形成风气，并影响到当地的其他观众。[2]

会馆戏台不同于一般的神庙戏台，所以娱神的成分较少，娱人的分量重得多。会馆都带有极浓厚的地域性和行业性，除了维护自己的经济利益，还要在文化娱乐方面显示自己的经济实力。随着会馆戏楼的设立，也促使某一地区的地方戏班随着本地商帮在外地的经商活动，向各地流动。山陕商人利用梆子戏演出的手段不断开辟市场，促进了商品贸易的繁荣。商业的繁荣为梆子戏的发展提供了经济基础，梆子戏的兴盛反过来也促进了市场的繁荣，增加了山陕商人的经济收入。精明的山陕商人不仅把梆子戏作为消除思想上空虚烦恼的娱乐，也作为一种开辟市场，繁荣贸易的手段。

随着贸易的繁荣，新的市场不断开辟，戏班的演出范围，也不断增加。许多地方戏班受邀请到会馆演出，地方剧种得到传播，影响扩大。戏曲文化的繁荣，常常与商人的商业活动，是联系在一起的。清代信息传输和交通不发达，商人常常利用庙会销售货物，每当会馆庙会开始，山陕商人和本地的商人均在戏场附近设棚摆摊售货，四面八方的群众前来赶会，他们不但可以欣赏自己喜爱的戏曲，而且还能够选购自己所需的生产资料和生活用品。正如《汤阴县志》所记载：“有会必有戏，非戏则会不闹，不闹则趋之者寡，而贸易亦因之而少甚矣。”由此可见，商业经济与戏曲的关系，是通过庙会演戏体现出来的。

山陕会馆戏台是山陕商人集资建设的，商人把来自家乡的梆子戏带到了河南，

---

1 道光《泌阳县志》卷二，道光四年刊本。

2 刘文峰．山陕商贾与梆子戏的关系 [Z]．西安：中国艺术研究戏曲研究所，1985．

使他们在外地观赏到自己熟悉的戏曲，听到了乡音，同时，也为山陕戏曲的对外传播和发展起了重要的促进作用。戏曲在声音上的家乡特色，是会馆“叙乡情，重联谊”的最好方式，因为，他们常年身在异乡，对故乡的文化艺术有一种特殊的感情，对家乡戏有一种特别的喜好，听乡音最能萌动人们的思念家乡之情。看看家乡的戏，欣赏在家的时候听惯了的熟悉的腔调，听听乡音，就想起了家乡的种种往事，能够使远离故土的人们释放对家乡思念的情怀。除了他们熟悉梆子戏的音乐旋律和语言之外，还有一个重要原因就是梆子戏有不少剧目反映了商人的生活，寄托了他们的思想感情。[1] 如《贩马记》描述贩马商人外出贩马，其后妻勾结地保，虐待其子女，又把贩马商人诬陷入狱的悲惨故事。《三滴血》描述商人周仁瑞及其父亲被昏官迫害，最后落得骨肉分离、有家不能回的痛苦经历。还有反映商人家庭的矛盾和不幸的戏剧《三世修》《龙凤杯》《汗衫记》等，反映商人生活的疾苦和经商的艰辛的戏剧《双官诰》《秋江恨》《九件衣》等，反映商人的思想、品行的戏剧《不解缘》《新金玉缘》《好商人》等。这些剧目中刻画的商人生动形象，真实地反映了商人的生活，深受他们的欢迎。

山陕会馆戏台都面对正殿，形式上主要有娱神的作用，因此戏台演戏的主要剧目就是吉庆戏和表达感谢神灵庇护的戏曲。通过向关帝献戏，感谢关帝对商人及他们的经商活动的护佑，表达了山陕商人最真诚的感激之情，通过祈福还愿，希望可以心想事成。对此周口山陕会馆乾隆四十八年（1783）刻立的《重修关圣庙诸神殿香亭钟鼓楼并照壁僧室戏房及油画诸殿铺砌庙院碑记》，有明确的表述：“抑大帝籍隶山右解梁，秦晋接壤，号称同乡，去圣之世千有余年，而近圣之居若此其甚。方今大帝馨香俎豆，遍渤海内外，虽远客天涯犹若比邻，况恒华至于中州，千里而近乎？众商处攘往熙来之地，矢洁斋慕义之枕，固已合秦晋为一家，历颍北若中条矣。同仁宦游东土，抱病西旅，依梓里之末光，亦思附众乡友后籍，以代温藻之蘸。”

1　刘文峰．山陕商贾与梆子戏的关系 [Z]．西安：中国艺术研究戏曲研究所，1985．

演出剧目以关羽三国故事为主要内容，如《战吕布》《五关斩将》《单刀赴会》等。这些剧目树立了关公正义、忠诚的形象，也体现了山陕商人在经商活动中诚信为本的商业理念，演出活动也促进了戏曲的繁荣与发展。

同乡聚会演戏娱乐是一项重要的事情，从中也体现了行业交流的功能。商家集资赞助戏曲活动成为常规，社旗山陕会馆乾隆五十年（1785）刻立的《公议杂货行规碑记》，明确规定“每年正月十五日演戏敬神，各家俱要齐备，如故违者，不许开行”。过去每年农历五月十三祭祀关羽大典之后要演戏三天，社旗镇每到此时，总是人山人海，生意兴隆，商店老板也都大赚一笔钱。

会馆演戏还得到地方政府的保护，如陈州府为周口山陕会馆演戏出示：陈州府保护周口山陕会馆关帝圣诞演戏告示。

周口山陕会馆，向来每逢敬神演戏，文武大小衙门并无阻扰。后因乡地兵役抚弊诈索，阖镇赴城。官蒙府宪陈太老爷出示晓谕，阖镇遵□，勒石以垂不朽云。谨将告示列后：

特授河南陈州府正常加十级纪录十五次。晓谕事照周家口河北地方：

关圣帝君庙一座，系合镇众商公建。每逢关帝圣诞，众商各捐资财，演戏以答神庥。本府访闻，敬演之时，竟有一种在官，人后声言拿戏需索讹诈，实属不法。合并出示晓谕，为此示仰该处众商知悉：嗣后演戏敬神之时，倘有文武大小衙门兵役并地保人等欲拿官戏混行阻挠，许该众商赴本府衙门具禀，听候查究，毋违，特示。

告示

嘉庆五年二月初五日[1]

无论是王公贵族，还是平民百姓，各个阶层都有自己喜欢的戏剧，都喜欢观看

1 山西省政协《晋商史料全览》编辑委员会．晋商史料全览·会馆卷 [M]．太原：山西人民出版社，2007．

戏曲演出。山陕商人也是一样，戏曲演出活动最容易引起他们的共鸣。在热热闹闹的观演过程中，山陕商人们把酒言欢，洽谈商务，这样既增进彼此的情谊，又获得了交流的机会。

山陕会馆戏台上，不同戏剧塑造了大量的忠臣义士、贞女烈妇等形象，通过这些戏曲人物的伦理典范式的化身，不仅使观众从戏曲之中获得了满足感，也受到了伦理道德教育。几百年来，忠孝节义、仁义礼智信等道德观念，已经深深地融入了戏曲作品之中，观众在观看戏剧演出过程中，潜移默化地认同这些为人准则，进而实现了对道德秩序的自觉遵循。

会馆戏台是我国封建社会末期，商品经济与戏曲文化、宗教信仰结合的产物。随着 1906 年 4 月 1 日卢汉铁路通车，打破了以往依靠水路与驿道的传统交通格局，山陕商人的传统商业受到打击。以后，由于军阀混战，河南区域性商品经济遭到破坏，商人无法继续经营，纷纷撤离，会馆戏台便完成了它的历史使命。尽管如此，它作为明清时期和民国初年主要的戏曲演出场所，仍然具有重要的文物价值。一些建筑宏伟，造型独特、装饰精美、保存完好的古戏楼及其碑刻文献资料，不仅是研究我国明清时期商品经济、近代地方戏曲的流变、剧场发展的珍贵资料，而且还具有重要的建筑、雕刻、绘画等价值[1]。外省商人面对商机采取果断决策的魄力、博大的经营胸怀、诚信为本的商业理念、及时开拓商业范围的胆识和监督行业道德规范的管理模式，给我们留下了宝贵的商业经营理念，值得我们进行深入探讨。

第四节　会馆戏台遗存状况

洛阳潞泽会馆舞楼　位于洛阳老城东关新街南端潞泽会馆大门楼上，为镜框式

1　刘文峰．山陕商人与梆子戏考论 [M]．北京：北京时代华文书局，2015．

洛阳潞泽会馆舞楼

过路戏台。潞泽会馆建于清代乾隆九年（1744），由山西省潞安府、泽州府在洛阳经商的商人捐资修建。建成后称为关帝庙，至民国时更名为潞泽会馆，1988 年被辟为洛阳民俗博物馆。舞楼坐落在中轴线上，坐南朝北，正对大殿，为重檐歇山顶砖木结构。整体建筑规模宏大肃穆，琉璃龙凤花脊饰顶，中间置宝阁，两端置鸱吻，戗脊均饰仙人骑马雕饰。柱、枋相交处刻有龙戏牡丹花纹的雀替，檐枋、额枋、平板枋、斗拱、雀替均施以彩绘。

舞楼通高约 17 米，一楼柱高 3.8 米，中间为进出会馆的通道，台面为厚木板铺成，整个台面前台突出，三面敞开。戏台面阔五间 16 米，前后台间有木槅扇分开，前台进深 4.8 米，后台进深 2.5 米，两侧有上下场门。前台有六根红漆石柱，柱高 3.6 米，戏台中间的柱子上挂有戏曲楹联一副“人为鉴即古，为鉴且往观乎；鼓尽神兼舞，尽神必有以也”。舞楼前场院南北长 35 米，东西宽 20 米，戏楼、东西厢房及大殿组成可容纳数千人观戏场所。会馆现存乾隆二十四年（1759）《修建关帝庙路泽众商布施碑记》和乾隆三十二年（1767）《山西路泽众商布施关帝庙香火地亩碑记》碑刻两通。洛阳潞泽会馆为全国重点文物保护单位。

附《老税数目志》碑刻

从来商课两设，裕国便民。于嘉庆十九年十一月间，因梭布税务一案，具禀藩宪，请大人案下蒙批，仰河南府查例该议，速即明切饰遵，务使商科两裨毋任日久侵弊。于本年三月间，蒙府宪齐大老爷查讯具祥，谕令照以奏册完税，于四月间蒙署宪琦大人，批如祥饰遵，又于七月间，经厅孙说主禀明署宪熊大老爷饰提复讯，仍蒙批饰，准照奏册完税。屡蒙上宪彻底根查，逐细讯明，各卷存案，嗣后各家俱照奏册完税，尽一完纳，永远遵行，砌石记之，以垂不朽矣。

梭布铺一家，每年纳老税银七两六钱五分。

绸缎铺一家，每年纳老税银七两二钱。

以上税银，按春秋两次缴纳。

大清嘉庆二十年岁次乙亥十月谨志

（《老税数目志》碑刻现存潞泽会馆东厢房南侧的砖墙上）

洛阳山陕会馆戏楼 位于洛阳老城南关教场街（现门开在九都东路），会馆由清初山西和陕西两省在洛阳经商的商人捐资修建，又称“西会馆”。据《东都山陕会馆碑记》记载：洛阳“城南廓外有山陕西会馆一区，创自康熙、雍正间……”戏楼创建以后，嘉庆、道光年间又多次修葺。戏楼系双幢歇山式并联砖木结构，坐南面北，正对大殿，为镜框式过路戏台。戏楼面阔三间15米，明间4米，进深6米，戏台前台突出，三面敞开，整个平面呈凸字型。两侧建有耳房，有楼梯与戏台连接。戏台下层中部为进出会馆通道，台面为木板铺砌，台高3米，台口立四根

洛阳山陕会馆戏楼

木柱，柱高3.1米，柱间有木栏杆。柱头上承额枋、平板枋，平板枋上放大梁。檐下斗拱、雀替，额枋、平板枋均有彩绘痕迹，柱、枋相交处刻有龙戏牡丹花纹的雀替。灰色板瓦覆顶，上盖筒瓦，绿色琉璃瓦镶边，中间黄色、绿色琉璃瓦构成菱形图案，瓦垄端有勾头滴水。戏楼屋脊采用“工”字造型，正脊和垂脊由脊瓦连接，上置彩色琉璃瓷雕，中间立宝阁，上面是狮子驮宝瓶，两端置鸱吻，戗脊上有脊兽、人物雕饰。一层有18根粗大木柱支撑，石柱础为束腰形，上部为圆鼓形，中间和下面为六边形。戏楼与大殿间广场宽20米，长35米，可容纳数千人，东西两侧还设有看楼。2006年，洛阳山陕会馆被国务院公布为全国重点文物保护单位。2014年，洛阳隋唐大运河博物馆依托洛阳山陕会馆建成对外开放。

宜阳山陕会馆戏楼 位于宜阳县白杨镇白杨村东街，由山西、陕西两省商贾筹资，始建于清乾隆九年（1744），为镜框式过路戏台。会馆现存戏楼、耳房、厢房及重修碑记。戏楼位于会馆山门上，面阔三间10米，明间3.4米，侧间3.3米，进深10米。戏台前立四根木柱，柱头上承额枋、平板枋，平板枋上放大梁。檐下额枋、平板枋、雀替、斗拱有彩绘痕迹，柱、枋相交处有雕刻精美的雀替。灰色板瓦覆顶，上盖筒瓦，瓦垄端有勾头滴水。正脊和垂脊由脊瓦连接，上置雕砖，筒瓦覆盖，饰有脊兽，中间置宝瓶，两端置鸱吻。一楼中间为进出会馆通道，宽2.6米，高2.45米。戏楼为硬山式双层砖木结构，楼前建有八字墙，具有扩音效果。山门正面匾额有“山西夫子”四字，由浙江道、山东道监察御史提督，河南、广西

宜阳白杨镇山陕会馆戏楼

两省学政张学沐所题写。两端分别有单间耳房，东西厢房面阔五间，硬山式单面坡砖木结构，屋脊、顶及檐墙部分经过新修。新中国成立后，白杨镇在会馆兴办学校，2000年学校迁出。会馆地基全部由料姜石填充，渗水能力特别强。会馆院内现存清代重修会馆碑刻三通，以及民国十六年（1927）重修关帝庙碑刻一通。会馆内，石雕、砖雕、木雕随处可见，内容丰富，题材多样，具有历史研究和艺术观赏价值。宜阳山陕会馆为洛阳市文物保护单位。

开封山陕甘会馆戏楼　位于开封市徐府街中段路北。清顺治十年（1653），在开封经商的山西籍商人集资，在开封龙亭东侧老会馆街兴建河南境内第一座同乡会馆，乾隆三十年（1765）山西会馆重修时，由于陕西商人加入，遂更名为山陕会馆。乾隆四十一年（1776），由于甘肃巨贾加入，再次更名为山陕甘会馆。会馆坐北朝南，俗称山陕庙，在大门、影壁墙内建一戏楼，位于院中通道南头，坐南面北，系悬山式砖木结构。戏台面阔三间，前后台有木槅扇分开，雀替、额枋为透雕花鸟，精工巧作。台下为过道。戏台正对石牌坊、大殿，场院较宽敞，青砖铺地，两侧为钟楼鼓楼和东西厢房，大殿及厢房檐下，古代戏曲人物故事木雕等极为精美。

开封山陕甘会馆堂戏楼

开封山陕甘会馆戏楼

戏楼于1958年拆毁，后又在原址上，将东火神庙戏楼迁建于此。该戏楼为砖木结构，前台卷棚式与后台硬山式结合双幢并联体建筑，平面呈凸字形，前台突出，三面敞开，为镜框式过路戏台。戏楼分两层，下层中间为进出会馆通道，二层为戏台，东西两侧有宽1.6米砖石砌台阶通戏台，戏楼通高约10米。黄绿琉璃瓦盖顶，瓦垄端有勾头散水。戏台面阔五间9.76米，明间宽6.8米，进深4.5米，有木槅扇将前后台分开，两侧有上下场门，门宽0.93米，高2.6米，后台宽9.6米，进深5米。台面为木板铺成，砖石砌台基，高3.3米，台口立两根红漆木柱，柱高3.2米。檐下额枋、平板枋、斗拱、雀替均施彩绘，平板枋上雕刻金凤凰，雀替上有精美云龙浮雕。戏台柱子上有一副楹联，上联是“幻即是真时态人情描写得淋漓尽致，今世犹古，新闻旧事扮演来毫发无差”。楼下过道也有一副楹联“台上笑，台下笑，台上台下笑惹笑；看古人，看今人，看古看今人看人”。

堂戏楼位于会馆两侧的偏院中，东西对称各一座，系砖木结构，坐南朝北，前台卷棚顶与后台硬山顶连为一体，通高约7米，挑角飞檐，挑角处置脊兽。现仅存东侧院堂戏楼，戏台呈凸字形，前台三面敞开，单层镜框式戏台。黄绿琉璃瓦盖顶，瓦垄端有勾头和散水。台基为砖筑，石条砌边，台基高0.4米，方砖铺台面。戏台面阔8.7米，前台进深4.7米，后台进深4.3米，山墙厚0.6米。前后台之间有木槅扇，两侧上下场门，门高2.6米，宽，1.1米，门楣上分别题有“管雅”“琴风”。台前两红漆木柱高3.3米，柱头上承额枋、平板枋，平板枋上放大梁。檐下额枋、平板枋、斗拱、雀替均施彩绘，斗拱、雀替都有精美浮雕。柱子上挂一副楹联：“你也挤，我也挤，此处几无立脚地；好且看，歹且看，大家都有下场时”。柱础上部为圆鼓形，下部为方形。堂戏楼是专为会馆内部眷属观戏所建，小巧典雅。戏台前的小院深10米，青色方砖铺地，两侧各有走廊，东走廊宽1.8米，西走廊宽2米，廊顶与殿前卷棚相接。月台深3.7米，高0.46米，宽8.8米，为方砖石条铺砌，同院场、走廊一起构成观众区。开封山陕甘会馆为全国重点文物保护单位。

郏县山陕会馆（山陕庙）戏楼 位于县城西关，始建于清康熙三十二年（1693），

郏县山陕会馆戏楼

清嘉庆二十四年（1819）重建。戏楼建在会馆大门上，悬山式砖木结构，一面观，为镜框式过路戏台，坐南朝北，与大殿相对。戏楼面阔三间8.4米，前台进深3.8米，后台进深2.3米，台口高3.3米。顶部覆盖灰色筒瓦，瓦垄端有勾头滴水。正脊和垂脊由脊瓦连接，上置花卉雕砖，筒瓦覆盖，饰有脊兽，中间置麒麟驮宝瓶，两端饰鸱吻。戏楼檐牙起翘，盘龙含珠昂首。前檐下立两根圆木通柱，柱头上承额枋、平板枋，平板枋上放大梁。檐下额枋、平板枋、雀替、斗拱有彩绘痕迹，施如意斗拱七攒，雕刻花卉、禽鸟、人物等造型，惟妙惟肖。这种斗拱称琅沐，比较少见。平板枋中间为二龙戏珠，雀替上有精美透花雕刻。脊檩迁杆上有题记“时皇清嘉庆贰拾四年岁次，乙卯仲秋吉日辰，时立柱上梁合社商人石木泥匠人刘马、周天锦禄勉主持王本魁，徒崔河俭重建”。戏楼临街大门上有单披檐歇山式，挑木构垂花门斗狮浮雕，造型生动，门楣上有匾额，上书“山陕庙”三字。戏楼通高10米，台基高2.3米，中间为进出会馆的过道，台面木板铺成，三面墙均为砖砌，墙厚0.6米。戏楼至大殿之间可容纳3000多人观演场地。当地政府于2007年对戏楼进行重修。该戏楼2013年5月被公布为第七批全国重点文物保护单位。

辉县山西会馆戏楼　位于县城南关西侧路北山西会馆关帝庙二门上。会馆始建于清代乾隆二十五年（1760），由山西旅辉众商贾捐资修建。戏楼坐南朝北，正对拜殿，悬山式砖木结构，镜框式过路戏台，戏楼前设抱厦，戏台先前凸出，形成三面观。戏台面阔三间9.6米，明间3.3米，进深4.4米，后台中间开一方形窗户。台前

辉县山西会馆戏楼

立四根红色木柱，柱高3.2米，方形石柱础，柱头承接额枋、平板枋，平板枋上放大梁，梁头两侧有雕花雀替，檐下有斗拱九朵，额枋上有花卉浮雕，额枋、平板枋均施彩绘。戏楼通高约8米，屋顶筒瓦覆盖，瓦垄端有勾头滴水，屋脊由脊瓦连接，上置龙戏牡丹图案瓷雕砖，中间置狮子驮宝瓶，两边各置六个祥兽，两端置鸱吻，垂脊由脊瓦连接，上置龙戏牡丹图案雕砖和祥兽。戏楼下中间为进出会馆的过道。台基高2.7米。两侧与戏楼连接的耳房为硬山顶砖木结构，面阔三间9.5米，进深一间4.4米。场院观众区长17米，宽11米。

禹州十三帮会馆戏楼　位于市区西北隅文卫路，禹州十三帮会馆院内，创建于光绪二十年（1894），戏楼坐南朝北，面对大拜殿和正殿，单檐歇山顶砖木结构，镜框式过路戏台。戏楼通高8米，绿釉筒瓦覆顶，中间由黄釉筒瓦连接成菱形图案，瓦垄端有勾头滴水。正脊和侧脊由脊瓦连接，上置彩釉雕花瓷砖，绿釉筒瓦覆盖，正脊两端置鸱吻，无脊兽，挑檐处置脊兽。台口四根红漆立柱，柱高2.9米，柱头上承大梁，屋檐下额枋、平板枋、雀替均施彩绘，柱下为圆鼓形柱础。戏台面阔三间10.8米，进深8米，戏台正中画有一个戏剧脸谱，非常醒目，前后台由木槅扇分开，两侧有上下场门。台口两边有外八字砖砌斜墙，为台口音量外扩创造了便利条件。墙上镶嵌柱形石条，上刻戏联：“尽态极妍漫忖忖，到底某也忠，某也诈，某也直，某也曲；扬风扢雅细想想，逼真可以群，可以怨，可以兴，可以观”。台基高1.93米，为青砖垒砌，石条镶边。戏台中部下面有一个拱形洞。原戏楼坍塌，现在

禹州十三帮会馆戏楼

的戏楼为2014年重建。

附《十三帮创始碑记》

木长自根，水广自源，事基自落成之功臣，创始之功亦大哉！

禹郡药材会之兴也，盖始于乾隆二十七年（1762）州副堂何公精堪舆，善风水，尝览郡城之形势，嵩岭佳气，婉延而来，远环近抱，清颍绕流，其人则敦朴，尚信义，多智行，慨然曰钧台阳翟，但古擅名胜，知此后合富庶足资，必当商贾辐辏，而俨然一大都会。于是，谋诸绅商会佥以密邑洪山庙药栈请至禹，定议每年夏孟秋仲冬十一月期会以倡之。以此滥觞也。迨同治十年，会首郭君广德、连君文中、潘君升炎、阮君跃祥、王君凌云、常君天福、高君有邦、蔡君汉文、胡君乾元、王君二元、范君廷栋等若干串创修关帝庙暨庙院墙，以为会馆之基础。嗣至光绪二十年，又修药王殿演戏楼。董基事而□□捐钱者，则徐君长聚、武君清、耿君金镛也。夫一篑虽微，为山者同之，尺木虽短，飞升者借之，于以见。凡事之始终，必相须而后成者也。迄今会馆规模已大备矣，今之董事诸公，同流溯源，般然念创始者之功，而欲寿诸贞珉焉。嘱予一言以志之。是为序。

癸科举人庚辰科大挑禹州学正丁以静　撰文

郡儒学生员赵立敬　书丹

候选训导廪贡生田倬　书丹

郡儒学生员高临瀚　书丹[1]

禹州怀帮会馆戏楼　该戏楼也称禹州覃怀会馆戏楼，位于禹州市区西北隅文卫路，在建筑艺术上雄居禹州各会馆建筑之首，享有“十三帮一大片，不如怀帮一个殿”的美誉。怀帮会馆由怀庆府所属各县在禹县进行中药贸易的巨商富贾集资兴建，会馆始建于清道光年间，落成于同治十一年三月，以此作为其联谊场所。怀帮会馆占地15亩，围墙以内由影壁、山门、戏楼、钟鼓楼，左右廊庑、拜殿和大殿组成，布局规整，巍峨壮观。

禹州怀帮会馆戏楼

禹州怀帮会馆戏楼坐南面北，正对大殿，系歇山式砖木结构，为镜框式过路戏台，黄绿釉琉璃瓦盖顶，瓦垄端有勾头滴水。正脊由黄色琉璃瓦连接，上置飞龙浮雕瓷砖，中间置狮子驮宝瓶，两端置鸱吻，垂脊由黄色琉璃瓦连接，上置花卉浮雕瓷砖，两端置祥兽，戗脊由黄色琉璃瓦连接，上置花卉浮雕瓷砖，两端各置三只祥兽。戏楼通高约9米，上下二层，台前四根通柱，高约6米，柱头上承额枋、平板枋，平板枋上放梁架，额枋、平板枋上均有精美彩绘，柱枋交汇处有透雕云龙雀替。石柱础分三部分，上部为圆鼓形，中间为束腰圆形，下部为方形敷巾式。戏台面阔三间10.9米，明间宽4.6米，进深约7米，前后台由木槅扇分开，中间绘有大型戏

1　禹州市地方史志编纂委员会，禹州市革命老区建设促进会．禹州中药志 [M]．北京：光明日报出版社，2006．

剧脸谱，两侧有上下场门，戏楼两侧连接耳房。戏楼下层中间为进出会馆过道，台面由木板铺砌，台高 2.4 米。戏楼檐下有木雕戏曲人物故事，形象生动。戏楼与大殿之间是容纳数千人的观演空间。（值得注意的是：为了扩大怀帮的影响，弘扬怀帮文化，会馆还别具匠心，在建筑会馆的每一块砖上，都刻上了“怀帮”的字样，足见怀帮商人的良苦用心，这在建筑史上是不多见的。）1958 年，禹州怀帮会馆被确定为许昌市文物保护单位，2000 年，被河南省人民政府确定为河南省文物保护单位，2019 年，被国务院确定为全国重点文物保护单位。

值得注意的是，禹州仅城西北隅就有四座古戏楼，而这四座中有三座都是商业会馆性质的，它们之间相距仅二三百米远，在这一狭小空间建三座戏楼，说明商业经济的发达和戏曲发展存在着既相互依赖又相互促进的关系。禹州由于其得天独厚的地理位置，地处中原，交通发达，历来为河南政治、经济、文化重镇。也是历史上的工商业重地，富豪商贾云集，蜚声中外的钧瓷，就是这里出产的。[1] 明清以来，禹州成为我国四大中草药集散地之一，吸引许多外省商人来禹州经营药材生意，药材、钧瓷等贸易随之繁荣。随着经济贸易的发展，也出现了相互之间的竞争，为此，来禹州经营药材生意的外省商人，纷纷建立会馆感谢神灵的保佑，存放货物，叙乡情，交流商情，解决经商过程中出现的问题。同时，为满足在禹州经商的外地商人的思乡之情，常邀家乡戏班来此演出，这也促进不同剧种之间的相互交流，为戏曲发展做出了积极贡献。

汝州半扎关帝庙（山陕会馆）戏楼　位于汝州市蟒川镇半扎村的关帝庙内。戏楼创建于清乾隆四十四年（1779），为镜框式过路戏台，坐南面北，单檐硬山式砖木结构，飞檐斗拱。戏楼一层台基由青砖垒砌，青石条镶边。中间有一拱券门洞，为进出关帝庙的通道，拱券外沿为半弧形红砂岩，门洞上方镶嵌有长方形石匾，镌刻“关帝庙”三字。戏楼二层为戏台，面阔三间 8.2 米，前台进深 3.4 米，后台进深 3.3

1　冯建志，刘明阁．河南戏曲文物 [M]．郑州：郑州大学出版社，2016．

米，台口 2.7 米，通高约 12 米。灰色板瓦覆顶，无脊饰。戏楼前檐有四根方形抹角石柱，戏楼前檐下的额枋和平板枋均有三层透雕，图案为二龙戏珠、花鸟、游龙等。下垫莲瓣纹方形束腰石柱础，柱高 3.2 米，宽 0.3 米， 厚 0.24 米。原来柱础间有雕花石栏杆，现在只有右边还有一些残留。

汝州半扎山陕会馆戏楼（李吉锋　提供）

石柱正面分别刻有两副戏联，内联为“盛衰一局棋，自古常如汉魏；邪正千秋价，于今试看刘曹”。外联为“当年那事非真，演出忠奸昭日月；此地何言是假，看来赏罚似春秋”。

据《直隶汝州全志》卷六记载：樊光彩，住归仁里（辖半扎），乾隆己亥年（1779），在半扎街关帝庙前添建乐楼三楹，有碑记。嘉庆十五年（1810），贺守信、山西平阳府襄陵县太学生乔霖等捐资对山陕会馆进行修缮。

叶县洛岗山陕会馆戏楼　位于洪庄杨乡洛北村中，始建于清嘉庆六年（1801）。会馆的大殿等建筑不存在，会馆的格局已经看不出来，目前仅存戏楼，为单层镜框式戏台，保存得相当完好。戏楼坐南面北，歇山顶砖木结构，三面敞开，面阔三间，进深两间，七架梁。戏台中间有木槅扇把戏台分成前后台，两边为上下场门，上面分别写有“抓钢”“治国”。台口立四根方形石柱，柱头承接额枋、平板枋，平板枋上安放梁头及上层梁架，脊檩迁杆上写有“大清嘉庆六年岁次吉日立”等字样。二檩迁杆上写有“中华人民共和国公元壹玖柒玖年叁月重修”。屋顶灰色板瓦覆盖，瓦垄端有勾头滴水。正脊由脊瓦连接，上置花卉雕砖，覆盖筒瓦，上立海马等脊兽，

叶县洛岗山陕会馆戏楼

中间置宝阁火珠，两端置鸱吻。屋檐下斗拱、额枋、平板枋、雀替均施彩绘，明间额枋上雕刻两条盘龙，侧间额枋雕刻有凤凰、牡丹、祥云等图案，雀替采用透雕手法。戏楼为市级文物保护单位。

周口山陕会馆戏楼　位于周口沙河北岸山陕会馆院内，始建于嘉庆五年（1800）。戏楼坐南面北，处在石牌坊、前殿、大拜殿、春秋阁等古建筑群之中轴线上，系重檐歇山式砖木结构重檐，两层镜框式戏台。戏楼顶覆盖黄绿色琉璃瓦，瓦垄端有勾头滴水。前台正脊和垂脊由脊瓦连接，上置黄绿色琉璃雕砖，正中置黄釉弥勒坐佛一尊，上有狮子座火焰宝珠，两端置龙头鸱吻，八条垂脊上均饰脊兽。檐下斗拱、额枋、平板枋、雀替、柱头均施彩绘，平板枋、额枋上是精美的云龙、山水、人物彩绘，额枋、雀替为花卉透雕，故有“花戏楼”之称。戏台上方匾额，上书“声震云霄”四个金字，台柱前凸出部分设有三面低矮栏杆，一层柱础上为鼓形，下为方形。脊檩上有题记“时大清道光十七年三月初八日吉时上梁大吉”，是戏楼在道光十七年（1837）重修时留下的。戏楼通高 11.3 米，台基高 2.3 米，台面为木板铺成，前台三面敞开，面阔三间 11 米，明间宽 4.36 米，进深 11 米，前台进深 4 米，后台进深 3.7 米。最后化妆室进深 3.1 米。戏楼至大殿前月台间的场院深 22 米，宽 25 米，月台高 50 厘米，两侧配有东西看楼，创修于清代嘉庆十四年（1809）。看楼 12 间，各长 40 米，宽 10 米，高约 7.5 米，其中北头五间为两层，观戏廊宽 2.55 米。下层柱高为 4 米，上层柱高为 2.5 米。北头有砖制台阶可登看楼二层。

会馆内原建有戏楼两座，根据乾隆四十八年（1783）《重修关圣庙诸神殿香亭钟

周口山陕会馆

鼓楼并照壁僧室戏房及油画诸殿铺砌庙院碑记》记载，为雍正十三年（1735）所建的山门舞楼，另一座为始建于嘉庆五年（1800）的戏楼，即现存戏楼。道光十八年（1838）《重修关帝庙记》，和光绪三年（1877）《山陕会馆碑记》均记载关帝庙内有两座歌舞楼。周口山陕会馆保存戏剧碑刻10余通：乾隆四十八年（1783）《重修关圣庙诸神殿香亭钟鼓楼并照壁僧室戏房及油画诸殿铺砌庙院碑记》，道光二年（1822）《山陕会馆春秋阁院创修牌坊两廊看楼客庭工作等房铺砌甬路院落碑记》，光绪三年（1877）《山陕会馆碑记》，光绪二十四年（1898）《山陕会馆捐厘部署继美盟心碑文》。周口山陕会馆为全国重点文物保护单位。

附《山陕会馆春秋阁院创修牌坊两廊看楼客庭工作等房铺砌甬路院落布施抽积粮钱碑记》

山陕会馆春秋阁院缔造之工，余既叙而记之矣。夫有其工必有其费，工宏则所费恒多。而有所费必有所出，费多则出之匪夷。于是前之请者复进而有词曰：会馆之工烦，所以记之者甚悉，则知其工而其费可想矣。顾费可想而费之所以出者，则不可以想而知也。集腋成裘而昧其所有积，敛尘为岳而忘其所以钦众，善将湮流传罔据可乎哉？余问其祥，乃言曰：吾辈之斯举也，共计费银二万有奇，其所以从来者有二，一则出之于吾乡之铺户也。开设有地而子母常权承帝之庥，当思酬帝之德。于嘉庆十四年挨行募化，量本金之大小为积数之重轻，统计得银一万六千二百两。一则出之于吾乡之行商也。来往不时而懋迁有术，既为山陕之人，应预山陕之事，于嘉庆十四年仍循往例千钱抽一，积至道光元年共得银一万二千九百两。将列诸后，顾引其端。余闻之而欣然曰：善哉，吾乡人之处置良公而计划良审也。夫捐则视本而输亦非难，抽则从少而积多孔多，罔事矜张，咸征踊跃，大工既以次而兴多福，将不时而降行见居者，常操胜算行者屡获奇赢，虽吾乡人之所以奉帝者，不起乎此，因此固理之所以可必者。吾记之，吾更望吾乡人之勉于其后也。

戊午科举人吏部候选知县山右张诗铭　谨撰

泽州府阳城县儒学生员陈惠兰　沐手敬书

首事　贾天来　杜瑞隆　吉和合　张道生　彭同顺　常德源　潘交泰　牛通元

住持广修　徒　续成　续旺　续安　续明　徒孙　本智　本悦　本证　本敬　本祥　曾孙　觉悟

旹大清道光二年岁次壬午十月吉日　铁笔生　秦光晓　李严　仝勒石[1]

附《重修关圣庙诸神殿香亭钟鼓楼并照壁僧室戏房及油画诸殿铺砌庙院碑记》

乾隆四十八年癸卯秋中，问仁以耳病致仕、濒行业商、宛丘乡友窦天育等，属为重修忠义神武灵佑大帝关圣庙记。按周口河北旧有山陕庙，中祀大帝，创自康熙三十二年。五十二年傍建河伯炎帝二殿。丁酉年建药王殿及东廊房。壬寅年间财神殿并西廊房及禅房僧舍。雍正九年，重修大殿，建香亭。十三年建舞楼山门。乾隆八年建老君殿。十五年建钟鼓楼。三十年建马王、酒神、瘟神殿及石牌坊、马亭、戏房。此皆前人创建尽善，庙宇巍峨可观。但历年久远，风雨飘圮倾颓者多。四十六年，山西商贾各捐囊资，慨然乐输。于是窦天育等

1　杨健民．中州戏曲历史文物考 [M]．北京：文物出版社，1992．

督工重修香亭、钟鼓楼、药王瘟神殿及马亭及舞楼、照壁、僧室、戏房，并彩画诸殿、两廊，铺砌内外庙院。至四十八年大功告竣，基宇犹是也，而美伦美输（焕）规模新增矣。恭惟大帝刚健中正，气塞两间，笃子行义，立隆万古，而众商千里经营于斯，顾绎思罔斁，历时百年。人更数世，众商恪奉大帝，虔诚如一日，祈帝之思启行翼而百事咸宜，雅籍诸神为利导。祀河伯，祀舟楫顺利，波涛不惊也。祀炎帝，祈薪火篝灯，旦暮恬息也。祀药王、财神祀远无妄之疾，生意如春，日增月盈也。祀瘟神、酒神，祈六气协和，疵疠不作，德将无醉无彝酒也，祀老君、马王，祈与人无争，清静贞正，以自娱无邪，斯藏轮蹄所，致人马平安也。凡诸神赞襄左右，罄无不宜，皆大帝垂佑无边，覆庇一方者也。抑大帝籍隶山右解梁，秦晋接壤，号称同乡，去圣之世千有余年，而近圣之居若此其甚。方今大帝倾向俎豆变渤海内外，虽远客天涯犹若比邻，况恒华至于中州，千里而近乎？众商处攘往熙来之地，矢洁斋暮义之枕，固已合秦晋为一家，历颍北若中条矣。问仁宦游东土，抱病西旅，依梓里之末光，亦思附众乡友后籍，以代温藻之荐。拜跪之诚云，既序其详略，次以韵。仰惟大帝，忠义扬氛，乃神乃圣，乃武乃文。千江有水，万里无云，在天陟降，赫赫见闻。诸神左右，仙驾驭鹤群，四时庆祝，帷德芬芳。降祥赐福，佳气氤氲，炳灵昭鉴，普护无垠。

赐进士第、授文林郎商水县事，后学安邑牛问仁　熏沐敬撰

晋永安养生后学、弟子刘兆瑞　熏手甫书

首事　窦天育　宋义盛　毛尚德　郭广聚

王广源　杨万镒　张义有　郭大兴

住持僧心清　侄徒　源绘　源理　孙　广修　广积　广裕　广德　广泽

旹大清乾隆四十八年岁次癸卯冬月穀旦

铁笔生李建有　子玉林　玉柱　刊石[1]

附清光绪三年（1877）《山陕会馆碑记》

周口旧有山陕会馆，为山陕商贾萃聚之所。内奉关帝祠左配大王、右配火帝、东庑药王灶君、西庑财神酒仙、中门外东西廊、钟鼓楼、歌舞楼。歌舞楼东偏为老君马王殿，西偏为客舍僧寮也。创始于康熙年间，董事人率八家为首或创建或修葺工费巨万，经营几二十年之久。而后轮卸道光十八年新班接手循旧规抽厘金，化布施，日积月累，于庚戌辛亥之间，创建后堂飨亭，修葺前后殿楼阁。咸丰二年落成，拟次年谢土交卸，不意发逆犯顺风鹤之警，纷然而逃散者，盖十室九空矣，兼之捻逆□扰三次焚毁及至于尽，而神宇依然，谓非冥冥之中有呵护者乎，近年旋安定，集商贾，渐复旧业，重加修整，焕然又新，承办之家已阅三十余年，本班八家仅存其三，旧会四班只留八家轮卸实无所措手，于是聚众而酬议之，佥曰：会馆乃山陕人之公□，即山陕人之公事也。现在馆者固不敢辞劳而住斯镇者，亦皆有责焉，何不推而广之乎？期不必限以久，工不必俟以大，瓜代自便，简易可行，至所收行商之厘金，坐贾之布施，迭经兵燹底张零落，载之碑阴者，傥有遗漏，意仁人善士之所共凉也。众谋已定而求记于与，将以勒诸贞珉。予维会馆之设，原所以齐人心而便商旅，山陕所属之地，广袤不下数千里，腰缠素装者素不谋面，一历斯境，遂人人切桑梓之情，而且莅之以神明，肃之以瞻拜，俾相识相敬相和睦，联秦晋为一家，结恩谊于异域，甚盛举也。况今圣天子德握金符，化光玉镜，搀枪仅扫，豺狼不生，梯山航海者通其道，于九夷八蛮诸君子，据胜地谋懋迁，蒙庥而攸往咸宜则斯馆也，不且继承勿替与时维新哉。

1　杨健民．中州戏曲历史文物考 [M]．北京：文物出版社，1992．

赐同进士出身、诰授中宪大夫、钦加五品、衔兵部职方司主事兼武库司事、加四级、王□撰文

赐进士出身、诰授奉直大夫、□□事记名军机处前翰林院庶吉士、加二级、东敔柳长庚书丹

大清光绪三年岁　　　　闺赤奋若桃月吉[1]

社旗山陕会馆戏楼　位于社旗古镇中心瓷器街山陕会馆内，山陕会馆又名山陕庙。主要建筑由南向北依次为琉璃照壁、铁旗杆、悬鉴楼（戏楼）、石牌坊、大拜殿、春秋楼等，两侧有钟楼、鼓楼、看楼以及大拜殿两侧的配殿，除了春秋楼于咸丰七年（1857）被烧毁以外，其余建筑保存基本完好。悬鉴楼，又名“八卦楼”，是会馆的戏楼，创建于嘉庆元年（1796），竣工于道光元年（1821），道光辛丑年（1841）曾重建，为镜框式过路戏台。现楼上二层梁脊上写有“大清道光岁次辛丑七月初六日山陕众商贾重建舞楼中上梁大吉大利”等字样。悬鉴楼坐南面北，与大拜殿相对，通高约22米，三层重檐歇山式建筑，黄绿釉琉璃瓦盖顶，黄绿相间菱形寓意“既和且平”。四周重檐下皆置单昂五踩斗拱，上刻奔狮走虎，透雕出牙龙首。主楼脊两面均饰有大型龙凤牡丹人兽等物，脊正中立三层彩釉陶楼，高约2米，陶楼出檐明柱上刻有“天五尺”字样。陶楼两侧饰有对称的狮子驮宝瓶、八仙人物、海马等，四面各有一条铁链，系有武士。悬鉴楼南面为会馆山门，北面为戏楼，台前立四根石柱，北面石栏板上雕有《赵匡胤输华山》《六国封相》《水漫金山》等戏曲场景为题材的作品。外柱高2米，上刻戏联：“还将旧事从新演，聊借俳优作古人”。内柱高6米，上刻戏联：“幻即是真，世态人情描写得淋漓尽致；今亦犹昔，新闻旧事扮演来毫发无差”。台口上方悬挂一块巨匾，上书“悬鉴楼”三个大字。檐下额枋、平板枋、斗拱、雀替均施彩绘，戏楼下除了雕刻有戏曲人物故事外，还雕有二龙戏珠，

1　杨健民．中州戏曲历史文物考 [M]．北京：文物出版社，1992．

丹凤朝阳等图案。悬鉴楼一层为进出会馆的通道，二层为戏台，前台三面敞开，面阔三间 12 米，前台进深 5 米，后台进深 5.4 米。前后台之间为木槅扇隔开，槅扇宽 2.8 米，上悬“既和且平”匾额。两侧上下场门高 2.4 米，宽 0.9 米，台面为木板铺成，台基为砖石垒筑，台高 3 米，台口高 2.5 米，门两侧边为向外八字形木板斜墙，利于戏台演员声音向外扩散。悬鉴楼底层用 20 根大柱支撑，柱础分三层，雕刻内容丰富。悬鉴楼两侧为钟楼和鼓楼。悬鉴楼与两边看楼、大拜殿之间形成长约 40 米、宽约 30 米的场院，可容纳万人看戏。场院中间有一排圆孔，据说演戏时插上木杆，拉上布帘隔开，东面是男子看戏的场地，西面是女子看戏的场地。庭院两侧建有东

社旗山陕会馆戏楼

西对称的看楼，各长约40米，分上下两层。可容纳观众500余人（现已辟为展室）。过去每年的农历正月十五日和五月十三日关羽生日等，都要在这里演戏。山陕会馆保存有《同行商贾会议称定规》《公议杂货行规碑记》《过载行差务碑》《创建春秋楼碑记》等碑刻七通。1988年，社旗山陕会馆被确定为全国重点文物保护单位。

附《同行商贾会议戥称定规》

社旗店，四方客商集货兴贩之墟。原初。码头买卖行户原有数家，年来人烟稠多，开张卖载者二十余家，期间即有改换戥秤大小不一，独网其利，内弊难除。是以，合行商贾会同集头等齐集关帝庙，公议秤足十六两，戥依天平为则，庶乎校准均匀者，公平无私，俱各遵依。同行有和气之雅，宾主无棘戾之请，公议之后不得暗私戥秤之更换，犯此者罚戏三台，如不遵者举称禀官究治，惟恐日后紊乱规则，同众禀明县主蔡老爷，发批钧谕，永除大弊。

大清二年菊月

大清同治元年九月初九重刻

行头　隆茂店　大生店　同立

附《公议杂货行规碑记》

盖闻通商惠贾，自古训之，岂属在开张行点而可恶定规欤？本镇之有杂货行由来已久，倾无烦于再议矣。第以人心不古，规矩渐没，或翼重资弄巧而成拙，或□□□头徇私而害公，因是赔累莫支，以致倒塌之患者有矣。夫生意之盛衰，一视乎行家，行家□□□□□□□生意之长盛乎？以故行客闻之而胆战，每每发货他处，铺家见之而心寒。□□□□□□如是之□，其何能堪哉？爰是集我商行公议规程，历剔弊端，使勿而勿三，斟酌尽善。□□夫而可□行见，规矩划一，主客两便，利人利己，不必衰多而益寡，是训□行自可

□□□□□□，则所以惠商贾之道，不诚在是哉。

左祥条规，以示不配。云：

一，卖货不得包用，必要时落三分，违者罚银五十两；

一，如有旧店换新人名者，先打出官银五十两会行友，违者不得开行；

一，买货不得论堆，必要逐宗过秤，违者罚银五十两；

一，不得合外分伙计，如违者罚银五十两。

一，卖表辛不得抄红码，必须过称，违者罚银五十两；

一，不得沿路会客，如违者罚银五十两；

一，落下货本月内不得跌价，违者罚银五十两；

一，不得在门口拦路会客，任客投主，如违者罚银五十两；

一，银期不得过期，如违者按生意多寡出月利；

一，不得假冒名姓留客，如违者罚银五十两；

一，结账不得私让分文，如违者罚银五十两；

一，不得在人家店内勾引客买货，如违者罚银五十两；

一，卖货破烂水湿必要依时价公除；

一，不得在栈房门口树立招牌，只写某店栈房，如违者罚银五十两；

一，平色有公议砝一副，足纹银九八七六为则；

一，每年正月十五日演戏各家俱有齐备，如有违者不许开行；

一，要新开行者，必先打出官银五十两；

一，客到点中吃饭俱要饭钱。

大清乾隆五十年岁次乙巳九月十七日

磕镇　杂货行仝立

淅川县荆紫关山陕会馆戏楼　位于荆紫关镇中大街中段山陕会馆院内，坐西朝东，单檐双层建筑，由前戏楼后抱厦两部分组成，为镜框式过路戏台。戏楼始建于

荆紫关山陕会馆戏楼

清代道光三十年（1850）以前，为山陕二省的药材和漆业商人捐资所建。戏楼系砖木结构，前歇山式和后硬山式并联体建筑。戏楼为上下二层，通高约9米，灰瓦盖顶，瓦垄端有滴水勾头。正脊和垂脊由脊瓦连接，上置花卉雕砖，正中置狮子驮宝瓶，正脊两端置鸱吻，垂脊两端置鱼兽，戗脊上置祥兽。台口立一排六根柱子，柱高3.5米，中间两根柱子上挂一副戏曲楹联："生旦净丑，演绎多彩人生；男女老幼，品味世间善恶"。台口宽11.72米，明间5.2米，余下二对称边柱间分别为1.9米和1.36米。戏台进深8.8米，其中前台进深4.8米，后台进深4米，中部有木隔扇，两侧为上下场门。台基为砖石垒砌，石条砌边，台面为木板铺成。台高2.1米，台下中部为过道。后面抱厦门外两侧有石台阶12级，可通戏台的后台。后山墙两侧开有圆形洞窗，前台口两侧还筑有外八字形斜墙以收缩观众视线，利于演员声音向外扩散。抱厦中间挂一匾牌，上写"戏楼"二字，两边挂一副黑底金字戏曲楹联："小舞台演尽人生百态；大会馆汇聚商贾万千"。通道两边的戏曲楹联是："神神神，神乎其神；道道道，道亦有道"。戏楼最近一次修葺时间是2002年。荆紫关山陕会馆为全国重点文物保护单位。

淅川县荆紫关镇禹王宫（湖广会馆）戏楼 位于荆紫关镇山陕会馆北边约30米处，也称湖广会馆，由两湖、两广在当地经商的商人集资修建，戏楼位于会馆大门上，中间三间系歇山式砖木结构，两边为一面坡五脊封火山式单檐双层建筑，为镜框式过路戏台。戏楼屋面灰瓦覆盖，高浮雕牡丹花脊，正脊置鸱吻，垂脊、戗脊置

禹王宫戏楼

祥兽。因为会馆是敬奉大禹的，供奉禹王的大殿的砖上都刻有“禹王宫”字样。戏楼的建筑工艺考究，选料严格，饰件的石刻、木雕、彩绘都非常精美。明间后檐大额枋上雕有福禄寿三星，两侧为八仙图案。戏楼通高约 8.5 米，面阔七间 18.77 米，台口宽 7.28 米，明间 3.9 米，前台进深 4.55 米，后台进深 3.4 米，中间有木槅扇，两侧为上下场门，各宽为 1 米。戏台高 2.36 米，戏台口立两根木柱，柱高 2.98 米，上承额枋、平板枋，额枋上雕刻戏剧“八仙图”，戏台下面是进出禹王宫的过道。戏楼背面，即会馆大门，最上边竖雕三字“禹王宫”，下面为横列“声律身度”四字。禹王宫为全国重点文物保护单位。

在荆紫关镇，除山陕会馆戏楼和禹王宫（湖广会馆）戏楼外，还有船帮会馆（平浪宫）、江西会馆（玉皇宫）和马王庙都有戏楼。在一个山区小镇，建有如此众多、精美壮观的戏楼，充分说明清代这里商业的繁荣及戏剧演出的盛况。

第七章 村寨戏台

河南是戏剧的发源地，明清时期，随着经济的发展，戏曲也发展到成熟阶段，曾经出现过许多村寨集资修建戏楼的现象，戏楼成为人们感情交流、排解和宣泄的主要场所。戏曲的发展，不仅促进了村寨戏楼的修建，而且促使戏剧演出形式丰富多彩。各地出现了对台戏楼、三角对台压折戏楼，社赛戏、嘉官戏、对台戏、压折戏、喜庆戏、开台戏、庙会戏等形式，前后相接，高台教化，寓教于乐。

村寨戏楼是民间戏曲班社演出活动最活跃的演出场所，是孕育地方戏的一片沃土，为研究地方戏的发展提供了重要史料。

殷都区都里镇、铜冶镇一带是河北省涉县、磁县与河南省林州市、殷都区的交界处。许多村庄因山地和经济原因，无条件修建神庙，但是建有一座官房，每当春祈秋报或庙会时，请来河神、山神等各路神仙，因此，沿漳河每隔一段就建有一座官房和戏楼。安阳的官房戏楼，我们归类为村寨戏楼，主要从以下三个方面考虑，首先官房戏楼是由村民集资兴建，属于全体村民所有，如殷都区都里镇东岭西村戏楼前台右边立有清同治十年（1871）《安邑东岭西村创修戏楼碑记》一通。再者戏楼对面是官房，而不是神庙。旧时农村有春祈秋报的习俗，春天祈求神灵风调雨顺，保护村民免受灾难，秋天收获以后，向神灵汇报丰收的喜讯，都要献戏酬神。有庙宇的村子，这些活动一般都在庙里的戏楼进行，没有庙宇的村子要搭台唱戏酬神。乡村庙宇有的高大宏伟，建筑规整，富丽堂皇，有的则比较简单，规模也不大。但是，不管庙宇规模大小，其建筑都是沿着中轴线排列，如山门、大殿，藏经楼，规模大的庙宇除主神外，还有其他神殿，大多数神庙都建有戏楼。也有孤零零一间的神庙，如一些地方的土地庙。安阳的官房在某种程度上起到了神庙的作用，演戏酬神时，把神像抬来，演戏结束后再把神像送走。但是，官房毕竟不是神庙，所以官房戏楼不能称神庙戏楼。三是安阳的戏曲艺术源远流长，广大群众喜爱看戏。沿漳河一带山多地少，人们生活困难，一些村子没有神庙，但是，村民又喜欢看戏，于是就集资建起了戏楼，在戏楼对面建起官房。其实这也是演戏从酬神、娱神向娱人转化的一种现象吧。

新安县石井镇黑扒村戏台

新安县石井镇黑扒村戏楼 位于石井镇黑扒村，面阔三间10.8米（包括山墙），进深4.9米，高5.1米，明间3.3米，侧间2.4米，山墙厚0.65米，为单层镜框式戏台。屋顶灰瓦覆盖，房檐下无斗拱，比较简约，正脊由脊瓦连接，中间和两端上置花卉雕砖，两侧由板瓦叠成花脊，无脊饰。戏台前有两根木柱，柱高2.7米，石砌台基高1.57米。台口已经封闭，右侧有一门高1.89米，宽0.88米，有石砌台阶通戏台。后墙中间开有一个窗户，屋顶后坡已经残破。

陕州区南阳村戏楼 位于菜园乡南阳村，单层镜框式戏台，面阔三间 7.6 米，明间 4 米，侧间 1.8 米，进深 5.8 米，中间原来用木槅扇隔开，前台进深 4.2 米，后台进深 1.4 米，高 5 米，山墙厚 0.4 米，上端砌有砖雕墀头。正脊和垂脊由脊瓦连接，上面置花卉雕砖，正脊中间置宝瓶，两边各饰一条龙，两端置鸱吻，垂脊上饰祥兽。东山墙上有一幅《十八学士登瀛洲》彩绘，西山墙中间开有一个门，宽 0.8 米，高 1.93 米。檩条与迁杆之间原来有木雕，后来木雕被盗。前台有两根木柱，柱高 2.96 米，有一副戏剧楹联：“仙袖舞落三竿月；玉笛吹彻万里云”。台基高 1.3 米，台基中间有一个门洞，过去河水由戏台下面流过，唱戏时，借助河水作用，可以使音响效果增强。

陕州区南阳村戏楼

戏台后面是一个水塘。1938 年重建戏楼时，在大梁及檩条下都立有木柱，支撑戏楼。2015 年，翻修戏楼时在木质楼板上浇灌一层水泥。

陕州区观音堂镇段岩村戏楼

陕州区段岩村戏楼 位于观音堂镇段岩村，单层镜框式戏台，面阔三间 9 米，明间 3.9 米，侧间 2.5 米，前台进深 4 米，后台进深 1.2 米，高 5.13 米。戏台前有两根木柱，柱子上承额枋，额枋上放大梁。屋顶覆盖灰色板瓦，正脊由脊瓦连接，上置花卉雕砖，无脊饰，垂脊已经损毁。房檐下无斗拱，比较简约。戏台右侧有一侧门，高 1.85 米，宽 0.77 米。一楼是水道，据说可以增强音响效果，楼前是看戏场地。戏楼曾经卖给村民做打面机房用，现在戏楼空置不用，堆放杂物，台口已经封堵。两端山墙上端砌有精美雕砖墀头。

陕州区柳沟戏楼 位于西李村乡柳沟村，单层镜框式戏台，面阔三间 8.23 米，明间 3.66 米，侧间 2.3 米，进深 6.26 米，山墙厚 0.6 米，高 5 米。台基高 1.2 米，石头垒砌，条石包边，中间填土。戏台前有两根木柱，高 2.67 米，无柱础，柱头上承接额枋、平板枋，额枋上放大梁及上层梁架，前檐下施四朵斗拱和镂雕雀替。屋脊由脊瓦连接，上置高浮雕花卉雕砖，中间置祥鸟饰物，两端置鸱吻，垂脊也是灰瓦连接，上置高浮雕花卉雕砖，垂脊端置鸱吻。两端山墙上端砌有精美雕砖墀头。

陕州区西李村乡柳沟戏楼

灵宝市风沟村戏楼 位于灵宝市大王镇风沟村西南部，第三次全国文物普查时调查发现。戏楼坐西向东，为硬山顶结构，单层镜框式戏台，檐下有飞椽，梁架为新绘，梁上有题记，“大清光绪十四年”创建，前檐下有木雕斗拱，斗拱为新绘。山墙前建有左右八字墙，为台口音量外扩创造了便利条件，八字墙为砖雕，仿木结构，上有花草纹路。台前有两根木柱，柱头上承接额枋、平板枋。屋顶灰瓦覆盖，无脊饰，瓦垄端有滴水勾头，屋面下有飞檐，檐下施有斗拱，台口用红砖筑砌，曾经改为学校教室，两侧砖墙上书写“好好学习，天天向上”的标语。舞台北侧设有台阶，由台阶进入戏台内。戏台面阔三间 7.4 米，进深 7.23 米，台基高 1.5 米，砖和石条垒砌，石条包边，中间填土。

灵宝风沟村戏楼（黄洋　提供）

灵宝市大寨村戏楼　位于灵宝市阳平镇大寨村东部，坐北朝南，单层镜框式戏台。戏楼面阔三间 9.1 米，进深 11.7 米。戏台中间有木板隔断分前后台，前台进深 6.6 米，后台进深 5.1 米。戏楼为悬山顶建筑，灰色板瓦覆顶，屋脊由脊瓦连接，上置牡丹花草纹雕砖，筒瓦覆盖，正脊和垂脊大部分已经毁坏。戏台前立四根木柱，柱头上承额枋、平板枋，椽下设有斗拱，斗拱下有横梁，梁下额枋、平板枋、雀替均施彩绘，木雕为二龙戏珠。戏台中部木板墙上有彩色绘画，上部有横额，草书“海市蜃楼”四字，两边为上、下场门，南侧门额草书“西成”二字，

灵宝阳平镇大寨村戏台（黄洋　提供）

北侧门额草书“东□”二字。山墙前两边建有八字墙，为台口音量外扩创造了便利条件。该戏台是灵宝市目前保留最完整的古戏台，对于研究清代建筑艺术有重要价值。

安阳殷都区铜冶镇角岭村官房戏楼 位于村中官房对面，戏楼系悬山式砖石木结构，三面敞开，通高约 7.5 米。屋顶以灰色筒瓦覆盖，檐下额枋上有戏曲人物故事的木雕。戏台面阔三间宽 7.6 米，进深 7.5 米，前后场由木槅扇隔开，槅扇宽 2.6 米，上方有“歌舞楼台”四字，两侧上下场门各宽 0.8 米，门上方分别有“镜中花”“郢中曲”字样。台口立四根方形石柱，柱高约 2 米，台基为石块垒筑而成，高约 1.8 米（下部埋淤一部分）。戏楼与官房之间约有 25 米的空间，为观众看戏场地。官房墙上有清代雍正九年（1731）《修官房碑记》碑刻一通，戏楼山墙上嵌有清乾隆六年（1741）《歌楼重修碑记》和民国五年（1916）《重修歌舞楼碑记》等碑刻两通。

安阳殷都区铜冶镇角岭村官房戏楼（张淑慧　提供）

安阳殷都区都里镇东水村官房戏楼 位于村中后街，正对官房。官房创建于康熙九年（1670），雍正七年（1729）曾重修过。戏楼何时创建无考，系悬山式砖石木构，戏台三面敞开，屋顶以灰色筒瓦覆盖，通高约 7 米。戏台面宽 4.5 米，进深 6.8 米，其中前台进深 3.5 米，后台进深 3.3 米。台口高 2.3 米，槅扇宽 1.9 米，上部中间雕刻“歌舞楼”三字，上下场门各宽 0.9 米。台口前四立柱，台基为石条垒筑，高 1.6 米（已淤地下一部分）。山墙上还残留有河北涉县戏班来此演出的剧目题壁和脸谱图案等。对面官房外墙上有《补修官房碑记》碑刻一通。

安阳殷都区都里镇东水村官房戏楼

清代戏楼有三大特点：第一是空间处理上，具有空灵通透的特点，戏楼、回廊（看楼）、大殿等组成观演空间。许多戏台向前凸出，三面敞开，观众可以三面看戏。二是戏楼方位和朝向安排上，由于中国传统观念认为北为上，所以大多戏楼都是坐南朝北，不管是神庙戏楼、会馆戏楼、宗祠戏楼还是乡村戏楼，都是如此。三是戏台正中布置简单，但是，屋脊、柱子（包括柱础）、梁枋等构件上，多采用精美的雕刻和彩绘，非常华丽。

明清古戏台伴随着戏曲艺术的形成与发展，已有几百年的历史。古戏台是戏曲文化形态的物化表现，在产生与发展的过程中，始终受不同时期政治、社会、当地经济、宗教信仰、戏曲文化的影响，因此，古戏台可以为研究戏曲的起源与发展提供一个重要线索。随着我国戏曲史志、戏曲文物等研究工作的进一步深入，人们对古戏台的考察研究也一定会更加关注。

当你开始古戏台研究以后，会发现这项研究涉及民族民间文化的许多方面。要深入研究古戏台的历史，不但涉及历史学、社会学、民俗学、美术学、建筑学，还要涉及艺术史学、金石学、文献学等学科，如果我们从更加广阔的社会历史背景上开展研究，还会扩展到政治、经济、宗教、军事、地理等领域。

戏台上的戏曲壁画、彩绘、木雕、石刻等，具体形象地描绘出剧目、人物、角色、脸谱、服装、道具、舞台调度场面诸方面的状况。台柱上的戏曲楹联，集文学和戏曲艺术于一体，展示了作者对戏曲艺术各方面的审美意识，闪烁着戏曲文化的光彩，呈现出耐人寻味的戏曲意境。戏曲楹联蕴含伦理道德，弘扬传统文化，劝说世人向善，富含人生哲理。戏曲楹联能够提高观众的艺术情趣，加深对社会功能的认识和理解，使人进入一种更高层次的审美境界。

河南的戏台从最原始的田野地头到建筑精美的戏楼，经历了一系列的演变，为河南戏曲艺术的发展提供了空间。遍布河南各地的古戏楼以及戏楼建筑中精美的雕刻，已经成为明清戏曲文化发展的最好见证。这些戏楼以其丰富的石雕、木雕、砖雕、彩绘，为我们考证河南戏曲的形成发展、戏曲艺术形态的演变，提供了许多可供借鉴的资料。

第八章 河南明清古戏楼戏曲楹联的社会功能分析

楹联是由格律诗演变而来的，它融合了传统文学的内容与形式，洋溢着古典美学的情韵，与农耕文化、民间文化情趣相联系，具有诗歌的音韵美。它植根于中国传统文化心理中，追求人与天地万物和谐相处，与传统道德法则相呼应，充满哲理，意蕴丰富。许多古代建筑、园林、庙宇都挂有楹联，驻足其间的人们在获得艺术享受的同时，还能够得到心灵上的陶冶。

楹联是我国人民喜闻乐见的文学形式之一，同时也是中华优秀文化的一颗璀璨明珠，具有很高的审美价值。楹联是中华文化瑰宝，是一种最具中国特色的文学艺术形式，长期以来，向世界展示着中华文化的独特魅力。

在历史上中国文化是农耕文化，在相当长的历史时期，大多数人没有机会读书，农民不识字，古戏台就成为教愚化贤的阵地，也是人们休闲娱乐的场所。戏台不仅凝聚着能工巧匠的聪明才智，也记录着戏曲数百年的兴衰沉浮。戏台上的戏曲楹联大多出自文人雅士之手，或来自当地文人之笔，或高雅，或通俗，都生动反映了戏曲与人生的关系，并且体现戏曲的社会功能。戏曲楹联作为一种综合艺术，洋溢着抒情文化的气息。

从文化视角来看，在中国传统文化的土壤中产生和发展起来的戏曲楹联，让我们直接触摸和领略到传统文化的深厚底蕴。戏曲楹联是戏曲文化艺术的符号，是戏曲文化传播的重要载体。

一、富含人生哲理，启迪观众智慧

戏曲楹联密切结合戏曲艺术的特点，反映戏曲舞台与社会舞台的关系，从才子佳人到王侯将相，从家长里短到寓言哲理，人们在看戏的同时，也接受优秀传统文化的熏陶。我们知道人民喜欢看戏，戏曲也在润泽人心，这样就会潜移默化地巩固传统文化。

戏曲艺术贯穿在演员的唱、念、做、打以及他们的服装、程式、舞台道具等方面，舞台上演员无不使出浑身解数，展示十八般武艺，取悦观众。他们的一声声唱腔，一句句道白，鞭挞邪恶，润泽心灵，劝人行善立身。镌刻于戏台正面柱子上的楹联，为戏曲艺术锦上添花。在过去的岁月里，见证了多少变幻的场景和如潮的看客，虽然经历了世纪的风雨洗礼，但是，那些楹联依然能够撼人心魄。

郑州城关双忠祠戏楼有一副戏曲楹联："或为刚骨忠臣或为势利小人，舞台犹是旧世事；有时匿名藏迹，有时炙手可热，看客休断今日非"。

这副戏曲楹联富含哲理，在舞台上，不管是怀有耿耿忠心的朝中大臣，还是社会上的势利小人，搬演的都是过去的事情。几百年来，忠孝节义、仁义礼智信等道德观念，早已深深地融入了戏曲作品之中，并转化为戏曲观众以及社会民众所普遍认同的为人准则。

郑州市城隍庙戏楼楹联："传出幽明报应彰天道；演来生死轮回醒世人"。这副楹联的意思是说在这里上演的历史故事，都验证了善恶报应、生死轮回。善有善报，恶有恶报，在阳间做了善事，死后就能升天堂；在阳间做了坏事，死后只能下地狱。城隍爷在观察世人善恶，并且记录在案，将来就会兑现。"幽明"指阴间和阳间，"彰天道"指彰显天道、验证铁律，是戏曲艺术的社会效果。"醒世人"就是戏曲通过舞台上演员扮演的人物，让观众看透社会上的各种现象，保持清醒。"幽明报应""生死轮回”是戏曲反映的内容，带有宗教人生哲学色彩，也寄托着人们的希望和要求。

大致相同的戏曲楹联还有邓州城隍庙戏楼楹联：“为善必昌，为善不昌，先人必有余殃，殃尽则昌；为恶必灭，为恶不灭，先人必有余德，德尽则灭”。这些楹联都是通过戏曲将善有善报、恶有恶报的因果报应观念，对观众进行高台教化。

新安县北冶乡刘黄岭庙戏楼楹联：“家传耕读，乘闲时扮演生旦净丑；戏作君相，结局后仍为士农工商”。“耕读”在这里指一种生活方式与价值取向。许多古旧住宅的匾额上，经常见到“耕读传家”这四个字。“耕读传家”在老百姓中可谓流传深广，深入民心。耕田就是种庄稼，养家糊口。读书可以知诗书，达礼仪，养成高尚的道德品质。这里所说的“读”，当然是说读圣贤书，不是为了做官，而是学习做人的道理。在耕作之余，念几句四书，或读几句《三字经》《百家姓》。人们就在这样平平常常的生活中，潜移默化地接受熏陶和教化。“生旦净丑”指戏曲中演员扮演的人物行当，不同的脸谱，表明不同的人物身份。“君相”指帝王将相，“士农工商”泛指社会各个阶层。这副楹联的大意是：大家平时各有各的事情，但闲暇时聚在一起演戏，扮演各种角色，演世间万象，那些在戏中扮演帝王将相的好像真的一样，等戏剧结束卸妆后，便各自恢复原来的样子，士还去读书，农民还去种地，商人还去经商。这副楹联把戏曲和人生联系起来，描绘出生活的现实性与戏剧的虚拟性，用双关的形式给人以启迪教诲。

巩义市孝义镇二郎庙戏楼楹联“演困苦欢娱之往事启万人心；集忠奸愚黠于同堂作千秋鉴”。戏联折射出世态人生，循循善诱地劝勉观众。这在广大农民不识字的年代，使人们在观赏娱乐的同时，受到这种不可替代的教化。这副楹联充分概括了现实社会这座大戏台的丰富内容，蕴含着深刻的生活哲理，揭示了戏台的表演艺术在时间、空间上的无穷变化，把观众带进色彩斑斓的历史长河，道理通俗易懂，令人荡气回肠。

洛阳潞泽会馆戏楼楹联：“人为鉴即古，为鉴且往观乎；鼓尽神兼舞，尽神必有以也”。上联说传统戏曲所演出多以古代人物故事为内容，但是看后对我们有借鉴意义，下联道出戏曲表演艺术是以鼓乐声腔和舞蹈的结合为形式，让人们在看戏的时候，既享受悦耳的鼓乐声腔，也要欣赏优美的舞姿。此戏联目的在于既重视戏曲审美功能的同时，又强调其教育功能。

二、描绘戏曲意境，展现舞台效果

有些戏曲楹联以传统戏曲的著名人物或剧名入联，表现戏曲内容和形式，或者一针见血地指出演戏与做人的辩证关系，揭示现实才为真的深刻哲理。许多戏曲作品刻画人物深入浅出，以形象感人，以真情动人。戏曲作者把文学故事搬上舞台，通过载歌载舞的舞台演出，把传统文化的价值观念，融会到剧情中，通过演员的唱念做打，传递给每一位观众，在他们的内心深处引起共鸣。

新野关帝庙戏楼的楹联："秉烛达旦，此时心中惟有汉；挂印封金，当年眼底已无曹"。这副楹联真实再现关羽当年保护二位皇嫂，被困无奈暂时留在曹营的戏剧故事。楹联展现了他通宵达旦读《春秋》、拒绝曹操的封官许愿和赠送的金钱美女，只是一心追随刘备，别无他念的决心。一旦听到刘备的下落就挂印封金，拒绝曹操的挽留，过关斩将，千里走单骑护送二位皇嫂与刘备会合。

伊川县鸣皋五虎庙戏楼戏曲楹联："生蒲州，长豫州，走徐州，威震神州；兄玄德，弟翼德，恨孟德，怒斩庞德"。这副楹联是对关羽一生的真实写照，关羽生于山西蒲州，追随刘备在河南各地征战，曾经在徐州生擒吕布，武功盖世，声震神州大地。关羽早年与刘备、张飞结拜为兄弟，痛恨曹孟德挟天子以令诸侯的行径，在襄阳大战中怒斩庞德，威震华夏。戏联利用蒲州、豫州、徐州几个地名，代表关羽的征战经历，用玄德、翼德、孟德、庞德几个人名，显示出关羽的爱憎分明，深刻描绘出戏曲的意境，同时形象展现了舞台效果。

新安县二郎庙舞楼戏曲楹联："东西汉，南北宋，人物备考；山海经，水浒传，今古奇观"。该联是说戏台所演剧目，涉及历史人物，囊括今古奇观；戏剧中有看不完的人间故事，说不完的朝代更替。此联写法上采取"明切"与"暗合"的高超技巧。上联中的“东西”“南北”，初看起来是方位词，仔细品读却发现与东汉、西汉，南宋、北宋暗合，抒发对朝代更替的感慨。下联的山海经是一部荟萃神话传说的最古老的奇书，《水浒传》是施耐庵编著的长篇小说，仔细思考会发现许多戏曲取材于这些作品。戏联对仗工整，揉朝代与神话、小说为一体，堪称绝对。

南阳有一副戏曲楹联：“五经不读，一旦金榜题名虚富贵；六礼未备，忽然洞房花烛假姻缘”。舞台上虚拟的荣华富贵，到头来不过是演戏而已。内容通俗易懂，观众一看也都明白。舞台上的人物不读四书五经，一旦金榜题名，也是虚拟的，并没有人准备各种礼品，即使忽然到来的洞房花烛夜，也是假的姻缘。楹联精辟概括了戏剧艺术的集中性和假定性的特点。在小小的舞台上，时而贤君骁将，时而才子佳人；时而洞房花烛，时而金榜题名。在舞台这咫尺空间里，万景皆有，细想起来令人回味无穷。

桐柏皮影戏有专用楹联：“花红柳绿像神仙；有脚有手要人牵”。“纵灯高照千古事；银幕映出百万兵”。这两副戏联风趣地揭示了戏曲艺术的表演性和娱乐性，生动形象地将皮影戏的表演特点跃然纸上，对仗工整，趣味盎然。

“二龙山，二遇路，二度梅，二堂拾子；三夫人，三拂袖，三岔口，三战温侯”。这副楹联巧妙地把剧目名称串联起来，可能是出自当地某个文人之笔。戏联巧用数字游戏，上联全用“二”，下联全用“三”，上下对仗，而且全是剧目名称。这些剧目应该是这个戏台经常演出的剧目，观众看到某个剧目演出时，会哑然而笑。虽然楹联没有高雅的教育意义，却能提高观众观演兴致。

三、大量引经据典，弘扬传统文化

有些戏曲楹联引经据典，宣传孝悌忠义，可以想象，人们通过观看戏台上的演出和台上的楹联，能充分感受到感恩惜福，善辨忠奸的启发和教育。

“雅颂遗韵汉唐风；丝竹留音天地乐”。“雅颂”是《诗经》内容和音乐分类的名称，指盛世之乐、庙堂之乐。“丝竹”的丝指弦乐器，竹指管乐器，丝竹是琴瑟箫笛等乐器的总称，也指音乐。这副楹联将风云多变的“小舞台，大天地”描写得活灵活现，极力体现了戏曲里的优美舞姿，让人不看戏也能领略音乐时而响碣行云，时而如高山流水的美妙及魅力。

禹州十三帮会馆戏楼有一副戏曲楹联：“尽态极妍漫忖忖，到底某也忠，某也诈，某也直，某也曲；扬风扢雅细想想，逼真可以群，可以怨，可以兴，可以观”。“尽态极妍”出自唐杜牧《阿房宫赋》：“一肌一容，尽态极妍，缦立远视，而望兴焉。”指容貌姿态美丽娇艳到极点。“某也忠，某也诈，某也直，某也曲”出自北宋司马光《谏院题名记》。上联是说戏曲的教化功能。关公、岳飞、严嵩、曹操等历史人物为广大观众所耳熟能详，通过戏曲演员的表演，观众能够辨别谁是忠臣，谁是奸臣，谁是正直的人，谁是邪曲的人。

扬风扢雅，出自清赵翼《廿二史札记》卷三十：“诸人尝寓其家，流连觞咏，声光映蔽江表。此皆林下之人扬《风》扢《雅》，而声气所届，希风附响者，如恐不及。”风雅指的是《诗经》中的风雅颂，扬和扢都是颂扬、唱的意思。“可以群，可以怨，可以兴，可以观”出自《论语·阳货》：“子曰：‘小子，何莫学夫《诗》？《诗》可以兴，可以观，可以群，可以怨；迩之事父，远之事君；多识于鸟兽草木之名。’”

我们从这副楹联中可以看出戏曲表演艺术的精湛技艺和丰富多彩的内容，以及活灵活现的人物性格，从中可体味到戏中此情此景的强烈感染力和巨大的社会效果，从而了解戏曲的艺术魅力之所在。

灵宝尹庄镇车窑村戏曲楹联：“闻黄水拨弦，车辇鸾鸣，老子雄关腾紫气；望燕山起舞，瑶池仙曲，女郎凌霄弄春潮”。“辇”是古代人拉着走的车子，后多指皇帝皇后坐的车子。“鸾鸣”指人君所乘的车四马四镳八鸾，行则铃如鸾鸣。据《史记》记载春秋末期，柱下史老子李聃看到周室将倾，西渡隐居。函谷关令尹喜，看见东方紫气升腾，霞光万道观天象奇景，大呼“紫气东来，必有异人通过”。果然有一老翁银发飘逸，器宇轩昂倒骑青牛向关门走来。尹喜诚恳邀请老人小住，老人同意，在此写下了《道德经》。瑶池阿母源于《穆天子传》卷三：“天子宾于西王母，天子觞西王母于“瑶池”之上。”“瑶池”指传说中昆仑山上池名，即西王母住处。“凌霄”，迫近云霄，比喻志向高远。王安石《孤桐》：“天质自森林，孤高几百寻；凌霄不屈己，得地本虚心。”

荥阳市王村火神庙戏楼楹联：“水仙子捧碧玉箫，台前吹得声声慢；香柳娘穿红绣鞋，场中舞得步步娇”。源出苏东坡与苏小妹的对诗，苏东坡出上联：水仙子持碧玉簪风前吹出声声慢。上联中的“水仙子”“碧玉簪”和“声声慢”都是词牌名，下联必须以词牌名为对，同时还要描绘出一幕情景，难度确实很大。苏小妹对的下联：虞美人穿红绣鞋月下引来步步娇。“虞美人”“红绣鞋”“步步娇”也是词牌名。王村火神庙戏楼楹联中的“水仙子”“碧玉箫”“声声慢”“香柳娘”“红绣鞋”“步步娇”都是词牌名。

南乐县魏家祠堂戏楼楹联：“经史正板，子集原板，诗词歌赋其犹二六乎；禹汤生旦，三代净花，宋齐梁陈无非丑末耳”。“经史子集”是古代人将古籍按内容区分的四大部类。经：经书，指儒家经典著作；史：史书；子：先秦百家著作；集：诗词汇编。经史子集泛指我国古代典籍。夏禹和商汤二位帝王都是戏里行当中的生旦，三代帝王则是戏里行当的净，即花脸。宋齐梁陈指魏晋以后的四个朝代，也称为南朝。既然三代帝王都是花脸，这四个朝代就是传统戏剧中的“丑”而已。“原版”：一板一眼，是京剧各种板式的基调，故称原版。“二六”也是一板一眼，比原版紧凑。此联把舞台与现实生活的距离，历史与当今的空间糅于一体，不留痕迹，隐喻、象征、反语多种修辞方法并用，寓庄于谐，具有强烈的艺术感染力。

巩义市西村乡西柞村关帝庙乐楼戏曲楹联：“一曲商音扮演就千古兴亡治乱；数声越调妆点出百年离合悲欢”。“商音”：五音之一，亦指韵律以商调为主音的乐声，其声悲凉哀怨。出自宋苏轼《次韵郑介夫》之一：“相与吃毡持汉节，何妨振履出商音。”下联中的“越调”是曲牌名，指古代音乐的调式。“妆点”二字是让观众在欣赏旋律的同时要理解戏中的深刻含义，台上唱的戏虽假，但都是现实中的真实反映。“兴亡治乱”指国运的各种情况，如安定、祸乱、兴盛、衰亡。出自《吕氏春秋·察微》："治乱存亡，则不然，如可知，如可不知，如可见，如可不见。""离合悲欢"出自苏轼的《水调歌头·仲秋》："人有悲欢离合，月有阴晴圆缺，此事古难全。"这副戏联借戏论世，充满哲理，告诉人们看戏不必过于认真，但是做人却来不得半点含糊。人生和艺术的多少情结都凝结在这浅显的道理中。

巩义市孝义乡白沙村崔家祠堂戏楼戏曲楹联："刻羽引商，此中隐寓春秋意；知来观往。局外须探劝诫心"。

"刻羽引商"：古乐律音阶有宫、商、角、徵、羽以及变徵、变宫。商声在五音中最高，称"引"；羽声等较细，称"刻"。出自战国宋玉《对楚王问》："客有歌於郢中者……引商刻羽，杂以流徵，国中属而和者不过数人而已；是其曲弥高，其和弥寡。""刻羽引商"指曲调高古、讲求声律的演奏，意思是音乐演奏高超。上联的意思是观众在欣赏高超的音乐演奏的同时，也了解了历史。

"知来观往"出自《列子·说符》："是故圣人见出以知入，观往而知来，此其所以先知之理也。"意思是认真研究过去，就能推测未来。舞台上搬演的虽然是历史故事，却富含人生哲理，可以劝诫观众弃恶扬善，启迪观众智慧。

四、总结戏曲内容，劝说世人向善

社旗山陕会馆戏楼戏曲楹联："幻即是真，世态人情描写得淋漓尽致；今亦犹昔，新闻旧事扮演来毫发无差"。

演员通过舞台上惟妙惟肖的表演，把世间万象展现在人们面前，历史上发生的故事在舞台上得以重现。人们把戏台比作世界，看成世界的缩影，楹联提示观众，戏是"做"出来的，或悲或喜，不免有假。而生活是实实在在的，或喜或悲，太多的虚伪，太多的心计往往会弄巧成拙。戏剧舞台上成功展示了精彩绝伦的表演艺术，塑造出一大批个性鲜明、形象生动的历史人物。

云阳城隍庙戏楼悬挂有南召县知事陈古樟撰并题的戏曲楹联："怀旧喜从新幻幻奇奇装傀儡，登场演出人心变态；居今宜鉴古，非非是是看俄顷，结果不外天理恒情"。

戏曲楹联反映了戏曲与社会的关系，舞台上的历史人物虽然是演员扮演，却让观众看到了面对种种诱惑人心的变化，仔细想来也是合乎天理人情的。上联用“怀旧喜从新”，下联用“居今宜鉴古”，对仗工整，寓意深邃。此联总结了人类本性，道出社会世态炎凉的缘由所在，劝说世人面对种种诱惑，要有一颗向善的心。

巩义市孝义乡白沙村崔家祠堂戏楼戏曲楹联：“乃文乃武，把往事何妨再叙；演忠演孝，劝世人莫做闲看”。舞台上演出的不管是表现家长里短的文戏或是征战杀伐的武戏，都是历史的再现。戏里出现的忠臣孝子都是我们应该学习的榜样，不能一看了之。对观众来说舞台上演出的戏剧，不管是古代还是现代，只要有益于提升世俗民风就是好的，那些演出合乎天理人情的就值得观看，应该学习。

大弦戏有一副楹联：“有声面谱描人物；无字文章写古今”。

此联总结了戏曲虚拟性、程式化以及戏曲艺术的假定性特征，以及角色制、脸谱化特色。根据剧情需要，演员会扮演不同角色，个性化脸谱告诉观众戏剧中人物是忠是奸，演员的唱腔也能够让观众知道，这个人物是好是坏。演员的脸谱和程式化表演以及他们的声腔，虽然不能够像文字一样记载历史，但是，观众可以通过他们的表演了解历史事件和历史人物。

明代著名思想家王守仁非常重视戏曲的风俗教化作用。他在《传习录》中指出：“若后事作乐，只是作些词调，于民俗风化绝无关涉，何以化民善俗？今要民俗返朴还淳，取今之戏子，将妖淫词调俱去了，只取忠臣孝子故事，使愚俗百姓人人易晓，无意中感激他良知起来，却与风化有益。”[1]

五、体现诙谐调侃，凸现对联艺术

临颍县火神庙戏楼戏曲楹联：“台上笑，台下笑，台上台下笑惹笑；看古人，看今人，看古看今人看人”。这副戏曲楹联看起来诙谐，具有调侃的意味，实际上概括

1　王守仁．王阳明全集 [M]．上海：上海古籍出版社，1992．

了戏曲艺术与社会生活的辩证关系，富含哲理。戏台上演员表演得惟妙惟肖，他们诙谐的话语让观众捧腹大笑，但是，过后细思量，演员的话语里对社会现实中某些现象却有讽刺意义。

文中有戏戏中有文识文者看文不识文者看戏，音里藏调调里藏音懂调者听调不懂调者听音。这副戏曲楹联对仗工整，含蓄有趣。在农村逢年过节，或者起庙会，搭台唱戏本身就是一种娱乐活动，对不识字的农民来说，虽然不识戏文，看戏也可以从繁重的田间劳动中解脱出来。不懂调不要紧，听听演员优美的唱腔也不错。

嵩县长春观戏楼楹联："起了三天大会，南北街荡去几石粮食；接来两台瞎戏，东西路诓来多少人数"。

该戏联直率家常，庙会一般是三天时间，长春观庙会的两台对戏会吸引周边的广大观众前来观赏。戏联对仗工整，上联用"南北街"，下联用"东西路"，上联用"荡去几石粮食"，下联用"诓来多少人数"。该戏联生动幽默，善用调侃，意境优美，形象地烘托出人民群众的文化向往，让人看了不禁莞尔一笑，在常年辛苦的田间劳作之余，心情舒畅。

新野县城北樊集村泰山庙戏楼戏曲楹联："好好好好好好好；调调调调调调调"。这是一副叠字联，所谓叠字联，就是把对联中的同一个字或几个字重叠起来使用，以增强对联声律的节奏感，造成"大珠小珠落玉盘"的语言音乐美。上下联各用七个叠字，有强烈的视觉冲击效果，读起来不禁让人想起百乐声中人们三拜九叩的情景，真可谓妙极！此联比较特别，上下联各用一个字，初看起来是一个字的反复重叠，实际上是夸赞戏曲曲调优美，用词不多，给人印象深刻。此联可理解成：好调好调好好调，调好调好调调好。

南阳市瓦房店戏楼戏曲楹联："真真假假，假假真真真假难辨；哭哭笑笑，笑笑哭哭哭笑逼真"。

此联也是叠字联，运用叠词的手法，读来朗朗上口，仿佛演出中的锣鼓之声，利用强烈的视觉冲击效果，深化戏曲楹联的主题，加深读者的印象。该楹联入情入理，寓意深刻，耐人寻味。舞台上表演的戏剧故事虽然是虚构的，但是，演员的表演却是认真的，他们在舞台上的一言一行，一举一动都是在倾情表演。为了剧情的需要，演员有时候要开怀大笑，有时要放声痛哭，这些逼真的哭或笑，需要演员花费多少时间的苦练才能熟练掌握。

邓州郭庄火神庙戏楼戏曲楹联：“奇乎奇乎男儿是丈夫；怪哉怪哉女子非裙衩”。既然男人是丈夫，妻子肯定是女儿身。那么，“男儿是丈夫，女子非裙衩”就有点诙谐调侃的味道了。实际上戏曲楹联说的是实话，在封建时代，许多戏班里演员都是男子，坤角都由长相俊美的男子扮演。这副戏曲楹联只是用调侃的口吻，把戏班中男演员扮演坤角的情况说出来而已。

戏曲楹联是沟通观众与演员的桥梁，蕴含了大量的信息，既包含了有关戏曲的内容，也阐明了戏曲楹联的社会功能。平时在田间劳作的农民难得休闲，在看戏时听着粗犷铿锵的锣鼓声，入神地品味着演员在舞台上的表演，得到休闲与满足，暂时忘却了人生的艰辛。而且戏剧内容大多反映的是因果报应，戏曲艺人舞台上惟妙惟肖的表演是颇具匠心的。因此，深刻了解戏曲楹联，可以帮助我们认识楹联的社会功能，具有重要的现实意义。

六、赞扬演员技艺，反映演员疾苦

嵩县阎庄街戏楼楹联：“金花金价，银花银值，于本地视为珍品；玉川玉音，铁娃铁嗓，在当时尚属能人”。

此联上下对仗工整，上联“金”字开头下联“玉”字开头；上联用“本地”，下联用“当时”；上联用“珍品”，下联用“能人”。上联“金花金价，银花银值”表面讲的是货真价实，实则是赞扬两位演员舞台表演炉火纯青，值得大家观看。下联“玉川玉音、铁娃铁嗓”夸奖两位演员嗓音洪亮，是难得的好演员。戏联中“金花”“银花”“玉川”“铁娃”都是嵩县西关同庆会戏班的主要演员，此联对四位演员大加赞赏，肯定他们在戏曲界的地位，赞扬他们的舞台表演卓有成效。

孟津县清代贡生李宜三有一副戏曲楹联：“满场都是闲人，袖手旁观，听戏不知做戏苦；凡事终须结局，从头演起，上台容易下台难”。此联说出了艺人学戏的艰辛，台上的表演靠的是平时的刻苦磨练。

《雍熙乐府》卷八《嘲妓》中对艺人生活的记载：“赶赛处空熬了岁月……也子索每日家绕户巡门，论年价撞瞳沿村。”唱的是唇干口燥，舞的是眼晕头昏。同书卷七《拘刷行院》中说艺人：“也不是沿街串瞳钻山兽则是谙气吞声丧家狗。”这充分说明了戏曲艺人生活的不易，演员在舞台上风光无限，过着纸迷金醉的生活，然而，这花花世界只是舞台上的一面。现实中戏班为了生存，需要赶码头，走村庄串集镇，演出结束后要匆匆赶往下一个台口。有时为了赶时间，只能在路上吃馒头充饥。社会上曾经广泛流传着“一妓二乞三戏子”的说法。

栾川县有一副为六明、太罗、大坤、小根等著名演员写的戏曲楹联：“唱男角，惟六明，口音雪亮；扮女伶，数太罗，身旁风流。大坤喊，风雷动，真乃好戏；小根唱，老少迷，并不虚言。

这副戏曲楹联是赞扬六明、太罗、大坤、小根等著名演员精湛的表演手段，高超的舞台功夫。六明扮演男角声音洪亮，发音清晰；太罗扮演女角惟妙惟肖，尽显风流；大坤在舞台上唱一声似打雷声振数里；小根一旦上台就迷倒一大片观众。俗话说“台上一分钟，台下十年功”，这副戏曲楹联在赞扬演员的同时，也让观众感觉到演员掌握娴熟的歌唱技巧和保持良好的舞台状态的不容易。过去演员的培养是靠师徒传承，戏曲行业由于技艺难度大，学徒期需要三年。学徒要每天练功，不论严寒酷暑。学徒出现不该出现的错误要受到责骂，甚至挨打。社会上流传的“当出去的孩子，打出来的戏子”说法，就是对学徒学戏的真实写照。

偃师县老城戏楼楹联：“歌舞台虽非赏罚地；梨园子却带春秋笔”。戏剧多宣传“因果报应”，戏剧的结尾一般都是好人得到好报，奸佞受到惩罚。此联迎合百姓的思想观念，而且了解戏曲的重要作用，尊重演员的辛勤劳动。过去人们把演员称为戏子、艺人被人看不起。此联把演员在舞台上的表演说成“春秋笔”，充分肯定了戏曲艺人的辛苦劳动。

襄城县颍考叔祠戏楼戏曲楹联："梨园伎美，标千秋烈妇孝女；乐府功高，扬百世忠臣义士"。梨园历史上原本是指唐朝皇帝游乐的地方，之后成为戏班的别称。伎美指艺人在舞台上的表演非常优美。戏曲俗语"台上一分钟，台下十年功"是说艺人能够在舞台上惟妙惟肖的表演，是经过刻苦训练练习出来的。戏班施行的是师傅带徒弟的方式进行传承的，师傅对徒弟要求严格，一年到头不管严寒酷暑，都要刻苦训练，出现错误就会受到责骂，甚至拳打脚踢。"三年一状元，十年一戏子"的俗语，就是艺人学戏的艰难写照。正是经过平时的刻苦训练，才能够在舞台上表演得心应手。上联的意思是由于艺人在舞台上惟妙惟肖的表演，把千百年来，烈妇孝女们的动人故事在舞台上展现出来。乐府是古代音乐机关，秦代以来朝廷设立的管理音乐的官署。这里泛指古代民歌音乐。下联的意思是戏曲音乐的功劳是很大的，由于艺人的刻苦努力，把各个朝代忠臣义士的护国为民事迹展现给广大观众，使他们在欣赏戏曲的同时受到熏陶，进而树立正确的价值观。

有一副描写演员生活的戏曲楹联："舞台上娇妻爱妾，金屋笙歌罗帏作尽逍遥梦；卧榻下残灯孤影，颓庙饮泣薄衣难耐五更寒"。

此联可谓妙笔生花，把演员舞台表演中享受的荣华富贵、金榜题名、洞房花烛夜，与他们现实生活的差距描写得淋漓尽致。舞台上演员扮演的人物夫妻恩爱，享受荣华富贵的生活。为了剧情的需要，要强装笑脸，忍饥挨饿还得插科打诨。然而，戏剧结束，演员卸妆后，回到现实生活中，住在简陋的地方，很多时候是住在庙里。尤其是，当没有人请他们去演出时，在寒冷的冬天，住的是破庙，铺的是稻草，盖的薄被子难以抵御严寒。凄惨的现实生活与舞台表演中的荣华富贵真是天壤之别。过去社会上曾经流传这样的顺口溜，说艺人是"吃饭没锅，睡觉没窝，生无人养，死无所葬""沟死沟埋，路死插牌"，这正是艺人悲惨生活的真实写照。这副戏曲楹联形象概括了演员在舞台上辛苦的付出，换来的却是贫困的生活。

从以上分析可以看出，戏曲楹联既是娱人之艺，又是警世之钟，贵在反映现实，切中时弊，是现实生活的再现，又是社会生活的明镜。桶张河老君庙戏楼戏曲楹联作了很好的总结：乐无论今古有裨于世俗民风斯为美，剧岂分新旧能演出人情天理可以观。代诗道性情群怨兴观菊部即为学地，与佛明因果报施劝戒梨园亦具婆心。

戏剧艺术是人类共有的鲜艳花朵，而戏曲楹联则是中国艺苑一枝独放的奇葩。有许多戏曲楹联意境高远、哲理深刻、形象生动、幽默诙谐，品读起来使人获益匪浅。古今文人在长期的艺术活动中，流传下来颇多具有艺术特色与娱乐兴趣的戏曲楹联。这些戏曲楹联有的是以戏曲的剧名串珠成章，有的是作者对生活的观察、理解。戏曲楹联内容丰富，结构严谨，对仗工整，寓意深刻，对人们富有教育意义。

戏曲楹联从多方面展示了戏曲文化，蕴含着丰富的文化内涵，凝结着人们的楹联文化情愫，既有现实生活的真实写照，也有对美好未来的憧憬。既为古戏台建筑锦上添花，也为观众上了生动一课，同时是教化人的生动教材。这些舞台上经久不衰的艺术珍品，无疑是楹联宝库中的璀璨明珠，即使在社会快速发展的今天，仍然有一定的欣赏价值和启迪借鉴作用。

附：明清时期河南商业会馆分布一览表

序号	会馆名称	所在地	创建及沿革情况	现状	资料来源
1	开封山陕甘会馆	徐府街中段路北	乾隆三十年（1765）	现存	《开封市志》
2	福建会馆	理事厅街	乾隆年间	不存	《开封市志》
3	覃怀会馆	文庙街	嘉庆十七年（1812）	不存	《开封市志》
4	两广会馆	学院门街	道光年间	不存	《开封市志》
5	安徽会馆	双龙巷街	道光年间	不存	《开封市志》
6	冀宁会馆（直奉会馆）	复兴南街	道光年间	不存	《开封市志》
7	江苏会馆	小衙门街	道光十年（1830）	不存	《开封市志》
8	钱业会馆	花园街	道光十五年（1835）	不存	《开封市志》
9	浙江会馆	财政厅东街	道光二十三年（1843）	不存	《开封市志》
10	两湖会馆	三星街	咸丰七年（1857）	不存	《开封市志》
11	山东会馆	省政府后街	同治年间	不存	《开封市志》
12	云贵川会馆	大院坑沿街	光绪四年（1878）	不存	《开封市志》
13	厨业会馆	花井街	光绪二十三年（1897）	不存	《开封市志》
14	陶布业会馆	财政厅街	光绪二十四年（1898）	不存	《开封市志》
15	汜水会馆	茅胡同	光绪三十一年（1905）	不存	《开封市志》
16	朱仙镇山陕会馆	朱仙镇	康熙十四年（1675）	现存	《河南戏曲史志资料辑丛（八）》

续表 1

序号	会馆名称	所在地	创建及沿革情况	现状	资料来源
17	朱仙镇天后宫（福建会馆）	朱仙镇	1600 年前后，1942 年烧毁	不存	同上
18	朱仙镇山西会馆	朱仙镇	明末清初，1929 年拆除	不存	同上
19	洛阳山陕会馆	老城南关教场街	康熙、雍正年间	现存	《洛阳市戏曲志》
20	洛阳潞泽会馆	老城东关新街	乾隆九年（1744）	现存	《洛阳市戏曲志》
21	洛阳山西会馆		咸丰二年（1852）	不存	《艺文志》
22	伊川山陕庙（山陕会馆）	白元镇白元村	明万历年间	不存	《洛阳市戏曲志》
23	宜阳山陕会馆	白杨镇白杨村	乾隆九年（1744）	现存	《重修会馆碑记》
24	洛宁山陕庙	长水镇河底乡河底村	清代	不存	《明清河南集市庙会会馆》
25	湖滨区山西会馆	会兴乡	清代	不存	《三门峡市戏曲志》
26	义马山陕庙	千秋村	清代	不存	《三门峡市戏曲志》
27	渑池山陕会馆	千秋镇	清代	不存	明清河南集市庙会会馆
28	沁阳县金龙四大王庙（晋商会馆）	清化镇（大王庙）	嘉靖二十年（1541）	现存	《创修大王庙碑记》
29	沁阳山陕会馆	许良镇	道光年间	不存	《沁阳县志》卷二）
30	武陟山西会馆	木栾店	雍正年间，20 世纪 50 年代毁坏	不存	《焦作市戏曲志》
31	辉县山西会馆	县城南关	乾隆二十五年（1760）	现存	《新乡市戏曲志》
32	辉县山西会馆（平甸玉皇庙）	薄壁镇平甸村	雍正四年（1726）	现存	《辉县戏曲志》
33	安阳山西会馆（关帝庙）	水冶镇北街	雍正年间，乾隆十六年（1751）重修	现存	《山陕商人与梆子戏考论》
34	滑县山西会馆（大王庙）	道口镇	明万历十八年（1590）	现存	《支那省别全志》

续表 2

序号	会馆名称	所在地	创建及沿革情况	现状	资料来源
35	禹州十三帮会馆	文卫路	清代	现存	《许昌戏曲志》
36	禹州市山西会馆	文卫路县二高中内	乾隆甲申（1764）	现存	《许昌戏曲志》
37	禹州市江西会馆	文卫路	嘉庆六年（1801）	不存	《许昌戏曲志》
38	禹州怀帮会馆	文卫路	道光年间	现存	《许昌戏曲志》
39	许昌八里桥山陕会馆	八里桥	同治初年（1862）	不存	《移集呈稿碑》
40	郏县山陕会馆	县城西关	建于康熙三十三年（1694）	现存	实地考察
41	颍川山陕会馆		嘉庆年间	现存	《颍川古今》
42	汝州半扎山陕会馆（关帝庙）	蟒川镇半扎村	乾隆四十四年（1779）	现存	
43	汝州陕西会馆	汝州南关	清代	不存	《明清河南集市庙会会馆》
44	周口山陕会馆（关帝庙）	市内沙河北岸	康熙三十三年（1694）	现存	《周口地区戏曲志》
45	周口江西会馆（万寿宫）	沙河北岸万寿街	清代（民国末年毁）	不存	《周口地区戏曲志》
46	周口南岸山陕会馆（南岸关帝庙）	市内沙河南岸	康熙二十年（1681）	不存	《周口地区戏曲志》
47	周口安徽会馆（江南会馆）	市内庆丰街	乾隆三十七年（1772）	不存	《周口市志》
48	周口两湖会馆（禹王宫）	交通大道南侧	清代	不存	《周口地区戏曲志》
49	周口福建会馆（天后宫）	贾鲁河西岸	清代	不存	《周口市志》
50	周口寿阳公馆（糖业会馆）		清代	不存	《周口晚报》
51	周口覃怀会馆（迎水寺）	贾鲁河北岸	清代	不存	《周口市志》
52	周口油业会馆（大王庙）	川汇区文化街	清乾隆年间	不存	《周口市志》

续表 3

序号	会馆名称	所在地	创建及沿革情况	现状	资料来源
53	周口陆陈会馆（平王庙）	南岸山陕会馆西侧	清代	不存	《周口市志》
54	郸城县山陕会馆	吴台集	乾隆二十六年（1761）	不存	《郸城文史资料第1辑》
55	扶沟山陕会馆		清初，1945 年毁	不存	《周口地区戏曲志》
56	扶沟吕潭东会馆		清初，1947 年毁	不存	《周口地区戏曲志》
57	社旗县山陕会馆	县城永庆街9号	乾隆二十一年（1756）	现存	《南阳地区戏曲志》
58	社旗福建会馆	县城瓷器街	乾隆年间	现存	实地考察
59	南阳山陕会馆	南关新街	清代	不存	《南阳市戏曲志》
60	南阳天妃庙	南关新街	康熙三十五年（1696）	现存	《南阳文物建筑萃编》
61	南阳江浙会馆	北关东拐街	清代	不存	《南阳地区商业志》
62	南阳湖北会馆	民主街	清代	不存	《南阳地区商业志》
63	南阳江浙会馆	新夹道	清代	不存	《南阳地区商业志》
64	南阳县山西会馆		乾隆年间	不存	《南阳文史资料》第 2 辑
65	南阳县石桥镇山陕会馆	石桥街	嘉庆年间	不存	《南阳地区商业志》
66	瓦店山陕会馆	瓦店街	明代	不存	《南阳地区商业志》
67	辽河山陕会馆	辽河镇	清代	不存	《南阳县戏曲志》
68	黄台岗山陕会馆	禹王店街	清代	不存	《南阳县戏曲志》
69	桐柏县山陕会馆	县城	清代	不存	
70	桐柏平氏山陕会馆	二中前院	乾隆三十八年（1773），1974 年拆	不存	《南阳地区戏曲志》
71	南召云阳山陕庙（山陕会馆）	云阳镇	乾隆八年（1734）	现存	《南阳地区戏曲志》
72	南召马市坪关帝庙	马市坪	乾隆四十八年（1783）	不存	《南阳地区戏曲志》

续表 4

序号	会馆名称	所在地	创建及沿革情况	现状	资料来源
73	南召城关山陕会馆	城关	清代	不存	《南阳地区商业志》
74	南召南河店山陕会馆	东庙蚕场	清代	不存	《南阳地区商业志》
75	南召乔端山陕会馆	乔端	清代	不存	《南阳地区商业志》
76	唐河源潭陕西会馆	源潭中学院内	道光十八年（1838）	现存	《南阳地区戏曲志》
77	唐河龙潭山陕会馆		道光四年（1824）	不存	《南阳地区戏曲志》
78	唐河桐河山陕会馆	桐河	清代	不存	《南阳地区戏曲志》
79	唐河江西会馆	县城西关西便门	清代	不存	《明清河南集市庙会会馆》
80	方城拐河山陕会馆	拐河街	咸丰十一年（1861）	不存	《南阳地区商业志》
81	邓州湖南会馆	城关	乾隆二十六年（1761）	不存	《南阳地区商业志》
82	邓州汲滩山陕会馆	汲滩镇中学院内	雍正四年（1726）	现存	《南阳地区商业志》
83	邓州穰东镇陕西会馆	穰东镇	清代	不存	《中国会馆志》
84	邓州林扒山陕会馆	林扒镇	清代	不存	《明清河南集市庙会会馆》
85	邓州文渠山陕会馆	文渠镇	清代		同上
86	邓州构林山陕会馆	构林镇	清代		同上
87	邓州张村山陕会馆	张村镇	清代		同上
88	镇平石佛寺山陕会馆	石佛寺镇	乾隆二十七年（1762）	不存	《南阳地区戏曲志》
89	镇平侯集山陕会馆	侯集县二高中院内	雍正七年（1729）	现存	《南阳地区戏曲志》
90	镇平城关山陕会馆	城关	清代	不存	《南阳地区商业志》
91	镇平贾宋山陕会馆	贾宋街	乾隆二十七年（1762）	现存	《南阳地区商业志》
92	镇平黑龙集山陕会馆	黑龙集	雍正七年（1729）	现存	《南阳地区商业志》

续表 5

序号	会馆名称	所在地	创建及沿革情况	现状	资料来源
93	新野城关山陕会馆	城关	康熙年间	不存	《南阳地区商业志》
94	新野新甸山陕会馆	新甸铺	乾隆年间	不存	《南阳地区商业志》
95	内乡县山陕会馆	城关镇	乾隆年间	不存	《南阳地区商业志》
96	淅川县荆紫关山陕会馆	镇中大街中段	道光三十年（1850）以前	现存	《南阳地区戏曲志》
97	淅川县荆紫关禹王宫（湖广会馆）	镇中大街中段	嘉庆十年（1805）	现存	《南阳地区戏曲志》
98	淅川县荆紫关平浪宫（船帮会馆）	荆紫关南街	崇祯十一年（1638）	现存	中国经济网 2020 年 12 月 25 日
99	淅川县荆紫关江西会馆（万寿宫）	荆紫关南街	顺治九年（1652）	现存	实地考察
100	淅川县韦集山陕会馆	厚坡镇韦集村	乾隆十四年（1749）	现存	《南阳文物建筑萃编》
101	沁阳山陕会馆（八府寺）		清代	不存	道光《沁阳县志》卷二
102	上蔡县山陕会馆	县城西南部	嘉靖年间	不存	《上蔡文史资料选辑》3
103	平舆庙湾山陕会馆（会馆庙）	庙湾镇	万历年间	现存	平舆在线
104	正阳鲁店关帝庙（山西会馆）	鲁店	道光三十年（1850）	不存	《明清河南集市庙会会馆》
105	确山县山陕庙	盘龙镇	乾隆元年（1736）	不存	民国 20 年《确山县县志》卷三
106	永城山西会馆	永城西三里道口	乾隆年间	不存	《永城县志》
107	永城两江会馆	丁牌坊路南	清代	不存	《明清河南集市庙会会馆》
108	商丘县山西会馆	古城北关	乾隆二十三年（1758）	不存	《永城县志》
109	陆陈会馆（粮商会馆）	梁园区南会馆村	乾隆年间	不存	《京九晚报》
110	柘城胡襄山陕会馆	胡襄村	乾隆二十五年（1760）	现存	《山陕会馆地庙碑记》

续表 6

序号	会馆名称	所在地	创建及沿革情况	现状	资料来源
111	三义观（山陕会馆）	潢川	康熙四十年（1701）	现存	光绪《光州县志》卷二
112	商城山陕会馆	商城	清代	不存	《中国会馆志》
113	新县山陕会馆	新县	康熙年间	不存	
114	北舞渡山陕会馆	舞阳	雍正年间	现存	《南阳地区戏曲志》
115	漯河三晋乡祠（山西会馆）	源汇区西大街	乾隆三十四年（1769）	现存	《寨内村志》
116	固始湖广会馆	城关顺河街	清代	不存	信阳历史文化丛书
117	固始山西会馆	将集镇南园村洼庄	清代	不存	信阳历史文化丛书
118	潢川江南会馆	城关南海街	清代	不存	信阳历史文化丛书
119	潢川湖广会馆	城关南海街	清代	不存	信阳历史文化丛书
120	潢川江西会馆	城关南海街	清代	不存	信阳历史文化丛书
121	潢川淮庆会馆	城关南海街	清代	不存	信阳历史文化丛书
122	罗山湖广会馆		清代	不存	信阳历史文化丛书
123	光山湖北会馆	城关	咸丰年间	不存	《明清河南集市庙会会馆》
124	商城江南会馆	县城东大街	清代	不存	《明清河南集市庙会会馆》
125	商城两湖会馆	南关沿河土地庙	清代	不存	《明清河南集市庙会会馆》
126	商城山陕会馆	北关三里桥	清代	不存	《明清河南集市庙会会馆》
127	商城江西会馆	县城南关	清代	不存	《明清河南集市庙会会馆》
128	商城湖北会馆	余集	清代	不存	《明清河南集市庙会会馆》
129	叶县保安山陕庙（山陕会馆）	保安镇小保安村	同治十年（1871）	现存	《叶县志》卷二
130	叶县县城山陕会馆	县城北关	清初	不存	王九星在《炎黄文化》2014 年 5 月发表的文章

续表 7

序号	会馆名称	所在地	创建及沿革情况	现状	资料来源
131	叶县旧县山陕会馆	旧县老街	清代	不存	王九星在《炎黄文化》2014 年 5 月发表的文章
132	叶县任店山陕会馆	任店镇	乾隆四十二年（1777）	现存	王九星在《炎黄文化》2014 年 5 月发表的文章
133	叶县洛北村山陕会馆	洪庄杨洛北村	嘉庆六年（1801）	现存	王九星在《炎黄文化》2014 年 5 月发表的文章
134	鲁山县山陕会馆	城关	清代	不存	《明清河南集市庙会会馆》
135	鲁山郎庙山陕会馆	郎庙乡	清代	不存	《明清河南集市庙会会馆》
136	鲁山张良山陕会馆	张良镇	清代	不存	《明清河南集市庙会会馆》
137	襄县山西会馆	霍堰镇	康熙五十五年（1716）	不存	《明清河南集市庙会会馆》
138	林州山西会馆	县城南关	清代	不存	《明清河南集市庙会会馆》
139	林州合涧山西会馆	合涧镇西	清代	不存	《明清河南集市庙会会馆》
140	林州姚村关帝庙	姚村镇	清代	不存	《明清河南集市庙会会馆》
141	林州临淇关帝庙	临淇镇	清代	不存	《明清河南集市庙会会馆》

后记

2015年，我们有幸获批国家社科艺术学项目“河南剧种发展史研究”，在项目的田野调查过程中，接触到一些地方戏的演员和相关的专家学者，在谈到演出场地时，有人提出了古戏楼保存现状令人担忧的问题，我们就顺便考察了一些古戏楼，并留下了深刻的印象。2018年12月项目完成后，我们就开始着手《河南明清古戏台调查研究》的调查研究工作。

河南现存的明清戏台大多在偏远的地方，有的甚至在深山区，要跑几十公里才能够找到一个。有时候到戏楼所在村子打听戏楼位置，年轻人多数还不知道。更有甚者，找到古戏楼所在地时，却找不到戏楼，仔细打听才知道戏楼已经不存在了。还有宗祠戏楼，就是找到戏楼，还找不到负责开门的人。每考察一个戏楼都要费一番周折。

本书的创新之处在于对神庙戏台、宗祠戏台、会馆戏台演戏的原因及社会功能进行分析，根据现存戏曲碑刻的记载，进行分类，逐项分析，认真总结，对研究明清时期社会经济发展、地方戏曲的流变、剧场发展、建筑艺术等提供真实可信的支撑材料。

在对河南明清古戏台的调查研究工作中，我们得到了许多人的帮助，没有他们的帮助，本书的写作就不能顺利完成。首先感谢省文化和旅游厅孙天鹏厅长对书稿内容的学术设计给予充分肯定，对本书的出版提出了很好的建议，他的支持给予我们极大的鼓励。感谢省文物局张斌远总工程师的帮助和支持，他对研究工作提出了很好的建议，并积极联系各地文物部门，对考察工作给予很大帮助。感谢焦作师范高等专科学校王建设、程峰二位教授的大力支持，他们给我们提供了有关明清古戏楼的大量第一手资料，使我们对焦作市范围内现存的明清古戏楼有了清楚的认识。感谢汝州市文化广电新闻出版局李玉政局长、叶鸿斌副局长、李吉锋科长的大力支持，他们对我们在汝州明清古戏楼的实地考察全程陪同并提供了详细资料，使我们比较全面了解了汝州现存明清古戏楼的状况。感谢洛阳文物局李明同志的大力支持，他给我们提供了洛阳现存明清古戏楼的信息，使我们在洛阳市现存明清古戏楼的考察得以顺利进行。感谢三门峡市文化局黄洋同志给我们提供了三门峡市现存明清古戏楼的信息，并搜集整理了几个古戏楼的详细资料发给我们。感谢信阳市文化局古建筑研究所秦工程师，他给我们介绍了信阳市现存明清古戏楼的情况，并提供了一些详细资料。感谢安阳文物局张淑慧科长的大力支持和帮助，她安排殷都区古建所和林州市古建所相关同志帮助我们收集古戏台相关资料。

感谢我们学校音乐学院冯建志教授的鼓励和支持，可以说他是我们走向戏曲研究的领路人，没有他的鼓励和支持，我们是没有勇气申报国家社科艺术学项目的，也不会有这本《河南明清古戏台调查研究》的写作。

在三年多的田野调查和案头工作中，我们得到了学校社科处以及许多同事、相关单位朋友们的关心与支持，对此深表谢意！

《河南明清古戏台调查研究》是国家社科艺术学项目“河南剧种发展史研究”的阶段性成果，也是对河南明清时期建设的戏台的研究探索。在对明清古戏台的考察中，我们发现有些戏台是近些年维修、重修的，但是在维修、重修时保持了古戏台的原貌，使用了原戏台的建筑材料。我们考虑到文物保护传承的需要，就把这些戏台收录了进来。由于作者的学术水平、专业水平有限，在研究过程中难免有不足和错误之处，在戏楼的统计和实地考察上虽然也做了最大的努力，难免有遗漏之处，恳请大家批评指正！

刘明阁　杨运秀

2022 年 11 月 21 日